우리 지금 이태원이야

생존자와 유가족이 증언하는 10·29 이태원 참사

우리
지금
이태원이야

10·29 이태원 참사 작가기록단 씀

창비
Changbi Publishers

그 길엔 지워지지 않는 이야기가 있다

2022년 10월 29일, 자신만의 고유한 삶을 빚어내며 내일을 꿈꿨을 159명의 이야기가 이태원에서 멈췄습니다. 그를 사랑했던 세계들이 빛을 잃고 생을 살아갈 수도 놓을 수도 없는 고통과 치욕에 몸부림칩니다. 수많은 재난참사에서 무엇을 배우고 무엇을 바꿨나 하는 자괴감이 공기를 채웁니다. 또 한번 운 좋게 살아남았다는 안도와 불안에 마음이 휘청입니다. 그날 이후부터였던 것 같습니다. 심한 무력함과 분노가 시차 없이 엄습해 온 것은.

마음은 부서졌건만 시간은 무심히 흘러 어느새 1년. 지금까지 참사에 대한 도의적·정치적·법적 책임을 진 공직자는 단 한명도 없습니다. 고개를 숙여 진심으로 사과한 이 역시 찾아보기 힘듭니다. 그들이 해온 일이라곤 일방적으로 국가애도기간을 선포하고, 위패와 영정 없는 분향소를 운영하고, 일관되게 책임을 부인, 축소, 은폐하는 것이었습니다. 유가족들이 설치한 시민분향소를 위협하고, 이태원 참사 특별법 제정을 반대하고, 사회안전의 부재를 개인의 불행이자 잘못으로 전가해왔습니다.

이 과정에서 무고한 희생에 빚지며 어렵게 자리를 잡아온 재난 피해자의 권리마저 송두리째 뽑혀나가고 있습니다. 이태원 참사 피해자들이 안간힘을 쓰고 버텨온 지난 시간은 애도할 권리, 모이고 말할 권리, 알 권리, 참여하고 협의할 권리, 그리고 진실과 책임 묻기의 권리 등이 어떻게 유린되고 퇴행해왔는가를 보여주는 시간이기도 했습니다. 안전 컨트롤타워의 기능 강화, 사람·인권·피해자 중심의 지원, 의사결정 과정에의 피해자 참여, 재난 원인 조사의 독립성 보장 등 세월호 참사 이후 정부가 공언하고 약속해온 모든 것들이 신기루처럼 사라졌습니다. 책임의 외면, 권리의 침해, 정의의 공백 속에서 오늘도 유가족들은 진실을 알고 싶은 참담한 마음을 시청 앞 광장에 내걸었습니다.

그러나 무엇보다 우리를 슬프게 하는 건 침잠된 시민의 애도입니다. '왜 돌아오지 못했는가'가 아닌 '왜 그곳에 갔느냐'는 말들이 상처난 몸과 마음을 할큅니다. 진상규명 요구가 과도한 특혜처럼 왜곡되면서 피해자를 향한 적대가 사납게 몸집을 불립니다. 줄어든 애도의 크기만큼 늘어난 건 피해자들을 향한 무분별한 비난과 혐오. 여기에 통상적인 참사보다 오랜 시간 지속적인 애도와 관심을 받아온 세월호 참사조차 뚜렷이 해결되지 못했다는 생각이 반복되는 참사에 대한 고통과 우울을 가중시킵니다.

그래서일까요? 국가 부재 상황에서 서로의 생명을 구하기 위해 애쓴 이들이 적지 않건만 그날을 증언하는 이들은 너무 적습니다. 무수한 목격자와 생존자가 존재하지만 모습을 드러내고 그날의 경험과 그 이후의 삶을 들려주는 이를 만나기란 쉽지 않습니다. 사회적 연대와 학문적 연구의 흐름도 메말라갑니다. 냉담한 사회 분위기에 우리가 만난 피해자들은 "이젠 다 잊혔죠"라고 말합니다.

그래서 우리는 더욱 이야기하고 싶었는지도 모르겠습니다. 이 무력감에 압도되지 않도록 계속해서 길을 내고 싶었습니다.

정박할 수도, 외면할 수도 없는

우리는 2023년 2월, 다양한 재난참사를 기록해온 인권기록센터 사이가 연 '재난참사 인권 기록학교'에서 만났습니다. 안타깝고 부끄러운 마음, 일상이 위험하다는 감각, 가혹한 애도의 잣대 그리고 연대하고픈 바람이 우리를 기록으로 이끌었습니다.

우리는 먼저 20~30대의 이야기로부터 기록을 시작하고 싶었습니다. 이태원 핼러윈 축제의 참여자도, 희생자의 상당수도 20~30대이지만 이들의 목소리는 쉽게 접할 수 없기 때문입니다. 사회는 이들을 MZ세대라고 호명하며 이들의 삶의 방식과 태도를 규정해왔습니다. 급격한 사회변동 과정에서 형성된 생활양식과 사고방식, 삶의 가치관과 태도 등에서 다른 세대와 구분되는 특징들이 거론되었지만, 기성세대의 관점에서 MZ세대의 장점보다는 단점이 더 크게 부각되어왔습니다. 그리고 이태원 참사는 이러한 MZ세대에 대한 부정적 인식이 편견이 아닌 사실임을 증명하는 사태처럼 전파되었습니다. 이들은 핼러윈 축제에 대한 반감, 이태원에 대한 편견, 그리고 청년세대를 향한 적대에 포위된 듯 보였습니다. 하지만 MZ세대로 묶어 이들을 보고 이태원 참사의 맥락을 살피는 것만큼 허망한 일은 없을 것입니다. 세대론에 갇히다보면 계급이라는 렌즈, 세대 내의 차이, 사회적 관계의 맥락에서 형성되는 다양한 정체성과 위치, 나아가 개개인의 삶 등을 제대로 들여다볼 수 없습니다.

　이들이 침묵당함으로써 혹은 침묵함으로써 사회에 말을 걸었기에 우리는 묻고 듣는 것으로 응답하고 싶었습니다. 응답한다고 했지만 사실 우리는 알고 싶었습니다. 이들의 시선을 따라, 일상을 통해 이태원 참사를 제대로 톺아볼 기회를 갖고 싶었습니다.

　우리의 바람에 이태원 참사로 형제자매를 잃은 20~30대 청년 유가족들이 응답해주었습니다. 이태원 참사는 다른 참사와 달리 유가족협의회 안에서 형제자매 유가족들의 활동이 매우 두드러졌습니다. 이들은 슬픔에 몸부림치면서도 황망해하는 부모들 사이에서 의견을 제시하고, 때론 중재자를 자처했으며, 좀더 다양한 시민들을 불러 모으는 역할을 하기도 했습니다. 이들이 없었다면 서로가 서로를 연결해 한발씩 내디뎠던 초기 유가족협의회 활동은 더욱 큰 어려움과 혼란을 경험해야 했을지도 모릅니다. 하지만 그렇다고 해서 이들이 온전히 이태원 참사에만 정박해 있던 것은 아니었습니다. 학업, 취업, 노동, 자립, 연애, 결혼, 육아 등 이들은 현재를 살아냄과 동시에 미래의 시간을 안고 살아내야 했기에 불안함과 혼란스러움이 한시도 이들을 놓아주지 않았습니다. 하여 이미 말할 준비가 된 사람도 있었지만 또 누군가는 한참을 망설이며 몇차례나 숨을 고르더군요.

희생자의 마지막 숨결과 온기를 기억하는 연인과 친구 들도 생존자이자 목격자로서 그날과 그날 이후를 증언해주었습니다. 차라리 유가족이 되고 싶어하는 애달픔을, 연인을 과거의 기억으로 묻어야 하는 애잔함을 우리는 이들을 통해 비로소 접합니다. 끝내 지워질지 모를 자리에서 기억한다는 것, 말한다는 것의 서글픔 역시 배웁니다.

그날의 경험이 일상과 영혼을 잠식하지 못하게 맞서 싸우는 생존자도 만났습니다. 그는 말하기를 멈추지 않음으로써 단절된 사이와 세계를 이어 무지를 앎으로, 그리고 공감으로 바꾸려 분투 중이었습니다. 오롯이 '나'로 살아가기를 희망하는 그의 존재는 다채로운 모습으로 세계 안에 존재하는 피해자들에 대해 일깨웁니다.

이태원 참사로 벗을 잃은, 이태원이 삶터이자 일터였던 이들은 인터뷰하는 내내 이태원 참사에 대해 말할 자격이 있는가를 되묻으며 말하기의 어려움을 토로하기도 했습니다. 혹여 자신들의 말이 피해자와 그 가족들에게 상처가 되진 않을까 말을 고르다 채 토해내지 못하고 일어섭니다. 이들의 어깨너머로 우리는 '재난 피해자는, 당사자는 과연 누구인가'라는 질문을 건어올립니다.

지난 1년, 이들 모두는 각자의 자리에서 서로 다른 방법과 속도로 이태원 참사라는 사회적 재난을 겪어내고 있었습니다. 이태원 참사에 빠져 있을 수도, 그렇다고 이태원 참사를 등질 수도 없는 시간들 속에서 이들은 세상이 부여한 유가족, 생존자, 목격자라는 명명에 몸서리치다가도 기꺼이 이를 짊어지기도 했습니다. 누군가를 떠나보내고 새로운 누군가를 맞이하기도 했습니다. 길을 잃기도 하고 다시 길을 찾기도 했습니다. 때때로 주저앉아 울기도 했지만 부서진 세계를 다시 일으켜 세우는 용기를 내기도 했습니다. 그리고 오늘 하루도 그렇게 살아내고 있습니다.

이 책에 담긴 열네편의 글은 재난으로 평범한 일상을 빼앗긴 이들이 사랑하는 이에게 보내는 편지이자, 치열하게 버텨온 시간에 대한 증언이며, 사회를 향해 던지는 질문입니다.

세계를 바꾸는 응답

재난과 죽음, 이별과 애도에 대한 이야기는 늘 우리를 비통하게 합니다. 많은 이들이 두려움으로 불편함으로 머뭇거리고 외면하며 부인합니다. 재난을 직시하는 일은 힘들고 괴롭지만 이를 제대로 마주하지 않으면 얻지 못하는 진실이 있습니다. 진실에 대한 태만과 무시는 세계를 바꿀 기회를 놓침으로써 우리 자신과 사회를 위태롭게 합니다.

재난을 기록하면서 깨닫게 된 사실은 재난만큼이나 고립이 위험하다는 점입니다. 무력감은 외로운 사람을 좋아하기에 재난 이후를 살아내기 위해서는 혼자가 아니라는 감각이 필요합니다. 서로의 아픔을 이해하고 공감하는 힘은 누군가를 치유하는 힘이기도 하니까요. 기억을 공유하고 서로를 토닥일 수 있을 때 우리는 폐허와 절망에서 구원과 희망을 이야기할 수 있습니다. 존엄하고 평온한 일상을 향한 열망을 품을 수 있습니다.

기록단을 만들고 전력질주하는 심경으로 뛰어온 지 9개월, 부족함도 아쉬움도 많건만 넉넉한 품을 내어준 이들이 있어 오늘 이 기록이 당신에게 닿을 수 있었습니다. 인권재단 사람의 지원 덕분에 기록학교와 기록단의 출발이 가능했습니다. 기록의 과정은 4·16재단이 든든히 곁을 지켜주었습니다. 지속적인 기록과 아카이빙이 가능하도록 길을 열어준 '민들레 – 국가폭력 피해자와 함께하는 사람들'에도 깊은 감사를 전합니다.

10·29 이태원 참사 유가족협의회 가족들과 10·29 이태원 참사 시민대책회의 활동가들이 우리의 기록 활동을 지지하고 응원해 준 덕에 서로를 잇고, 시간을 이을 기억의 토대가 만들어질 수 있었습니다. 마지막으로 용기내 자신의 이야기를 들려준 구술자분들, 너무 고맙습니다. 이 책에 기록된 당신의 이야기가 응답받는 목소리로 전해지기를 바랍니다. 늘 손 닿을 곳에 우리가 있겠습니다. 오랫동안 이태원 참사를 기억하고 기록하며 더 나은 내일을 당신과 함께 써내려가겠습니다.

이태원 참사로 희생되신 분들의 명복을 빕니다.

10·29 이태원 참사 작가기록단의 마음과 말들을 엮어

유해정 씀

차례

▶ 10·29 이태원 참사 현장 지도

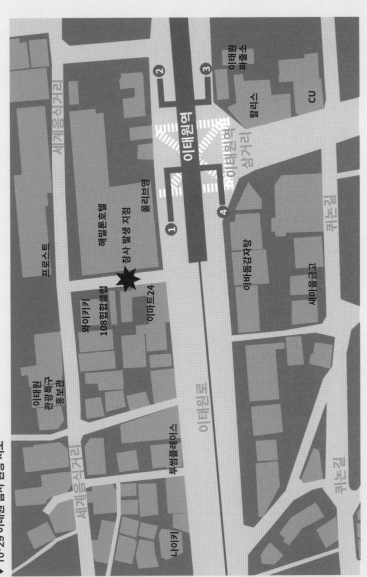

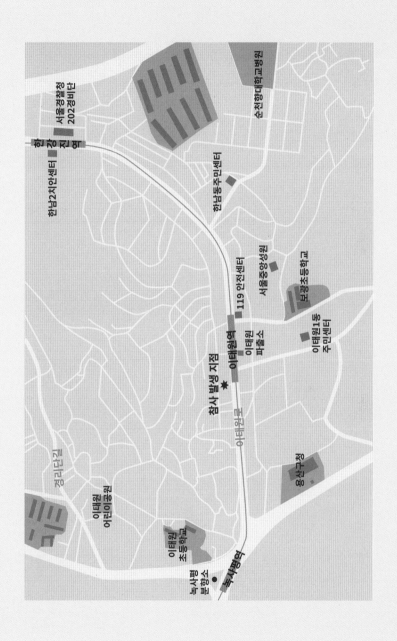

1부

그날
이태원에서는

1 이태원
630

예전에도 이주현,
지금도 이주현

나는 이주현씨를 2023년 5월 15일에 열린 10·29 이태원 참사 인권실태조사 보고회 때 처음 보았다. 집에서 온라인 생중계를 시청하던 중이었는데 그의 말들이 너무 인상적이어서 당시 나는 손가락을 심하게 다쳤음에도 그의 말들을 공들여 옮겨 적었다. 이주현씨는 이렇게 말했다.

"'대체 어떻게 살았을까? 나는 왜 살았을까?'라는 의문을 떠올려본 적이 없는 것은 아닙니다만, 그에 대해 이 한마디 외에 생각해본 적도 없습니다. 159명은 왜 죽어야 했습니까? 제가 운이 좋았다고 하는 사람들도 있습니다. 그럼 159명은 그저 운이 나빠 그렇게 되어야 했던 것입니까? 이 참사가 그저 운으로 생사가 갈려야만 했던 일이었습니까? 당연한 안전조차 보장받지 못한 채 목숨을 잃은 것을 그저 운이 나빴다고만 말할 수 있는 것일까요. (…) 저는 지금 제가 살고 있는 국가와 도시에 대해 신뢰를 잃어가고 있습니다. 그리고 그 속에서 같이 살아가고 있는 사람들 중 일부에게는 더이상 기대하지 않게 되었습니다. 하지만 우리 사회 전체에 대한 믿음을 잃는 날은 없을 것입니다. 사회는 사람으로 이루어져 있고 사람은 공감과 이해를 할 수 있는 존재이기 때문에. 그리고 세상 사람들 대다수는 그런 사람들일 거라고 생각합니다. 언젠가 결국에는 그 대다수가 납득할 수 있는 사회가 되리라 믿습니다. 마지막으로 책임자와 피해자, 그리고 이 사회의 모두에게 이렇게 말하고 싶습니다. 우리는 살아남았습니다. 그리고 앞으로도 살아남을 것입니다. 이 모든 것을 기억한 채로 살아남을 것입니다. 일어난 일은 사라질 수 없습니다. 남은 사람들은 계속해서 당신 곁에 존재할 것입니다. 우리는 언제나 여기에 함께 있고 사라지지 않습니다."

인터뷰를 위해 마주앉은 스물일곱의 이주현은 화면보다 더 당당했고 다부졌다. 나는 두차례에 걸쳐 그와 인터뷰하며 생각했다. 우리 사회는 얼마나 다행인가? 이토록 자신이 살고 있는 도시를 아끼고, 보통 사람들을 신뢰하며, 삶을 온전히 사랑하는 이주현과 함께 살고 있으니.

작가기록단 유해정

그런 사람들 있잖아요? 생일이 별것 아닌 사람도 있지만 반대로 너무너무 소중해서 이벤트나 생일 파티를 해야 하는 사람. 저는 그런 사람이에요. 그래서 제가 살고 있는 서울의 웬만한 축제나 이벤트는 다 챙겨요. 항상 제대로 즐기고 싶어하는 사람인 거죠.

대학교 신입생 때만 해도 노는 거에 관심 없었는데 점점 어떻게 해야 내가 즐겁고 행복한지 알게 되면서 그걸 좇게 됐던 것 같아요. 계기가 있었다기보다는 뭔가 포기하기 싫고, 포기 안 하고 해봤더니 너무 즐겁고. 나 이것도 즐길 수 있는데 저것도 즐길 수 있지 않을까, 이러면서 계속 쌓여갔던 것 같아요. 저는 제가 뭘 하고 싶지 않은지, 뭘 하고 싶은지, 하고 싶다면 얼마만큼 하고 싶은지를 잘 구분한다고 생각해요. 그래서 하고 싶은 거 하고, 안 하고 싶은 거 안 하며 살아요. 누군가는 어떻게 그러고만 사느냐고 하는데 저는 그렇게 살려고 노력해요. 그게 나의 삶의 행복과 만족도를 높여주는 일이란 걸 아니까. 그래서 저는 삶을 너무나 잘 즐기며 살아가는 사람이라고 스스로 생각해요.

핼러윈데이를 챙기는 것도 그 맥락 안에 있는 거죠. 이태원에 특별한 애착이 있는 건 아니에요. 굳이 말하자면 서울에 애착이 있고 서울을 즐기는 사람이에요. 저는 미술작업을 하는데, 제 작업들이 지역성을 띠다보니까 제가 사는 서울에 대한 애착이 크고 서울의 다양한 동네를 다니게 됐어요. 그중 하나가 이태원이고, 홍대고, 성수고, 강남인 거죠. 서울 안에서도 을지로 뒷골목의 느낌이 다르고 합정동의 느낌이 다르고 강남의 느낌이 다르고 홍대 연남동의 느낌이 다른 것처럼 이태원도 이태원만의 분위기가 있어요.

핼러윈 하면 이태원이죠

스무살부터 핼러윈 축제에 갔어요. 고등학교 친구들과의 계속된 이벤트 같은 거죠. 물론 중간중간 빠지는 애들도 있었지만 저는 코로나 때 빼고 매년 갔어요. 핼러윈데이는 이태원이 베이스예요. 이태원은 조금 더 고퀄리티의, 정말 외국에서나 할 법한 본격적인 분장을 하고 오는 사람들이 대부분이에요. 항상 사람이 많고 외국인도 정말 많아서 이태원에서만 놀아도 외국 여행 온 것 같은 느낌이 들죠. 반면 홍대에는 분장보다는 핼러윈 분위기를 즐기려는 사람들이 많은 것 같아요. 좀 꾸몄다 싶은 사람들이 있고 그 사람들을 구경하는 사람들, 그리고 핼러윈을 기념해 외식을 하는 사람들이 모이는 것 같아요. 그래서 이태원 핼러윈이냐 홍대 핼러윈이냐 선택하라고 하면 저한테 메인은 이태원이에요.

첫해에는 영화 「중경삼림」에서 임청하 배우가 맡은 금발 여주인공 분장을 했어요. 그 캐릭터를 너무 좋아해서 따라 하고 싶은 마음에 그 금발을 제대로 흉내내려고 가발을 사서 왁스로 스타일링을 했어요. 이왕 하는 거 제 성에 차게 하는 게 중요했어요. 물론 그 안에 관심받고 싶은 마음도 어느정도 있었던 것 같아요. 뭐랄까, 항상 제대로 즐기고 싶은 마음이 있었으니까.

꾸미고, 걷고, 함께 사진 찍고

2022년 핼러윈을 엄청 기대했다기보다는 오랜만의 핼러윈인데 꼭 가야지, 이 정도 마음이었던 것 같아요. 10월 29일 그날을 떠올려보면 1년을 기다려 출고된 지 2주밖에 안 된 차를 몰고 저녁 7시쯤 용산에 갔어요. 이태원 근처는 늘 포화 상태니까 용산에 주차를 하고 친구 두명을 만나 핼러윈 준비를 했어요.

핼러윈 축제에서는 서로 사진을 정말 많이 찍어요. 저는 얼굴 사진이 여기저기 돌아다니는 건 싫어서 얼굴은 가리고 싶었어요. 여태껏 써온 심플한 가면은 아쉽고, 눈에는 띄고 싶은데 뭔가 과도하게 준비하긴 싫고. 여러가지를 생각하다가 종이상자에 형광색 부직포를 두르고 상자를 얼굴에 쓰기로 했어요. 근데 이것만으로는 포인트가 안 되잖아요? 그래서 헤어스타일도, 옷도 맞춰서 세 쌍둥이처럼 보이게 하자고 했죠. 세명이서 똑같은 분장을 하고 있으면 눈에 좀더 띄거든요. 다이소에서 상자랑 부직포를 사서 머리에 쓸 상자 가면을 만들고, 핼러윈이니까 유령처럼 보이면 좋겠다 싶어서 SPA 브랜드에서 발목까지 내려오는 치렁치렁한 원피스를 세벌 사서 맞춰 입고, 머리를 양갈래로 딴 뒤 택시를 탔어요. 몇년 동안 다녀본 경험에 비춰보면 어차피 이태원은 자정이 피크고 일찍 가봤자 아무것도 없으니까 최대한 늦게 가자 해서 이태원역 근처에 도착한 게 저녁 9시 반쯤이었어요. 그때는 이미 순천향대학교병원 앞까지 다 코스튬을 입은 사람들로 가득

했어요.

이태원역 삼거리 약간 못 가서 택시에서 내려 신호등을 건너려는데 교통정리를 하는 경찰관을 봤어요. 엄청 고퀄리티의 아이언맨 코스튬을 하신 분도 봤고. 길 건너서 이태원역 1, 2번 출구 쪽으로 가서 해밀톤호텔 앞을 지나갔어요. 거기부터 이미 사람들이 많긴 했는데 원래 지하철역 앞은 그러니까.

해밀톤호텔을 가운데 놓고 사고가 난 쪽이 서쪽 골목이면 동쪽 골목으로 대로(이태원로)를 등지고 올라가면 나오는 길이 이태원 메인 거리예요. 거기서부터 시작해서 세계음식거리를 걸어가는 게 보통의 핼러윈 행진이에요. 그 방향으로 쭉 걷다보면 고퀄리티의 코스튬을 한 사람들이 몬스터처럼 숨어 있어요. 누가 봐도 영화 속에서 튀어나온 것처럼 분장하고 오는 사람들도 많아서 줄서서 부탁해 같이 사진 찍고, 또 가다가 그런 사람 만나면 다시 줄서고. 그 와중에 저한테도 사진 찍자고 하는 사람이 있으면 인사하고 함께 사진 찍고. 그렇게 세계음식거리 끝까지 걷는 데 보통 짧으면 한시간 반쯤 걸려요. 더 걸릴 때도 있고요. 메인 거리 끝에는 위아래로 길이 나 있는데, 그 길의 술집에서 술을 먹거나 이태원로로 나와서 걷다보면 코스튬을 한 또다른 사람들을 만나서 인사하고 사진 찍고. 아마 다들 똑같을 건데 그게 보통 지난 몇년간의 이태원 핼러윈데이였어요.

사람이 많긴 했지만, 10시 3분까진 괜찮았어요

그날도 이태원 지하철역 1, 2번 출구를 지나 골목으로 올라가 세계음식거리로 들어가려고 했어요. 근데 골목 입구부터 이미 정체된 상태였어요. 그래서 천천히 걸었고 세계음식거리에 들어가니 공간이 그래도 좀 여유 있었어요. 서로 1~2미터 정도 거리가 있는 상태? 초입은 그랬어요. 물론 밑에는 사람이 많았지만 핼러윈데이치고 엄청나게 많은 수준도 아니었어요. 핼러윈데이 얼마 전에 세계 불꽃 축제에 갔었거든요. 그때보다도 적었어요. 음식점 이름은 생각이 안 나는데, 3층짜리 벽돌로 된 엄청 크고 긴 건물(펍 '프로스트'로 추정됨)에 갈 때까지만 해도 사람이 많다는 생각은 별로 안 했어요. 그런데 인도 음식점인지 아랍 음식점인지 그 식당 부근에서 사람이 갑자기 너무 많아지는 거예요. 제가 끼이는 느낌? 뒤에서 밀어서라기보다는 무리에 끼여서 함께 운반되는 느낌? 그렇지만 지하철도 사람 많을 때 나도 모르게 끼여서 타고 내리게 되는 경우가 있잖아요. 그 정도였어요.

오히려 문제는 그렇게 사람이 많아진 것보다는 우측통행처럼 한쪽으로 오가는 게 아니다보니까 서로 부딪히면서 정체 구간이 생긴 거예요. 그래서 그곳에 엄청 오래 끼여 있었어요. 오늘은 왜 이렇게 사람들이 질서를 안 지키느냐며 짜증을 내고 있는데, 그 와중에 친구는 음식점에서 길에 세워놓은 철제 메뉴판에 찍힌 거예요. 친구가 아프다고 비명을 지르니 바로 옆 1층 술집 직원분들이 호객하는 거 아니니까 잠깐 들어와서 피하라고 권해주셨어요. 저는 참을 만해서 안 들어갔는데 친구들은 잠시 안으로 피했어요. 그러다가 정체가 좀 풀려서 다시 같이 걷는데 또 난리가 났고, 풀릴 기미가 안 보이는 거예요. 멀리 사는 친구들은 막차 시간이 정해져 있으니 이 속도로 지하철역까지 가려면 몇시간은 걸릴 것 같아서 여기서 돌아가기로 했어요. 반대 방향 쪽 인파가 더 빨라 보이니 유턴해서 골목으로 빠지자고 했죠. 그때 시계를 봤는데 밤 10시 3분이었어요. 제 생일이 10월 3일이라 정확히 기억해요.

반대 방향으로 유턴을 한 뒤 역으로 내려가는 골목 코너 가까이 가다가 초록색 간판의 술집(펍 '와이키키'로 추정됨) 앞을 지나칠 때 한 1.5미터쯤 앞에서 어떤 남자분이 "누가 밟혔어요" "누가 지금 바닥에 깔렸어요" "쓰러졌어요" 이러는 거예요. 사람들도 못 오게 하고. 무슨 일인가 하면서 다들 끼여 선 상태로 우왕좌왕하며 뒷사람들한테 오지 말라고 말하고 있는데, 한 여성분이 부스스한 상태로 일어나시더라고요. 조금 밟히셨대요. 그래서 '아, 저런 경우도 있구나, 조심해야지' 생각했어요. 사람들이 많으니까 친구들하고 떨어지지 않기 위해 서로 팔짱을 끼고 나란히 가다가 코너를 돌고 사고가 난 골목으로 접어들면서 옆으로 나란히 가던 우리는 앞뒤 일렬로 가게 됐어요. 그러다 또 사람들한테 밀려서 저 혼자 앞쪽으로 떨어져나가고 친구들은 뒤에 있게 된 거예요.

제 위로 몇명인지도 모를 사람들이 한꺼번에 쓰러졌어요

당시 머리에 상자를 쓰고 있었으니까 "이거 보고 잘 따라와. 난 바로 앞에 있어" 하며 벽에 딱 붙어서 내려갔어요. 그때 친구들하고 저 사이에 커플 한팀 정도, 두세명 정도 있었을 거예요. 내려간 지 얼마 안 됐는데 제 앞에 한 열명이 넘어져 엉켜 있는 거예요. 건물 벽으로 막혀 있던 좁은 골목의 측면이 클럽 입구 앞에서 계단을 내려가는 형태로 갑자기 넓어지니까 여기서 사람들이 밀려 넘어졌나봐요. 그걸 보고 '어떡해, 빨리 일어나셔야 되는데' 생각했어요. 제가 그 위로 엎어질 줄은 몰랐죠. 그때만 해도 사람들이 멈춰서려 하며 슬금슬금 반발짝씩이라도 이동하고 있었거든요.

그때 그 상황에서 넘어진 파란색 옷을 입으셨던 여자분과 눈이 마주쳤는데, 이분이 너무 괴로운 표정으로 "꺼내주세요" "살려주세요" 이러는 거예요. 살면서 그런 표정을 처음 봤는데 너무 놀라 상황 판단이 잘 안 됐어요. 아무 생각도 못 하고 있다가 '누군가 119에 신고했나? 신고해야겠다' 하자마자 저도 밀리면서 무릎이 꺾였어요. 그래도 아직 상체까지 엎어지진 않아서 핸드폰을 켜 119에 신고하려는 순간, 완전히 깔렸어요. 제 뒤에 있던 몇명인지도 모를 사람들이 제 위로 한꺼번에 쓰러진 거예요. 한순간이었어요.

제 왼쪽에는 파란색 옷을 입은 분이 넘어져 있었고, 앞쪽 클럽 입구에는 정강이를 깔린 여성분이 있었어요. 그분이 꺼내달라며 울고 있으니까 앞에 있던 외국인분이 팔을 잡고 꺼내려고 힘을 주는데 도저히 안 빠지는 상황이었어요. 저는 깔리면서 클럽 입구 쪽 연석에 오른쪽 종아리를 찧었어요. 다리가 부러질 것같이 너무 아파서 오른쪽 다리만 움직이게 해달라고 외쳤어요. 운전해서 집에 돌아가야 하니까 다리가 다치면 안 되는데 하고 생각했죠. 그런데 시간이 지나서 피가 안 통하니까 감각이 무뎌졌는지 다리 아픈 게 익숙해지더라고요. 그때는 다른 걸 다 떠나서 숨 쉬기조차 힘들었어요. 사람이 놀라면 진정하기 위해 심호흡을 해야 하는데 심호흡은커녕 평소처럼 숨 쉴 정도로도 폐가 못 움직이는 거예요. 겨우 얕은 숨만 쉴 수 있는 상황이었죠. 그때 죽음을 떠올리지 않은 건 아니었지만 그보다는 누군가 경찰에든 119에든 신고했겠지, 금방 구출하러 오겠지 하는 믿음을 갖고 있었어요. 당연히 곧 구출돼서 용산에 차 주차한 곳으로 갈 수 있을 거라고 생각했어요. 그 상황에서 처음에 봤던 파란 옷의 여성분이랑 딱 눈이 마주쳤는데 그분이 이제는 울지도 않고 멍하니 제 쪽을 바라보고 있었어요. 아마 제 위로 계속해서 사람들이 밀려오고 또 쌓이는 모습을 보고 있었겠죠.

그러다 너무 숨을 쉴 수가 없어서 죽음을 받아들였을 때는 '생일이 얼마 전이었는데 이번 생일을 잘 못 챙겼네…' 하는 생각을 했어요. 저는 인생에서 뭘 대단히 이루고자 하는 욕심은 없지만, 아쉬운 것 없이 하루를 후회 않고 보내는 게 중요한 사람이라 '내 인생의 마지막 생일이었는데 아쉽다…' 이런 생각을 하다가 기절했던 것 같아요. 얼마나 기절해 있었는지 모르겠어요. 제가 밀려서 쓰러질 땐 분명 클럽 입구를 대각선으로 바라보고 있었는데 깨어나보니 클럽 입구를 정면으로 바라보고 있었어요. 아마 인파에 밀렸겠죠. 기절하기 전에는 제 밑에 깔린 사람이 소리도 지르고 움직이고 그랬는데 이제 반응이 없었어요. 그리고 제 위에는 남자들이 있었는데 한 외국인 남자가 신한테 기도하는 소리가 한참 들리다가 끊기더라고요. 사방이 살려달라 구해달라는 절규였어요. 그때 죽기 싫으면 뭘 해야 하는지 알겠더라고요. 숨을 못 쉬겠더라도 숨 쉬는 흉내라도 내자, 숨을 쉬고 있다고 최면이라도 걸자. 그리고 절대 정신을 잃으면 안 된다. 딱 그 두가지만 생각했어요.

몇백명이 손을 뻗고 살려달라 외치고 있었어요

당시 클럽 앞쪽에 움직일 수 있었던 사람들이 깔린 사람들에게 물을 막 뿌려주고 있었어요. 그 덕분에 저도 깨어나긴 했는데 제 밑에 깔린 사람 몸이랑 제 얼굴이 거의 붙어 있는 상태였어요. 그러다보니 뿌려진 물이 제 턱에 닿아서 입 안으로 물이 계속 차는 거예요. 아, 이러다 숨조차 못 쉬겠다 싶었는데 또 어디서 산소통이 나왔나봐요. 나중에 들으니 클럽 뒤쪽 문으로 소방관들이 산소통을 전해주었다고 하더라고요. 깔린 사람들이 숨을 못 쉬니까 클럽 앞의 사람들이 산소를 분사하기 시작했는데 갑자기 산소가 확 들어오니까 숨을 쉬기가 더 어려웠어요.

그때 생각했어요. 쓰러진 저희한테 보이는 건 살아 있는 사람들이지만, 그 클럽 입구에 있던 사람들의 시야에서 보이는 건 모두 죽어가는 사람들이잖아요. 살려달라고 내뻗는 손, 살려달라고 외치는 사람들의 소리, 누군가를 구하려고 절규하는 사람들…. 그 사람들 입장에서는 그 상황이 어떤 공포영화보다도 공포스러웠을 거예요. 누군가 죽어가는 모습을 보는 것만으로도 굉장히 충격적일 텐데 머리와 몸들이 틈도 없이 차곡차곡 쌓였잖아요. 앞에서 볼 때 깔려 있는 사람들 머리만 바글바글할 거란 말이에요. 얼마나 끔찍하겠어요. 지옥도 아니고, 쓰러진 사람이 열몇명도 아니고 수십 수백에, 거의 사람 키 높이로 쌓였는데. 그 골목 폭이 한 3미터 정도일 텐데 가로세로가 모두 사람 머리로 빼곡하게 차 있고, 그 사이로 수많은 팔들이 자기를 향해 살려달라고 내뻗고 있고. 그런데 아무것도 할 수가 없는 거예요. 구조도 해줄 수가 없고, 오로지 물 뿌려주고, 산소 뿌려주고, 잠드는 거 깨워주는 것밖에 할 수 없는데 그 와중에도 사람이 죽어가는 게 보여. 구조자들의 트라우마가 더 걱정됐어요. 저도 죽을 수 있는 상황인데도 그런 생각이 들었던 것 같아요.

에너지를 아끼기 위해 소리도 안 지르고 있었는데 제가 거의 맨 밑에 있고 제 주위 사람들은 미동이 없으니까 저도 가만히 있으면 죽은 것으로 보여 구조가 더뎌질 수 있겠다는 생각이 들었어요. 그래서 움직일 수 있는 왼손을 뻗어 소리를 한번씩 질렀어요. 그러자 외국인 한분이 막 울면서 제 손을 잡고 정말 미안하다고, 정말 미안하다고 말해주었어요. 그런데 손을 뻗는 사람이 저만 있는 게 아니잖아요. 몇십 몇백명이 손을 뻗고 있잖아요. 그러니까 그 외국인이 네 손만 잡아줄 수가 없다며 다른 사람들의 손도 잡아줘야 한다면서 정말 미안하다고….

여기 사람 있어요, 살려주세요

시간이 얼마나 흘렀는지 모르겠는데 구조대가 왔대요. 소방관이 왔대요. 깔린 사람이 너무 많아서 내가 바로 구조되지는 못하더라도 5분이면, 10분이면 오겠구나 생각했죠. 깔려 있는 상황이었지만 그렇게까지 패닉 상태는 아니었으니까. 하지만 정말 객관적으로 오랜 시간을 기다렸다 생각했는데 올 기미가 안 보이는 거예요. 포기할 수는 없으니 기다리긴 하는데 계속 안 오는 거예요. 사람들이 구조대 온다고 기절하지 말라고 하지만 아까도 온다고 해놓고 안 왔는데…. 그게 반복되니까 기대를 놓게 되더라고요. 그러곤 오히려 악이 생겼다고 해야 되나? 몇시간이든 버티자. 온다는 말은 신경 쓰지 말고 버티자…. 체감상 30~40분 정도 깔려 있었던 것 같은데 제 오른쪽 위쪽부터 걷어내지는 느낌이 들었어요. 한줄, 또 한줄… 거의 제 옆옆 정도가 수습될 때쯤에 제가 살아 있는 걸 알아야 구조를 해줄 테니까 "여기 사람 있어요, 살려주세요" 외쳤어요.

제 위로는 움직임이 없었나봐요. 제가 소리를 지르니까 소방관이 "저기 살아 있다" 그러면서 저부터 구하려고 하시더라고요. 그때 저는 허리 밑으로 아무 느낌도 없었어요. 그렇게 하체 감각을 잃어버릴 정도로 깔려 있었는데 몇명이 끄집어낸다고 꺼내지겠어요? 소방관들이 어쩔 수 없이 다시 위에서부터 수습한 뒤 저를 구조하셨어요. 제가 아예 다리를 못 쓴다고, 걸을 수가 없다고 하니까 저를 들것에 싣고는 그 윗골목, 세계음식거리였던 듯한데, 그곳에 내려놓고 가시더라고요.

그때부터는 긴장이 풀려서 눈이 안 떠졌어요. 귀는 열려 있는데 눈은 안 떠지고 말도 잘 못 하겠고. 그러던 차에 간호사라는 분이 제게 "살아 계세요?" 하고 말을 건네시다가 제가 하체의 감각이 없다고 하니까 저를 일으켜 앉혀주셨어요. 그러고는 경찰을 붙잡고 이분 살아 계시는데 하체 상태가 안 좋다고 말씀을 하셔서 경찰이 저를 업고 사고 현장 골목을 내려갔어요. 내려간 후 이태원역 대로에 다른 사람들 눕혀져 있던 곳에 저를 눕혀놓으셨고, 저는 그 상태로 또 한참 방치돼 있었어요. 제가 맨 오른쪽에 있었나봐요. 간신히 실눈을 떠서 위를 보니까 오른쪽으로 엄청 많은 사람들이 저를 둘러싸고 핸드폰으로 사진을 찍고 있었어요. 때마침 다른 여자분이 제 다리를 주물러주고 계셔서 치마는 다리까지 올라가 있고 옷도 헤쳐져 있는 상태였는데 사람들이 핸드폰으로 찍고 있으니까 그 정신에도 '이걸 어떡하나?' 싶었어요. 또 그 와중에 몇몇 사람들은 제가 죽었는지 살았는지 모르고 제 손을 밟고 지나가기도 하고.

그분 가시고 또 몇몇 분들이 저를 지켜주기도 하셨는데, 기억나는 건 한 여성분이 제가 살아 있는 걸 알고는 제 머리맡을 지켜주시면서 사람들이 제 손을 못 밟도록 해주셨어요. 응급대원이 제 심장이 멎은 줄 알고 제세동기 스티커를 붙였는데 그것도 떼어주시고. 또 제가 부츠를 신고 있었거든요. 생각해보면 그 부츠가 제 다리를 지켜준 것도 같아요. 그날 부츠 한쪽 지퍼가 고장이나서 급하게 절연테이프로 부츠를 감아 고정시킨 상태였는데 그분이 테이프를 다 뜯어내서 제 다리를 주물러주셨어요. 앰뷸런스에 실리기 전까지 제가 한참 동안 방치돼 있었는데 그분이 내내 같이 계셔주셨어요.

앰뷸런스가 출발한 게 먼저였는지 구조대원분들이 엄마한테 전화한 게 먼저였는지는 모르겠어요. 그날 희한하게 제가 용산에서 출발할 때 핸드폰 잠금을 풀어놨었어요. 구조대원분들이 가방에서 지갑을 꺼내 신분증을 확인하고 핸드폰을 보더니 풀려 있으니까 "너무 다행이다" 말씀하시더라고요. 저는 그때 또 잠깐 기절했는지 기억이 안 나는데, 구조대원분이 저희 엄마한테 전화를 해서 따님이 이태원에서 좀 다쳤다고 얘기를 했대요. 전화받고 엄마는 '얘가 이태원에서 좀 넘어졌나?' 이 정도로 생각을 하셨대요.

앰뷸런스에 타고도 한참 출발을 못 하고 있었어요. 다른 앰뷸런스도 다 출발 못 하고 있다고 들었어요. 저는 일단 생사를 오가는 건 아니니까 더 급박한 앰뷸런스부터 떠나야 되는데 그조차도 못 떠나고 있는 상황이었어요. 그렇게 한참을 대기하는 상태에서 구조대원분들끼리 얘기하더니 순천향대병원에 앰뷸런스가 다 몰릴 것 같다며 연락한 곳이 중앙대병원이었어요. 다리 건너면 바로니까. 그 와중에 구조대원분들이 엄마에게 또 전화를 하셨나봐요. "따님이 의식을 되찾으셨다, 중앙대병원으로 갈 거다." 그 전화를 받고 엄마 아빠는 그제야 패닉이 온 거예요. 의식을 잃었을 정도면 대체 어느 정도인 거야. 놀란 엄마 아빠가 집이 강서구인데도 저보다 먼저 병원에 도착했어요. 그 정도로 사고 현장 교통이 마비되어 있었던 거죠. 병원에 도착해 엄마 아빠를 보고서는 긴장이 풀려 다시 의식을 잃었어요.

159번째 희생자분이 너무너무 이해돼요

병원에서 4~5일은 꼼짝을 못 했어요. 식물처럼 누워만 있었어요. 다행히 척추를 다치거나 다리가 부러진 건 아닌데 산소가 안 통한 상태로 오래 눌려 있으면서 신경이 다치고 근육이 녹았다고 하더라고요. 근육이 파열되어서 혈관과 혈류에 안 좋은 성분들이 너무 많이 돌아다닌대요. 또 장기들이 파열되진 않았지만 타박상을 입었다고 해요. 간 수치랑 신장 수치도 높은데 할 수 있는 게 수액치료밖에 없어서 수액만 하루에 몇통씩 갈아가며 소변줄 꽂고 4~5일을 가만히 누워만 있었던 것 같아요. 5~6일째 들어서야 정신을 차렸고, 2주 정도 지난 뒤 재활의학과로 옮겨서 치료를 받았죠. 그때까지만 해도 앉아 있는 것조차 힘들었어요. 제 취미가 춤추는 건데 1~2년 후에나 출 수 있을 거라고 의료진이 말할 정도로 상황이 안 좋았어요. 재활치료를 엄청 열심히 한 덕분인지 빨리 회복해서 두달 후에 퇴원할 때는 지팡이 짚고 잘 걸을 정도였고, 퇴원 한달 후에는 운전도 조금씩 할 수 있게 됐어요. 지금 10개월 됐는데 예상보다 빠른 속도로 회복되어서 춤도 추고 그래요. 물론 발가락이나 발목은 움직임이 부자연스럽지만 일상생활에 크게 무리되지는 않으니까요.

사고 현장 소식은 엄마를 통해 들었어요. 응급실에서 이것저것 검사받는 도중에 의식이 잠깐 들었을 때 엄마가 옆에 있어서 제가 "얼마나 죽었어?" 하고 물었어요. 새벽 2시였는데, 사망자가 120명으로 집계됐고 부상자가 몇십명이라더군요. 120명이라는 숫자를 들었을 때 엄청나게 놀라지는 않았어요. 저는 누군가 죽었다는 걸 이미 알고 있는 상태였잖아요. 그때 들었던 감정은 참담함과 안타까움이었던 것 같아요. 같이 간 친구들과도 나중에 연락이 닿았는데, 친구들은 제가 깔린 건 못 봤고 클럽 옆 이자카야 유리문 바로 앞에 선 채로 눌려 있었대요. 그러다 클럽 사람들이 눌려 있던 사람들을 구출해줘서 그 뒤로는 클럽 안에서 바깥 상황은 전혀 모른 채 피신해 있었다 하더라고요. 그러다 상황이

다 정리된 후에나 나올 수 있었다고 들었어요.

　저는 참사 후 트라우마 같은 정신적 문제를 비교적 겪지 않았어요. 사실 병원에서 정신이 든 이후부터 멘탈은 괜찮았어요. 부모님이 너무 걱정하셔서 정신과 상담을 받았는데 정신과에서도 "걱정 안 하셔도 된다. 문제가 없고 오히려 지금 헤집는 게 더 문제가 될 수도 있다"라고 말씀하실 정도였으니까. 지금 생각해보면 그 당시에 제가 죽음에 대해 두려움이나 공포를 느끼지 않았기 때문에 괜찮은 게 아닌가 싶어요. 앞에서 이야기한 것처럼 그 상황에서 한 생각이 '생일을 잘 못 챙겨서 아쉽다' '주차한 데까지 가야 하는데 다리가 아파서 어떡하지'였으니까요. 물론 저도 공포를 느끼긴 했는데, 내 위 아래 옆 사람의 죽음에 대해서 공포를 느꼈지 내 죽음 자체에서 공포를 느낀 적은 없던 것 같아요.

　그런데 병원에서 159번째 희생자●가 발생했다는 소식을 듣고 뭘 붙잡아야 할지 모를 정도로 패닉이 왔어요. 왜냐하면 그분하고 저하고 상황이 비슷했어요. 그분의 친구들은 그때 세상을 떠났고 제 친구들은 살아남았다는 차이점만 있지, 고등학교 친구인 것도, 친구 둘을 자기가 이태원에 데려간 것도, 그리고 그 희생자분이 병원 치료를 받고 있던 것까지 비슷한 점이 너무 많아서 더 감정 이입을 했던 것 같아요. 159번째 희생자분이 너무너무 이해

● 159번째 희생자 이재현군은 고등학교 1학년생으로 참사 당시 40분 넘게 인파에 깔려 있다 가까스로 구조되었으나 같이 갔던 친구 두명은 구조되지 못했다. 이후 참사 43일 만에 스스로 세상을 등졌다.

되는 거예요. 나도 친구들이 잘못됐으면 같은 선택을 했을 수도 있다고… 그때 많이 울었어요.

저는 보통 사람들을 믿어요

입원하고 5일 정도 지났을 무렵 트위터에 접속했어요. 제가 참사 전 마지막으로 접속했을 때의 타임라인에 멈춰 있었죠. 제 소식이 갑자기 끊기니까 대부분의 친구들은 저를 걱정하고, 카카오톡도 보내고…. 그런데 몇몇 친구들은 애초에 이태원에 왜 가느냐, 한심하다, 뇌가 비었다, 외국 문화를 뭐 하러 그렇게 즐기느냐, 애도할 마음도 안 든다, 마약을 한 거다… 이런 글들을 써놓은 거예요. 너무 황당하더라고요. 저랑 엄청 친한 친구는 아니더라도 지인 범주 안에 들었던 사람들인데 그렇게까지 멍청한 생각을 하고, 그렇게까지 감수성도 공감 능력도 없다는 사실에 너무 충격을 받아서 내가 피해자다, 내가 생존자다, 그날 이태원에 마약은 없었다 등등 정정하는 글을 올렸어요. 이태원에 있던 사람들을 자기랑은 전혀 관련이 없고 자기는 모르는 타인이라고 생각하기 때문에 함부로 말할 수 있었겠지만, 내가 당사자인 걸 알고도 과연 그런 말을 똑같이 할 수 있을까 싶은 생각이 들었거든요.

제 글을 읽고 사과하는 사람들이 대다수였어요. 잘못된 정보를 알고 있었거나 아니면 사람들을 오해하고 있었거나 자기랑 상관

없는 일이라고 생각해서 함부로 말을 얹었던 행동에 부끄러움을 느끼고 진심으로 사과했어요. 하지만 자기가 잘못했다는 걸 알고도 인정하지 않는 사람들도 있었어요. 그런 사람들하곤 다 인연을 끊었어요. 제가 경험을 해보니까 인터넷에서 욕을 하는 사람들도 잘못된 정보를 알고 있거나 어떤 상황이었는지 파악하지 못했거나 아니면 정말 자기랑은 상관없는 일이라고 여기거나 공감 능력이 없어서 저렇게 함부로 생각하고 말할 수 있는 거겠구나 싶었어요. 그후부터는 욕하는 글을 봐도 신경이 안 쓰였던 것 같아요.

제대로 된 정보를 알리고 싶어서 뉴스 취재든 인터뷰든 뭐든 열심히 응했어요. 그리고 얘기했죠. 사실관계는 이랬고, 마약 같은 건 없었고, 그냥 골목이 좁은 곳에서 예년처럼 질서유지나 안내를 해주던 경찰이 없었기 때문에 일어난 참사지, 그해 그날에 특별히 많은 사람들이 모여서 발생한 게 아니라고요.

제 신상을 공개하면서까지 인터뷰를 한 이유는, 저랑 가까이 지내는 분들은 제가 다친 걸 알지만 가까이 지내지 않는 지인들이라든가 아니면 서로 존재는 알지만 더이상 연락하지 않는 사람들도 있잖아요. 내 초등학교 중학교 동창, 이런 사람들이 뉴스를 통해 저를 보면서 그들이 알던 제가 그곳에 있었다는 걸 알게 되면 조금 더 가까운 이야기가 되거든요. 그저 남의 이야기가 아니라 내 가족 또는 내 친구의 이야기라고 하면 거리감이 확실히 다르니까요. 처음에는 저도 노출을 걱정해서 익명 처리를 요구했는데 신상을 안 드러내고서는 효과가 없을 것 같아서 감수하기로 한 거죠.

약간의 책임감도 없잖아 있는 것 같아요. 지금 생존자들이 (언론에) 안 나오잖아요. 부담 없이 그 상황을 기억해내고 증언해줄 수 있는 사람이, 인터뷰든 조사든 응해줄 수 있는 사람이 과연 몇이나 있을까? 말할 사람이 정말 필요한데 할 수 있는 사람이 얼마나 될까? 저는 괜찮잖아요. 엄청난 감정에 휩쓸려서 증언을 못 하거나 아니면 몸이 안 좋아서 증언을 못 하는 경우가 아니잖아요. 당시 상황을 떠올린대도 심적 충격이 없고, 말하는 데 거리낌도 없고, 누군가 만나는 걸 두려워하지도 않으니까. 그래서 제 자리에서 할 수 있는 것은 다 해야 되겠다고 생각했어요.

사실 저는 정부에 대한 기대가 없어요. 위에 있는 사람들, 정부나 공직자들은 사실관계를 모르지 않는데도 외면하는 사람들인 거니까. 그건 악하거나 사고력이 낮거나 둘 중 하나라고 생각하기 때문에 아예 기대가 안 되는 거예요. 아는데도 불구하고 이런 태도를 보인다면 희망을 걸어볼 대상은 아니다, 기대할 만한 사람은 아니다 하며 정리한 거죠.

다만 저는 보통 사람들을 믿는 거예요. 그들에게 올바른 정보가 주어지고 옳은 사실관계를 알려주면, 욕하고 비난하던 사람들도 이성적으로 생각하는 사람이라면 시선이 바뀔 거고, 생각이 바뀔 거고, 반성을 할 테고. 아니면 반성까지는 몰라도 본인이 잘못 생각했다는 것쯤은 알게 되지 않을까, 고인에 대한 모욕만큼은 더이상 못하지 않을까. 보통 사람들에 대한 그런 기대가 있는 거죠.

참사 다음 날의 골목 2022년 10월 30일 경찰의 출입 통제로 적막함만이 감도는 참사 현장에 누군가 희생자들을 추모하는 꽃다발을 가지런히 놓아두었다.

'생존자'는 우리의 정체성이 아니어야 해요

이태원 생존자분들을 찾고 싶었어요. 그 상황을 겪은 사람들이 엄청나게 많을 거란 말이에요. 수백 명이 깔렸고 또 살아남았으니 엄청나게 많은 사람들이 있을 텐데 수면 위로 안 나오는 거예요, 다들. 얼마나 다쳤기에 못 나오고 있는 건지, 얼마나 심리적 상처가 크기에 안 나오는 건지, 아니면 죄책감이 얼마나 크기에, 주변에서 얼마나 탓을 하기에 차마 드러낼 생각조차 못 하고 있는 건지…. 안 나오고 있다는 건 심리적으로든 신체적으로든 뭔가 어려움이 있는 거잖아요. 참사를 겪었다는 경험 자체를 외면하고 싶은 거고 그로부터 분리되고 싶다는 건데, 그것도 심리적 고통에서 기인한다고 생각해요. 다들 왜 나오지 못하고 있는 것인지 제일 궁금했어요.

솔직히 조금 짧은 생각일 수도 있겠지만 사건 직후에는 만약 정말 안 괜찮은 사람이 있으면 좀 괜찮은 나를 보고 '괜찮을 수도 있겠구나'라는 생각을 가졌으면 좋겠다 하는 마음이 있었어요. 시간이 지나면서 나의 해맑음과 괜찮음이 누군가한테는 상처가 될 수도 있겠다는 생각이 들어 말을 아꼈지만, 여전히 한편으로는 내가 도움이 될 수 있는 사람들도 있지 않을까 싶어요.

같은 상황을 함께 경험한 사람들만이 공감하고 보듬고 해줄 수 있는 말이 있잖아요. 숨어 있거나 혼자 괴로워한다고 해서 뭔가 해결되는 것은 아니니 다들 나와서 서로 알고 공유하면 좋겠더라고요. 그 상황에 있지 않았던 다른 누군가가 "산 사람은 살아야지" 하고 말하는 거랑, 이태원에서 같은 경험을 했던 사람이 말하는 거랑 너무 다르잖아요. 그런 위로와 응원을 서로 해줄 수 있는 사람들은 살아남은 우리인데, 숨어만 있으면 해결되는 게 없는데, 서로를 알 수 없는 상황이 너무 답답했어요.

그래서 병원에서 정신 차리고 얼마 안 돼서 제가 다 찾아봤어요. 일단 중앙대병원에는 저밖에 없대요. 기사를 찾아보니까 생존자들이 병원마다 한명씩 있더라고요. 일부러 그랬나 싶을 정도로 거의 다 뿔뿔이 흩어져 있는 거예요. 경찰 조사관이나 다른 사람들도 알려줄 수 없다고만 하고요. 그래서 저를 인터뷰한 기자님들한테 다른 생존자하고 연락하고 싶어하는 분이 있다면 저에게 연결해달라고 얘기했죠. 그렇게 해서 간신히 연락이 닿은 사람이 생존자 김초롱님이었고, 그후에 시민대책회의*를 통해서 생존자들끼리 모이는 기회가 만들어지기도 했어요.

한번은 인터뷰에서 그런 얘기를 했어요. 우리가 일단 괜찮아져야 된다고, 그래야 그다음으로 나를 위한 일이든 그 누구를 위한 일이든 할 수 있다고. 거기까지가 제가 마이크를 쥐고 할 수 있는 말의 마지노선인 것 같았어요. 그런데 지금은 또 생각이 너무 많아져서 차마 못 하겠어요. "괜찮아져야 해요, 죄책감 갖지 말아요"라는 말은…. 제가 다른 생존자분들에게 갖는 배려심일지 아

* 10·29 이태원 참사 시민대책회의. 참사의 진상을 규명하고 피해자들을 지원하기 위해 전국 188개 시민단체가 모여 발족한 연합단체이다.

니면 죄책감일지는 모르겠지만 참사에서 헤어나올 수 없는 사람들에 대한 복잡한 감정 같은 게 있는 거죠. '이태원 참사 생존자'라는 것은 제 인생의 일부일 뿐이지 저의 온전한 정체성이 결코 아니라고 주변인들에게는 충분히 말할 수 있지만, 마이크 쥐고서는 차마 그 이야기를 못 하겠어요.

저는 시간이 지나면 어떨지 모르겠지만 지금까지는 이태원 참사를 제가 겪은 일, 제가 살아가는 인생의 한 트랙 정도로 여기고 있어요. 물론 때론 정부가 참사를 대하는 모습에 엄청 분노도 하고 무력감을 느끼기도 하지만, 그것에 매몰되면 안 되니까 제가 할 수 있는 걸 하면서 일상을 살아가고 있어요. 이태원 참사 이후로 일상이 바뀌거나 인간관계가 달라지거나 삶의 가치관이 변하지는 않았어요. 예전에도 이주현, 지금도 이주현인 거죠.

저는 올해도 이태원에 갈 거예요

저는 올해 핼러윈에도 이태원에 갈 거예요. 이태원에 간 게 잘못이 아니잖아요? 그날 그 자리에 있었던 게 잘못이 아니라는 걸, 놀러 간 것 자체가 죄가 아니라는 걸 확실하게 하기 위해서라도 저는 갈 거예요. 문제의 본질은 그 장소도, 시기도, 우리가 놀러 간 것도 아니에요. 정말 중요한 것은 사람이 아주 많은 곳이었는데도 불구하고 왜 어떠한 질서유지나 안내 같은 게 없었는지예요. 제가 핼러윈데이 직전에 불꽃 축제도 갔다 왔다고 했잖아요?
그 행사는 경찰들이 수십명씩 돌아다니면서 질서유지를 했어요.
교통정리 하고, 사람들 통행 유도하고, 한강과 가까운 위험한 데
가지 말라고 안내하는 모습을 제 눈으로 다 봤단 말이죠. 이태원
참사의 본질은 사람이 많은 곳에서 공공안전이 지켜지지 않았다
는 데 있잖아요. 그래서 저는 올해 핼러윈 때도 꼭 이태원에 갈 거
예요. 그 현장에서 희생자들을 기리고 추모하고 애도하며 다시
핼러윈을 즐길 거예요. 핼러윈에 웃고 떠든다고 해서 애도하는
마음이 없는 것은 아니니까요.

'정식 유가족'이
되고 싶은 사람

이주영씨의 연인이자
생존자 서병우씨 이야기

인터뷰를 마치고 원고를 쓰면서 셈을 해보다 깨달았다. 1991년생. 이제 30대 초반을 지나 중반으로 넘어가는 나이. 5년 전에 사랑하는 사람을 만났고 그이와 평생 함께할 것을 약속했던 남자. 그의 이야기를 적고 있는 나도 딱 그 나이에 5년간의 연애를 하다 결혼했다는 사실을.

돌이켜보면 30대 초중반 그 시절은 김광석의 노래 「서른 즈음에」의 가사처럼 '머물러 있는 청춘인 줄 알았는데 (…) 매일 이별'하는 것이 사는 일이란 것을 조금씩 짐작하게 되었을 무렵이자, 여전히 삶은 불확실하고 앞자락에 놓인 여러 갈래 길들 중 어디로 가야 할지 자주 갈팡질팡하던 시기였고, 그럼에도 결혼이라는 인생의 고정변수 하나를 결정했다는 안도감과 동시에 과연 내가 잘 꾸려갈 수 있을까 하는 걱정과 긴장감이 공존하던 때였다.

"유가족이 뭐가 자랑이라고." 재난참사 현장에서 유가족들을 향해 쏟아지는 터무니없는 비난과 혐오의 말들 가운데 하나다. 이 말이 너무 억울하고 속상해서 "유가족이 되고 싶어서 된 사람이 도대체 누가 있느냐?"는 하소연을 재난참사 피해자들을 만나면서 수도 없이 들어왔다. 그런데 병우씨는 '정식 유가족'이 되고 싶어하는 사람이다. 그 마음이 너무 선명하게 그려져서, 그 슬픔이 더없이 크게 와닿아서 차마 그 '정식 유가족'이 무엇인지 되묻지 못했다. 그런 것은 애초에 없는 것 아니냐고 이야기해주고 싶었지만 과연 그런지, 그래도 되는 것인지 여전히 나는 갈팡질팡하고 있다.

작가기록단 **강곤**

프러포즈는 그 일이 있기 세달 전, 작년(2022) 7월에 했어요. 저희가 사귀면서 매년 여름휴가를 제주도에서 보냈거든요. 작년에도요. 제주도 어느 숲속에서 제가 바닥에 꽃 장식을 꾸며놓고 바이올린으로 영화 「하울의 움직이는 성」 OST인 「인생의 회전목마」란 곡을 연주했어요. 그냥 이 곡 저 곡 연습하다보니 유난히 이 노래가 참 좋더라고요. 바이올린은 초등학교 다닐 때 2년 정도 배운 게 다였지만, 내가 나중에 프러포즈를 한다면 꼭 바이올린 연주를 해줘야겠다고 늘 마음을 먹고 있었어요. 그러다가 이제 프러포즈를 해야 하니까 연주해보려고 하니 도레미파도 모르겠더라고요. 그래서 부랴부랴 3개월 정도 연습해서 프러포즈를 했죠.

주영이랑은 2018년 7월 1일부터 사귀었어요. 결혼한 친구의 소개로 만났는데 신랑이 제 친구이고 그 아내가 주영이 친구였거든요. 저는 '집돌이'였는데 주영이를 만나고 문화생활을 많이 접하게 됐어요. 전시회나 박물관, 다양한 예술 행사에 가보고, 주영이가 박효신을 좋아해서 박효신 콘서트나 뮤지컬도 많이 갔고요. 이태원 핼러윈 축제도 주영이를 따라서 2020년에 처음 가봤어요. 많이 신기했죠. 말로만 듣다가 실제로 가보니까 사람들이 분장도 하고 길거리 공연도 하고.

곧 있을 결혼식을 준비하던 날

그날은 올해(2023) 9월에 결혼식을 올리기로 해서 주영이와 같이 웨딩 플래너를 만나는 날이었어요. 강남 청담동에서 플래너랑 만나 한 두시간 정도 상담을 하고 근처 카페에 가서 준비할 것들을 정리하고 나니까 오후 5시더라고요. 그래서 뭘 할까 하다가 마침 핼러윈데이니까 특별한 일 없으면 구경이나 가자고 해서 이태원에 가게 된 거죠.

이태원역 한 정거장 앞인 한강진역에 내려서 쇼핑도 좀 하고 식사를 마치니까 밤 9시 반이었어요. 식당에서 영업이 종료됐다길래 이태원을 한바퀴 둘러보고 집으로 가자고 했어요. 이태원으로 갔더니 사람이 엄청 많더라고요. 세계음식거리가 메인이니까 거기만 한바퀴 돌아보고 나오자고 했는데, 골목으로 들어가니 진짜 뭘 구경할 수 없을 정도로 사람만 많고 볼거리도 없고. 해밀톤 호텔 뒤쪽 삼거리 골목까지 밀려가다보니 그곳으로 세 방향에서 사람들이 밀려들어오면서 막 회오리가 치더라고요. 여기 더 있으면 안 되겠다, 어서 빠져나가야겠다 싶어 이태원역 1번 출구 방향, 그러니까 삼거리 골목에서 아래쪽 방향으로 내려가자고 할 찰나에 108힙합클럽 앞에서 딱 멈춰서 사람들 틈에 고정되어버린 거죠. 그곳이 위에서 아래로 내리막 따라 내려가는 방향인데 위에서 사람들이 엄청 밀더라고요. 그런데 앞에서는 사람들이 움직이지 않으니까 점점 압착이 되면서….

선 채로 주영이에게 인공호흡을 했어요

원래 저랑 주영이랑 나란히 어깨동무를 하고 걸어가다가 워낙 사람이 많으니까 주영이를 제 앞에 세우고 주영이 어깨에 제 두 손을 올리고 갔었거든요. 그러다 막 압착이 되니까 제가 잠깐 의식을 잃었어요. 의식을 잃었다가 깨보니 사람들 사이에 엄청 끼여 있는 거예요. 언제 주영이를 놓쳤는지는 모르겠지만 막 둘러보니까 주영이가 제 대각선 앞에 있는데 딱 보니 의식을 잃었더라고요. 의식을 잃고 앞사람 등에 이렇게 고개를 떨군 채로. 대체 이게 무슨 상황이지? 막 정신 차리라고 소리지르고, 그나마 손이 닿아서 뺨도 때리고, 그러다 심각하다는 생각이 들어 그때부터 선 채로 주영이한테 인공호흡을 했어요. 그렇게 한 30분을 했던 거 같아요. 근처 클럽 직원분들이 생수를 나눠주셔서 주영이 얼굴에 뿌리고 정신 차리라고 뺨 때리고 인공호흡 하고….

10시 40분쯤 앞쪽에서, 20분 후에는 뒤에서도 소방대원이 왔다고 사람들을 빼내고 있다고 하는 소리를 들었는데 그러고도 실제로 소방대원이 저희한테 올 때까지 시간이 한참 걸렸어요. 사람들이 다 의식을 잃은 상태였어요. 둘러보니까 제 주변에 한 50명 정도 있었는데 남성 한분이랑 저 빼고 다 의식을 잃었더라고요. 소방대원이 겨우 저한테까지 왔는데 제가 주영이부터 꺼내달라고 해서 주영이를 소방대원이 안고 클럽 안으로 들어갔고, 제가 따라 들어가려고 했는데 끼여 있을 때 제 한쪽 발목이 꺾였던 터라 바로 걸을 수 없었어요. 제 손으로 제 발을 막 주무르고 겨우겨우 클럽 안으로 들어가서 주영이를 막 찾았는데 저쪽 구석에서 소방대원이 심폐소생술을 하고 있더라고요. 저는 옆에 가서 그냥 울고불고하며 계속 살려달라고 했는데 의식이 돌아오지 않았어요. 그러다 소방대원이 저한테 심폐소생술을 할 줄 아느냐고 묻길래 군대에서 배워서 안다고 했죠. 저한테 주영이를 맡기고 다른 사람을 보러 가 제가 이어서 심폐소생술을 하게 됐어요. 계속 반응이 없다가 인공호흡을 한번 세게 했더니 주영이가 토를 했어요. 그래서 숨이 틔워졌나 해서 입에 있는 이물질을 꺼내고 다시 계속했는데도 의식이 안 돌아오더라고요.

그렇게 주영이 심폐소생술을 하고 있는데 한 시민분이 오더니 이태원역 1번 출구 쪽으로 가면 경찰도 있고 소방대원도 많으니 도움을 받을 수 있을 거라고 해서 그분이랑 저랑 주영이를 들쳐 업고 대로변으로 나왔어요. 나와서 지나가는 소방대원을 불러 봐 달라고 했더니 그분이 자동제세동기 같은 걸로 심박을 측정해보고는 좀 힘들 거 같다고 하시는 거예요. 그러면서 여기 있으면 안 되고 상가 쪽으로 이동해달라고 그래서 상가 앞에 다시 주영이를 눕혀놓고 또 심폐소생술을 하다가….

제가 그때 정신을 못 차렸어요. 이게 무슨 일인지, 도대체 무슨 일이 일어난 건지 모르겠고, 너무 큰일이 난 거 같고 그래서 그제서야 주영이 부모님이랑 제 부모님께 전화를 했어요. 아무 말도 못 하고 울면서 이태원으로 와달라고. 조금 있다가 주영이 부모님께 전화가 왔는데, 주영이가 다쳤으면 빨리 병원으로 데려가라고 하셨죠. 저도 데려가고 싶었는데 아무도 데려가주지 않았어요. 응급 활동을 거의 시민들이 다 하셨고, 제가 심폐소생술을 하다 지쳐 쓰러지면 시민분이 와서 대신 해주시겠다고 하고. 경찰관과 소방대원이 밖에 있지 말고 상가 안으로 이동하라고 해서 들어갔는데 안에 있던 소방대원이 주영이 상태 보더니 사망하셨다고…. 저는 가망이 없다는 말을 도저히 믿을 수가 없어서, 믿지를 못하고 계속 심폐소생술을 하고 그랬는데 그러던 중에 주영이 부모님이 오셨죠.

그날이 궁금하지만 저한테 물어보지는 못하시고

주영이 장례식장을 계속 지키다 장례식을 마치고 며칠 뒤에 다니던 직장에서 좀 쉬려고 했어요. 정신적으로 너무 힘들어서 일이 손에 안 잡히더라고요. 계속 다른 생각이 나고 회사에도 좀 민폐인 것 같다는 생각도 들고. 주변에서는 반반이었어요. 좀 웬만한 사고였으면 버티라고 했을 텐데 너무 큰 사고였으니 휴식기를 갖는 게 좋겠다는 사람도 있고, 계속 나오는 편이 나을 거라는 사람도 있고.

한달 동안은 그냥 멍하니 있었어요. 잠을 많이 잤던 거 같아요. 결혼한 제 누나가 저를 너무 걱정해서 정신과에 데려갔거든요. 정신과에서 처방해준 항우울증 약의 부작용이 졸린 거라고 하더라고요. 심장이 엄청 옥죄여오고 숨 쉬기 힘들 때가 많아서 하루에 네번 다섯번 그 약을 먹었어요. 하루 종일 잠만 잔 적도 있고, 낮잠도 막 네다섯시간씩 자고 그냥 무기력하게 지냈어요.

주영이 부모님은, 너무 죄송해서 제가 사실 뵐 면목이 없었는데 저를 품어주셨어요. 저를 미워하실 수도 있는데 저 때문에 그런 것이 아니라고 오히려 저를 위로해주시고 걱정해주시고. 너무 고맙고 또 너무 죄송하고…. 주로 주영이 어머님과 통화하고 매주 포천에 있는 봉안당에 주영이 보러도 같이 가요. 주영이 오빠와 아버님이 유가족협의회* 일을 한다고 하시길래 저도 조금이나마 도움이 됐으면 해서 뭐라도 하고 싶었죠. 그런데 주영이 아버님이 언론에 인터뷰를 한다고 하시더라고요. 그전부터 가족분들이 저한테 되게 조심스러워하시는 게 보였어요. 그날 그곳에서 어땠는지 궁금하실 텐데, 저한테 물어보고 싶으실 텐데 애써 안 물어보고 계신 것 같았어요. 그런데 아버님이 언론에 인터뷰를 하신다니 정확한 사태를 파악하고 계셔야 제대로 인터뷰를 하실 수 있지 않을까 싶어서 제가 먼저 그날 상황을 말씀드리게 됐죠. 누가 넘어지고 그 위에 또 넘어지는 식으로 사람들이 깔린 게 아니라 서 있는 채로, 대부분 서 있다가 사망하게 된 것이라고 말씀드렸더니 너무 많이 놀라시더라고요. 그렇게 100명이 넘는 사람이 서서 죽을 수 있다는 것에요.

올해 1월에 국회 국정조사에서 공청회가 열렸는데 증언할 사람을 구한다고 해서 또 제가 하겠다고 했죠. 사람들이 잘 알지도 못하면서 너무 함부로 이야기하니까요. 제가 그날 그곳에 있었기 때문에 당시 상황을 정확히 전달할 수 있는 사람은 저밖에 없다는 생각이 들었거든요. 또 정부가 정말 아무것도 안 하니까, 정말 무대응 그 자체인 게 너무 화나고 속상하고…. 그래서 용기를 낼 수밖에 없었어요. 사람들한테 진실을 알려야겠다. 술 먹고 나가서 놀다 죽었네, 이렇게 막 쉽게 욕하고 잘 모른 채 이야기하는 게 너무 화나고, 주영이 얼굴에 먹칠을 하는 것 같아서 이래서는 안 되

● 10·29 이태원 참사 유가족협의회. 희생자의 억울한 죽음과 정부의 미온적인 대처에 분노와 슬픔을 표하고, 희생자들의 명예회복과 온전한 추모, 철저하고 분명한 진상 및 책임 규명을 위해 2022년 12월 10일 유가족들이 모여 창립한 단체이다.

겠다 싶어 공청회에 나가 증언을 했죠.

유가족들의 활동에 많이 참여하려고 노력하고 있어요. 아버님이나 형님이 너무 고생하는 게 많이 보이다보니 어떻게 하면 도움이 될까 해서… 시간이 허락하는 한 뭐라도 다 돕고 싶어서 많이 하지는 못하지만 최대한 노력하고 있어요.

이야기해주고 싶어요, 당신 잘못이 아니라고

원래 저는 집돌이여서 퇴근하고 주영이 만나지 않는 날이면 거의 집에만 누워서 그냥 핸드폰 하고 텔레비전 보는 그런 사람이었는데, 그날 이후 집에 잘 안 들어가요. 혼자 있는 게 좀 무섭고 힘들더라고요. 요즘은 거의 밤 11시 넘어 집에 들어가서 혼자 있는 시간을 최대한 줄이고, 집에 들어가면 바로 잠을 자요.

제가 참사 당시 지갑을 잃어버려서 지갑을 사러 부모님이랑 함께 백화점에 갔는데 갑자기 사람 많은 게 확 느껴져서 바로 백화점 밖으로 나왔거든요. 부모님이 그 모습을 보고 걱정을 많이 하셨죠. 159번째 희생자가 나왔다는 뉴스를 보고 부모님이 충격을 많이 받으셨어요. 그런데 저는 그 희생자가 너무 이해되는 거예요. 저도 그러고 싶을 때가 한두번이 아니었거든요. 그리고 어린 학생이었잖아요. 그러면 저보다 아무래도 좀 덜 성숙했을 테니까 더 힘들었을 거 같고, 너무 힘들어서 도저히 못 견뎌서 그런 선택을 했구나 싶어요. 제 마음도 너무나 아프더라고요. 저도 고립되어 있을 때 정말 힘들었거든요.

그런데 작년 말 녹사평역에서 열렸던 49일 추모제를 하면서 유가족들이 서로 위로한다는 게 뭔지 그때 처음 깨달았어요. 녹사평 분향소에는 주영이가 있는 것 같아서 퇴근길에 주영이 보러 매일 갔었어요. 그런데 추모제 날은, 정말 추운 겨울날이었지만, 같이 목도리를 두르고 희생자들의 추모 영상을 보고, 추모제 끝나고는 용산 대통령실 쪽으로 행진을 같이 하면서 무언가를 같은 마음으로 같이 한다는 게 이토록 큰 힘이 되고 위로가 되는구나 알게 되었죠. 또 저 혼자가 아니구나, 다 같이 힘들어하고 다 같이 이겨내려고 노력하고 있구나 하는 것이 느껴져 제가 대신 힘을 받은 거 같아요. 또 유가족들에게 위로를 많이 받았어요. 모두들 제 잘못이 아니라는데, 그 한마디가 정말…. 지금도 아마 혼자서 힘들어하시는 분이 많이 계실 거 같은데 이 이야기를 전해주고 싶어요. 당신 잘못이 아니라고, 그리고 힘내라고. 아직 몸이 불편하신 분들도 많잖아요.

유가족이고 싶은, 유가족은 아닌

제가 조금이라도 도움이 된다면 계속 활동을 돕고 싶어요. 저도 주영이 가족이니까. 평생 잊지 못할 사람이니까. 주영이를 위해서

라면 계속할 수 있고 또 계속해야죠. 주말마다 주영이 보러 가고 서울시청 앞에 있는 분향소에도 가고, 원래도 주말마다 주영이랑 늘 같이 보냈으니 똑같이 주영이랑 함께한다고 생각하고 있어요.

그렇다고 제가 직접적으로 유가족협의회 활동을 많이 하고 있는 건 아니에요. 가끔 행진이 있으면 참여하거나 분향소에 가서 그냥 앉아 있거나 해요. 회의에 참석하지는 않고, 큰 방향이든 구체적인 것이든 유가족협의회 결정을 믿고 가는 거예요. 그래서 크게 부담이 되는 것은 없어요. 그냥 저는 애도만 하고 있으니까.

작년 11월에 어느 언론사에서 희생자 명단을 공개했을 때 주영이 이름도 같이 공개됐거든요. 제가 너무 화나서 직접 언론사에 전화해 항의했어요. 당장 이름 빼라고. 가족분들에게 물어보지 않고 전화했어요, 너무 화가 나서. 그때는 가족분들도 주영이 이름이 함부로 돌아다니는 게 싫은 마음이셔서 명단 공개를 원치 않으셨거든요. 저도 너무 싫어서 가족께 먼저 물어보지도 않고 그렇게 했죠.

지금은 좀 조심스러워요. 저는 유가족이고 싶고, 계속 주영이 남자친구이자 더 좋은 남편이고 싶어서 유가족 쪽에 있고 싶지만 결국 한발자국 뒤에 있을 수밖에 없는 사람이니까요. 옛날에는 유가족 총회를 하면 아무 생각 없이 참여했는데, 요 두세달은 안 갔어요. 이런저런 생각이 좀 들어요. '유가족'이라는 것에 대해서요. 저는 유가족이고 싶은데, 직접 활동도 하고 싶고 유가족협의회에도 들어가고 싶은데 '정식 유가족'은 아니다보니까… 주영이 가족분들도 조심스러운 것 같아요. 어머님이나 아버님도 잠깐만 여기 있고 이제 네 살길 찾아가야 하지 않겠느냐고 말씀하셔요. 그럴 때는 좀 속상하죠. 그런데 또 완강하게 아니라고, 그렇게 거부할 수 없는 게 저도 제 자신이 변할까봐…. 그게 좀 무섭더라고요. 평생 주영이만 바라보고 살고 싶은데, 제가 언젠가 다른 사람을 찾을까봐 그게 무서워요. 상담해주는 의사는 그건 굉장히 자연스러운 일이다, 그런 갈등의 시기는 자연스럽게 그리고 분명히 오는 것이니까 이상하게 생각하지 말고 그저 스쳐 지나가는 시간으로 여기라고 하시는데… 어쨌든 지금 좀 혼란스러운 상태예요.

사실 1주기가 다가오면서 가장 큰 걱정은, 주영이 어머님이 항상 1년만 같이 지내고 그다음엔 네 살길을 가라고 말씀하시거든요. 그런데 1주기가 되면 정말 진지하게, 단호하게 말씀하실까봐… 그렇게 말씀하실 날이 다가오는 게 무섭죠.

저만의 기억 공간, 저만의 애도 방식

'주영이와 결혼해야 하는 이유'●

1. 이쁘다. 그냥 얼굴이 이뻐서 아침에 눈뜨고 깼을 때

● 병우씨가 주영씨 생전에 그녀에게 썼던 편지글.「운동도 사업도 도전적이던, 솔직당당한 '가족의 대장'」,『한겨레』 2023. 2. 10.

안아주고 싶다.

2. 착하다. 심성이 착해서 남한테 피해를 주지 않고, 나쁜 짓을 할 심성이 아니다.

3. 똑똑하다. 나보다 똑똑하다. 지니어스다! 두뇌 회전이 빠르고 기억력도 좋고 아이큐가 높다.

4. 사람을 가려 만난다. 못되고 나쁜 친구가 없으며, 남들이 하는 말에 크게 휘둘리지 않는다. 자기만의 가치관이 있으며, 크게 변하지 않는다.

5. 다재다능하며 꾸준히 자기계발을 한다. 못하는 게 없다. 요리, 디자인, 운전, 방탈출 게임 등 다 잘한다. 현재에 안주하지 않는다. 무언가 꾸준히 배우고 발전하기 위해 노력한다. 지치지 않는다. 대리만족을 느낀다. 나는 딱히 여러 일을 잘하지 않고, 하고 싶다는 생각도 안 드는데 옆에서 지켜보는 것만으로 내 마음이 충족된다. 정말 잘해보라고 응원하게 된다.

6. 취미가 같다. 캠핑을 좋아하며, 함께할 수 있는 것이 있어 참 좋다. 운동도 잘하고 좋아한다. 등산, 러닝을 함께할 수 있어 좋다. 승부사 기질이 있어 지지 않으려고 최선을 다한다.

7. 민트초코(이주영씨가 만든 문구류 캐릭터 이름)를 열심히 한다. 자기에게 주어진 일을 포기하지 않고 꾸준히 열심히 한다. 결코 쉽지 않은 일인데도 성장시키기 위해 새로

운 무언가를 만들고, 디자인도 계속 고민한다. 책임감과 집념이 강하다. 무언가 할 때 대충 하지 않고 꼼꼼히 알아본다는 점에서 대견하고 본받을 만하다.

8. 믿고 신뢰할 사람이다. 나를 진심으로 생각해준다. 어떤 일을 같이 하게 되면 '자기가 하겠다' 하면 그냥 맡기고 따르면 된다. 계획적이어서, 여행 계획을 짜도 제대로 짜기 때문에 믿고 맡길 수 있다. 그냥 의지가 된다. 나도 이유를 모르겠는데 그냥 신뢰가 간다.

9. 사랑한다. 그냥 사랑한다. 놓치고 싶지 않은 사람이다. 밝고 긍정적인 에너지가 나에게 큰 힘이 된다. 평생을 함께하고 싶은 사람이다. 진심이다.

10. 가치관이 비슷하다. 얘기를 주고받으면 생각하는 바가 비슷하다. 그래서 의견 대립이 크게 없다. 누가 어떤 행동을 하는 것에 대해 '옳고 그름'을 비슷하게 생각하며, 바라보는 시선이 같다. 화합하며 잘 살 수 있을 것 같다.

기타 30가지가 넘지만, 한번에 모든 걸 알려주면 재미없기 때문에 여기까지 해보겠다. 사랑해.

주영이는 너무 밝고 명랑한 사람이었고, 주변 사람들에게 에너지를 전파하는 사람이었어요. 같이 있기만 해도 즐거웠고 너무 재미있어서 거의 저희 둘만 놀러 다녔어요. 저희 둘만으로도 충분히 즐거웠어요. 주영이랑 함께한 모든 게 다 추억이어서 집에

다 찢어지고 해진 신발도 아직 그대로 뒀고, 같이 캠핑 다니면서 사용했던 캠핑용품도 다 그대로 있어요.

잠들기 전에 가장 그리워요. 항상 전화 통화하고 문자 주고받고 자야 되는데 이제 그냥 혼자 누워 있으면 생각이 많이 나요. 그 시간에 주영이가 제일 많이 생각나는 거 같아요. 그날 이후 제 방 침대에 주영이 이불이 있거든요. 주영이가 사무실에서 덮던 이불을 주영이 부모님께 말씀도 안 드리고 안아 들어서 가져왔는데 주영이가 덮고 자던 이불, 그 이불에 주영이 향기가 남아 있어서 그걸 껴안고 누워요. 또 주영이가 남겨준 소중한 물건은… 손 편지가 열개 정도 있는데 아직 못 읽어보고 있어요. 처음 딱 한번 읽었는데 그 뒤로는 차마 읽어보지 못하겠더라고요. 한번 편지를 봤는데 "그때 오빠를 만나서 나는 행운인 것 같아"라는 말이 너무 마음이 아파서… 나를 만나지 않았으면 지금 살아 있었을 텐데 그게 너무 마음이…. 그 이후로 편지는 못 봐요.

사실 손 편지는 주영이보다 제가 더 많이 써줬어요. 프러포즈를 한 뒤에 어느날 주영이가 저한테 "왜 나랑 결혼하고 싶어?"라고 물어보는 거예요. 그래서 그날 자기 전에 '주영이와 결혼해야 하는 이유'라고 핸드폰으로 쭉 써서 보낸 글이거든요. 그렇게 보내고 "나 잘게" 했었어요.

몇개월 전부터 제가 SNS를 시작했어요, 인스타그램. 원래 그런 거 전혀 안 했는데 그냥 단지 주영이와 찍은 사진을 올리는 목적으로만 하고 있어요. 주영이랑 함께한 시간을 기록하고 나누려고 계정을 새로 만들었어요. 매일매일 하루에 하나씩 올려요. 그렇게 주영이랑 함께한 시간을 잊지 않으려고 노력하고 있고 주영이의 예쁜 모습을 주변 사람들에게 보여주려고 해요, 저 나름대로. 그동안은 주영이 사진을 못 찾아봤는데 이제 인스타그램을 하면서 찾아보는 거죠. 제 부모님들도 모르시고 주영이 부모님도 모르시고, 주영이 오빠도 SNS를 안 하니까 모를 거 같고. 막 웃긴 사진도 있고 장난스럽게 찍은 사진도 있어서 사진을 올리면 주변 친구들도 웃기다고, 두 사람이 참 행복해 보인다고 해요. 그런 말을 들을 때마다 또 힘이 나서 앞으로도 계속할 거 같아요. 걱정은 언젠가 주영이 사진, 주영이랑 함께 찍은 사진이 다 떨어질 텐데 그러면 뭘 올려야 할지…. 이게 저의 기억 공간이자 추모관이고, 저만의 애도 방식인 것 같아요.

내가 제일 힘들고 아픈 사람은
아니라는 다짐

**이주영씨의 오빠
이진우씨 이야기**

30대 중반, 이주영씨보다 네살 많은 오빠 진우씨는 유가족 형제자매들 모임에서 일종의 코디네이터 역할을 맡고 있다. 10·29 이태원 참사 유가족 협의회 운영위원회에서 결정되어 집행해야 할 실무적인 일을 형제자매들 모임에 제안하거나 10·29 이태원 참사 시민대책회의와 함께할 일에 대해 소통하는 일이다. 이번 1주기 기록 작업의 구술자들 섭외 또한 그와 함께 의논했다. 그래서인지 그는 처음에는 인터뷰를 고사했다. 자신은 이미 여러 매체에 인터뷰를 하였으니 그동안 희생자와 자기 이야기를 많이 하지 못했거나 미처 할 수 없었던 다른 형제자매들이 참여했으면 하는 바람이었다. 모두들 다 각자의 이야기를 품고 있으므로.

하지만 상대적으로 남자 형제들의 인터뷰 참여가 저조하자 결국 다시 한번 용기를 내어 애를 써주었다. 진우씨의 아버지는 현재 유가족협의회 대표

직을 맡고 있다. 이 또한 진우씨가 선뜻 인터뷰하기 조심스러워했던 이유는 아닐까 짐작해본다. 그의 말 한마디 한마디에서 신중하고 사려 깊음을 느낄 수 있었다.

진우씨가 유가족협의회에서 활동하며 기준으로 삼고 있다는 '여기서 내가 제일 힘들고 아픈 사람은 아니다'라는 생각, 유가족이라는 이 슬픔과 고통의 공동체에서 건져 올린 다짐 앞에서 우리는 어떤 응답을 할 수 있을까?

작가기록단 **강곤**

장례식을 마치고 집에 가야 하는데, 주영이 없는 집으로 다시 들어간다는 게 참…. 외삼촌이 근처에 사셔서 외삼촌이랑 어머니 친척 동생도 같이 저희 집으로 갔어요. 그 어머니 친척 동생분이 이래저래 말을 하면서 분위기를 장난스럽게 만드셨어요. 다 같이 집에 가서 술 먹자 술 먹자 이러시면서. 아무래도 걱정이 되셨나 봐요. 그래서 집에 가서 술을 마시고 가족들 모두 너무 피곤하니까 몸이 버티지 못해 금세 잠이 들었어요. 어떻게 보면 친척분들 도움을 받아서 그날 하루는 좀 잘 수 있었던 거죠.

그런데 왠지 그다음 날부터 저녁만 되면 아버지하고 어머니하고 저하고 셋이 식탁에 둘러앉아 술을 마셨어요. 술 마시면서 주영이 이야기를 막 하는 거죠. 걔는 고집도 세고 진짜 자기만 알고 필요한 거 있을 때만 찾아와서 부탁하고 그랬다고. 막 웃으면서 이야기하다가 한명이 울기 시작하면 같이 따라 울고, 그렇게 새벽 2~3시까지 이야기하다 피곤해지면 저는 제 방에 들어가 쓰러져 자고 어머니는 주영이 방으로 들어가고 아버지는 거실에서 그냥 주무셔요. 다음 날 일어나면 텔레비전 뉴스도 안 보고 그냥 멍하니 유튜브나 보다가 또 저녁이 되면 무조건 셋이 모여 술 마시면서 동생 이야기를 하는 거예요. 저는 회사에서 배려해준 덕에 일을 쉬고 엄마도 가게를 쉬니까 다음 날도 또 다음 날도 꼭 술을 마셔요. 술 마시고 동생에 대해 이야기하고, 술 다 떨어지면 마트에 술 사러 갔다 오고요.

한달 동안 매일매일 그렇게 지냈어요. 잘은 모르겠지만, 슬픔을 잊기 위한 저희의 방법이었던 것 같아요. 주영이가 아직 살아 있다고, 조금 있으면 집에 들어올 거라고 생각하면서 그냥 보통 저녁 먹으며 얘기할 때처럼 시간을 보내는 거죠. 또 어떨 때는 되게 비통한 이야기를 하며 같이 펑펑 울기도 하고요. 그러다 문득 다른 유가족들은 어떻게 지내고 있을까 궁금해졌어요. 여기저기 알아보다가 민변(민주사회를 위한 변호사모임)에서 유가족들이 모인다는 것을 알게 되어서 아버지를 모시고 찾아갔죠.

엄마, 일단 이태원으로 가요

저와 주영이도 다른 남매들처럼 그냥 무심히 지내다가 심심하면 괜히 가서 장난치고, 그러면 귀찮아하고, 그렇게 티격태격하면서 지내는 사이였어요. 장례 치르면서 주영이 친구들이나 남자친구를 통해 친구들 사이에서 주영이가 리드하는 스타일이었고 되게 재밌는 아이였다고 들었죠. 또 무슨 일이든 자기가 하고 싶은 게 있으면 딱 명확하게 이야기하는 스타일이었다고 해요. 사실 가족 내에서도 대장 같은 아이였어요. 가족끼리 여행이나 캠핑을 가면 주영이가 주도했죠. 저와 네살 터울이다보니 저한테는 진로나 취업 문제로 가끔씩 고민을 나누고 조언을 구해오기도 했지만 남자친구가 생기면서 그런 역할도 다 그쪽으로 넘어가더라고요.

10월 29일 아침에는 그 전날 제가 친구랑 늦게까지 놀다 들어와서 좀 늦잠을 잤어요. 자고 있는데 동생이 서울에 가야 한다고, 빨리 자기를 정류장까지 태워다달라고 막 재촉하는 거예요. 저희 집이 경기도 남양주이고 서울 가는 버스정류장까지 거리가 좀 있거든요. 귀찮아서 싫다고, 계속 자겠다고 하다가 맥도날드 햄버거 맥모닝을 사주면 태워주겠다고 했더니 주영이가 알겠다길래 태워다주었죠. 그리고 돌아와서 다시 잤어요. 점심도 배달음식 시켜먹고 그냥 쉬고 있다가 저녁에 어머니가 소라를 사 와서 삶아줬어요.

소라 삶았으니까 아버지가 동생 어디쯤인지 전화 한번 해보라

하셨는데 엄마가 하지 말라고 하시더라고요. 그날이 주영이랑 약혼한 남자친구가 출장 갔다 돌아온 날이었나봐요. 그냥 둘이 시간을 보내게 두라고, 굳이 부를 게 뭐가 있느냐고. 그래서 전화 안 하고 셋이서 저녁을 먹고는 아버지랑 토트넘 축구 경기를 봤어요. 저는 전반전 끝나고 방에 들어가서 유튜브를 봤는데 중간중간 인터넷에 이태원에서 사고가 났다는 이야기가 올라오는 거예요. 뭐 별일 없겠지 하며 카톡으로 이런 사고가 났다더라 공유하고 다시 유튜브를 보고 있는데, 거실에서 전화 통화하는 엄마가 목소리가 막 커지면서 흥분을 하시는 거예요. 이태원으로 와 달라고 하는 동생 남자친구의 전화였어요. 도대체 어디를 다쳤는 거냐, 이태원 어디로 오라는 거냐는 엄마의 통화 내용을 듣다 보니 너무 느낌이 안 좋아서 제가 엄마한테 일단 전화 끊고 무조건 이태원으로 가자고, 빨리 차 타고 가자고 해서 부모님을 모시고 출발하게 됐죠.

어머니랑 아버지가 이태원 어디로 가야 하는지, 왜 가야 하는지, 이게 무슨 상황인지 계속 물어보셨지만 저는 하필 방금 그 기사를 봤고 기사 내용이랑 전화가 맞아떨어지니까 느낌이 너무 안 좋았어요. 일단 빨리 가야겠다 싶어서 출발했는데 가는 내내 차 안에서 서로 아무 얘기도 안 했어요. 저도 아무 말 못 하겠고, 두 분도 엄청 불안하셨겠죠.

원래 남양주에서 이태원까지 차로 40~50분 걸리거든요. 그런데 그날은 엄청 밟아서 한 30분 만에 도착했을 거예요. 용산구청에 주차하고 가려 했는데 차가 꽉 막혀서 움직이질 않는 거예요. 부모님에게 우선 차에서 내려서 걸어가시라고 하고 저는 구청 뒤 유료주차장에 주차를 하고 갔어요. 주차하는 데만도 한 20분 걸렸던 것 같아요. 오르막길을 걸어가는데 그 거리 광경만 보면 그냥 축제였어요. 코스프레한 사람들이 술 마시고 신나게 얘기하고 음악도 울려 퍼지고…. 아무 문제 없는 상황이어서 도대체 이게 무슨 일이지 하며 걸어 올라갔죠.

현장은 진짜 난장판이었어요

이태원 번화가로 올라가는 순간부터 구급차 사이렌 소리가 어마어마하게 들리기 시작하는 거예요. 정말 심상치 않아서 엄마에게 전화하니까 해밀톤호텔 옆 건물에 있다고, 그쪽으로 오라고 해서 가는데 근처에 경찰 저지선이 쳐져 있더라고요. 안에 부모님이 계시다고 말하고 저지선 안으로 들어갔더니 부모님이랑 남자친구 부모님이 계셨어요. 동생이 저 건물 안에 있다고 하길래 봤는데… 사망자들을 모아둔 곳이더라고요. 그걸 보자마자 무너졌던 거 같아요. 동생 남자친구가 부모님에게 울면서 "죄송합니다, 죄송합니다" 계속 그러고 있고 부모님도 이제 실감이 나셨는지 쓰러지시고….

거의 세시간 동안 그 건물 주변에 있었어요. 경찰이 건물을 쭉 둘러싸고 있고, 한쪽에서는 사람들이 왜 못 지나가게 하느냐고 경찰과 실랑이를 하고, 사이렌 소리가 쉼 없이 울리고, 밑에서는 차가 계속 올라오고, 구급차도 왔다 갔다 하고. 건너편에 감자탕 집이 있었는데 2층에서 사람들이 감자탕을 먹고 있는 모습이 보였어요. 그러다 기자들이 우르르 올라가니까 밥 먹던 사람들이 무슨 일이냐며 내려오고, 기자들은 2층에서 사진 찍고, 경찰은 사진 찍지 말라고 올라가고, 진짜 난장판이었어요.

기억이 정확하지는 않지만 용산소방서장으로 보이는 사람이 건물 앞에 나와서 이제 이송을 시작할 것이다, 이송 위치는 무슨 체육관이다 하길래 제가 다른 경찰관인가 소방관인가를 붙잡고 물어보니 정확히 언제 출발할지는 모른다는 거예요. 그 이야기를 듣고 또 한 30분은 기다렸던 것 같아요. 그러다 이제 한명 두명 이동을 시작하길래 저는 부모님에게 나중에 녹사평 시민분향소가 차려졌던 그곳(녹사평역 광장)에서 좀 기다리라고 하고 차를 가지고 왔죠. 그리고 원효로에 있는 체육관(원효로다목적체육관)으로 갔어요. 체육관에서도 또 경찰들이 사람들을 들어가지 못하게 하더라고요. 출입이 안 된다고 막고, 구급차가 사망자를 이송해오면 한 명씩 한명씩 옮기고….

그 앞에서 그냥 하염없이 기다렸어요. 앞으로 어떻게 되는지 물어봐도 누구 하나 피드백해주는 사람도 없고, 경찰관도 소방관도 119구급대원도 전부 붙잡고 물어봤지만 다 모른대요. 그러다 아버지가 저 기자한테 한번 물어보라고 해서 제가 기자에게 물어봤더니 각 병원으로 이송됐던 사망자들이 다 여기로 모일 거라는 기자도 있고 아니라는 기자도 있고, 다 말하는 게 달라요. 참다못해 한 경찰관에게 따지듯 물어보니까 신원 확인이 안 됐기 때문에 체육관에 들어갈 수 없다, 주민센터(한남동주민센터)로 가서 신고부터 하라고 하더라고요. 그래서 동생 남자친구랑 주민센터에 갔더니 불만 켜져 있고 사람은 아무도 없는데 실종신고를 하는 명부가 놓여 있었어요. 아마 제 앞에 세명인가 네명이 먼저 적혀 있었고 제가 다섯번째로 적었을 거예요. 조금 있다 직원이 나오길래 동생 인상착의를 다 이야기하고 언제 연락 주냐고 하니 자기들도 모른다, 정확한 건 얘기해줄 수 없다고 해요. 무조건 최대한 빨리 연락 달라고 이야기하고 다시 체육관으로 왔을 때가 아마 새벽 6시쯤 됐을 거예요. 경찰관 한명이 아무래도 오전 중에는 아무 결과도 안 나올 것 같고 오후 돼서야 안내가 갈 것이니 집에 가서 기다리는 게 어떻겠느냐고 하더라고요.

부모님도 완전히 녹초가 되셨고 남자친구도 거의 녹다운된 상태라 우선 집으로 가자고 해서 남자친구는 본인 부모님과 가고 저희도 집으로 왔어요. 두분이 먼저 집으로 들어가고 저는 주차하고서 뒤따라 집에 들어가려는데 대문을 열기가 너무 무서웠어요. 지금 집 안에서 부모님이 뭘 하고 계실지 도저히 상상이 안 되는 거예요. 겨우 문을 열고 들어갔더니 부모님이 주영이 방에서 울고 계시더라고요. 그걸 보면서 저도 울고, 어떻게 시간이 가는지 모르게 계속 거기서 울고, 서로 껴안고 손잡고 얘기도 하고, 각자 또 떨어져서 울기도 하고… 계속 그러고 있었어요.

절할 때마다 쿵, 쿵 울리던 그 소리

어머니는 녹초가 되어 동생 방에서 그대로 쓰러져버리고, 아버지는 거실에서, 저는 제 방에서 언제 잠들었는지 모르겠는데 오전 9시쯤 눈을 떴어요. 주민센터에 신고하면서 연락처를 남겼으니까 이제 연락이 왔겠지 하고 봤는데 연락 온 게 없더라고요. 그때부터 미친 듯이 기사를 찾아보다가 11시쯤인가 신원 확인이 완료됐으니 어디로 연락하라는 기사를 찾았어요. 그리로 전화했더니 동생이 의정부에 있는 병원에 있다고 하더라고요. 남자친구에게 연락하고 부모님 모시고 나가려는 찰나에 의정부 병원에서 오라는 전화가 엄마한테 또 걸려왔어요.

병원에 갔더니 행정 업무 담당하시는 분께서 부모님 말고 오빠만 들어가시는 게 좋겠다고 말씀하셔서 저만 들어가 확인을 했죠. 주영이를 확인하고 나와서 부모님에게 주영이 맞다고 말씀드렸더니 두분은 또 쓰러져서 우시고…. 경찰서에 가서 조서를 써야 한다고 하는 와중에 남자친구 가족들도 도착했어요. 남자친구랑 저랑 경찰서에서 간단하게 뭘 쓰고 온 다음에 남자친구는 자기도 주영이를 봐야겠다며 보러 들어갔어요.

장례식장을 알아봐야 해서 아버지랑 이야기하고 아무래도 집 근처가 낫겠다 했더니 지원 나온 구리경찰서 경찰관분이 여기저기 알아보고는 집 근처 한곳을 찾아주셨어요. 저희가 이제 그리로 가야겠다 했는데 경찰 측에서 저희한테 다른 지역으로 이동하려면 검사의 검시를 마쳐야 한다며 또 기다려야 한대요. 저희가 언제까지 기다려야 하느냐니까 모르겠다고, 최대한 빨리해주겠다고 해요. 그때 아까 그 행정 직원분이 감사하게도 영안실 한곳에 저희 쉴 공간을 마련해주셨어요. 거기서 네다섯시간을 기다리는데도 아무 연락이 없자 아버지가 화를 내시기 시작했고, 세번 넘게 연락해본 의정부경찰서에서는 사망자가 한두명이 아니다보니 경황이 없다고만 하고, 또 그냥 기다릴 수밖에 없었죠. 오후 5시 넘어 검사가 와서 검시를 하더니 부검할 거냐고 물어보더라고요. 안 하겠다고, 이제 옮기겠다고 하니 검사가 대검찰청에 보고해야 한다며 또 안 된대요. 그렇게 검사가 떠나고 경찰관에게 빨리 좀 부탁한다고 하니 그제서야 경찰관이 일단 먼저 사망자를 옮기고 검시증은 나중에 남양주경찰서에서 받으면 된다고 안내해줬어요. 저희는 저녁 7시가 다 되어서야 출발할 수 있었죠.

남양주 장례식장에 도착하니 기다리고 있던 공무원들이 우르르 나와 자기는 누구다, 자기는 무슨 경장이다, 시청 과장이다, 이러면서 뭐 필요한 거 없느냐고 하더라고요. 그냥 가셔도 된다고, 여기 앉아 계실 필요 없다고 그분들을 다 돌려보낸 다음 그날 밤부터 조문을 받기 시작했어요.

예전에 할아버지 장례식 때 저도 아버지 옆에 서 있어보기는 했지만 그때는 아버지가 상주였으니까 제가 직접 손님들을 맞지는 않았어요. 그런데 이번에는 부모님이 하실 수 없는 상황이었고 친척들도 제가 상주를 하는 게 맞다고 해서 저랑 동생 남자친구랑 둘이 상주 역할을 했어요. 동생 친구들이 진짜 많이 와서 무척 도움이 되었어요. 어떤 친구들 네명은 매일 아침부터 와서 저녁까지 서빙을 하며 도와줬고요.

참사 당일 아침 제가 동생을 정류장으로 데려다줄 때 차에서 저희가 엄마한테 전화를 했거든요, 주영이가 오빠한테 햄버거를 사주기로 했다고. 원래 저희가 내기를 할 때면 엄마한테 전화해서 일종의 공증을 받고는 하는데, 그날도 그렇게 엄마랑 통화했던 게 엄마 핸드폰에 녹음되어 있던 거예요. 조문객을 맞다가 잠깐 부모님이 쉬고 있는 방에 들어갔는데 엄마가 그걸 딱 듣고 계시더라고요. 주영이 마지막 목소리… 그 목소리를 듣는 순간 제가 정신을 못 차릴 정도로 울었어요.

또 기억에 남는 게 제가 사고 나기 얼마 전에 발목을 다쳐서 이태원에 갔을 때도 장례식장에서도 계속 깁스를 하고 있었거든요. 장례식장에서 손님을 맞으면 절을 해야 하지만 저는 깁스를 한 상태라 일어나기만 하고 절은 하지 못했어요. 그런데 발인하는 날은 꼭 주영이에게 절을 해야겠다 싶더라고요. 그래서 무릎을 굽히지는 못하고 그냥 땅에 박았어요. 당연히 아플 줄 알았는데 하나도 아프지는 않고, 그 대신 절할 때마다 쿵, 쿵 하고 소리가 울렸어요. 그 소리가 여태 기억나요. 쿵, 쿵….

주영이 남자친구는 조문객이 없을 때면 동생 영정 앞에서 내내 무릎 꿇고 울고 있었어요. 제가 이제 앉으라고 해도 남자친구는 도저히 못 그러겠다며 마냥 죄인처럼 무릎 꿇고 있었죠. 처음에 저희는 동생 남자친구와 바로 관계를 끊으려고 했어요. 그게 남자친구를 위한 길이라는 생각이 들어서요. 그런데 저도 제가 만약 그 입장이라면 어떨까 생각해보니 분명히 시간이 필요하겠구나 싶고, 안 그러면 이 친구가 진짜 더 힘들어질 것 같아서 어느정도 시간을 보낸 뒤에 그렇게 해야겠다 생각되더라고요. 둘이 그냥 연애만 한 게 아니라 실제로 결혼을 약속하고 상견례도 하고 예식장까지 잡아놓은 사이였으니까요.

한땀 한땀 형제자매들의 정성이 어린

작년 11월 중순쯤 민변에서 유가족이 모인다고 해서 아버지랑 갔더니 한 열다섯 가족 정도가 모여 있었어요. 이미 몇번 본 가족들도 있는 것 같았는데 저희는 다 처음 본 분들이었고 구체적으로 협의회를 만들자거나 기자회견을 하자는 것이 아니라 그냥 각자 어떤 상황인지 얘기하는 수준이었어요. 자기는 누구의 가족이고 어찌어찌하다 여기 오게 되었다고 이야기하는데 그 말 한마디 한마디가 엄청 슬픈 이야기여서 저는 들으면서 계속 울었어요. 한달 동안 집 안에 틀어박혀 우리 가족끼리만 있다보니 좀 외톨

이 같다고 생각했는데, 우리 말고 다른 누군가도 힘든 시간을 보내고 있었다는 사실을 알게 되면서 크게 위로받았어요. 유가족들을 만나야겠다는 것을 최초로 느낀 날이었어요.

작년 11월 22일 유가족들이 기자회견을 하고 난 뒤 세번째 간담회를 하는 자리에서 유가족협의회를 만들어야 된다, 그러려면 대표나 운영위원회가 있어야 하는데 누가 할 것이냐는 이야기가 나왔어요. 그때 저희 아버지가 부대표가 되셨죠. 계속 못 하겠다고 하다가 결국 얼굴 없는 부대표를 맡기로 하셨어요. 왜냐하면 저희 할머니께서 아직 주영이가 그렇게 된 것을 모르고 계시거든요. 저희 할머니랑 같이 사는 고모에게 할머니가 뉴스 보시지 못하게 통제해달라고 했었어요. 아버지는 그렇게 얼굴 없는 부대표를 하시다가 원래 대표이던 분이 못 하시게 되면서 결국 대표 직무대행 그리고 대표까지 맡게 되셨죠.

저는 뭐라도 해야겠다고 생각하고 있었어요. 할 일이 있는데 할 사람이 없으면 나라도 일을 해야겠다고 생각하고 있던 차에 운영할 사람이 필요하다고 해서 제가 하겠다고 했어요. 저 말고 형제자매들 중에 세분이 더 있었고요. 가장 급했던 사안이 유가족협의회를 만들려면 유가족 총회를 해야 하니까 총회 준비를 하는 것, 그리고 언론과 소통할 담당자를 정하는 것이었어요. 기자회견을 하고 나서 언론에서 인터뷰 요청이 정말 어마어마하게 쏟아져 들어왔거든요. 그런데 당시 부모님들은 다 정신이 없고, 협의회를 이끌 운영위원회가 아직 제대로 안 꾸려진 상황에서 대표

단만 시민대책회의랑 소통하고 있던 터라 언론과의 인터뷰를 적절하게 매칭해줄 역할이 필요했어요. 그래서 저희 형제자매들이 자연스럽게 언론대응팀으로 활동하게 된 거죠. 초반에는 언론에 어떻게 대응해야 하는지, 인터뷰 요청이 오면 무얼 해야 하는지를 모르니까 민변에서 언론 담당하는 변호사님이 도움을 많이 주셨어요.

사실 언론대응팀이라고는 하지만 유가족협의회 실무를 다 맡아서 해야 했어요. 지금도 시민대책회의 상황실과 운영위원회 사이에서 실무적인 일을 어떻게 할지 논의하고 집행하고 있죠. 시민대책회의가 A부터 Z까지 쭉 플랜을 짜고 유가족협의회 운영위원회에서 결정을 내리면 그것을 어떻게 실행할지, 누가 A를 맡고 누가 B를 맡으면 좋을지를 형제자매들과 얘기하는 거예요. 12월 3일에 유가족협의회 발기인 총회가 열렸는데 총회를 위한 회의 자료를 만들고 그걸 다시 프레젠테이션 자료로 만들고, 회원 명부가 있어야 하니 명단도 만들고 이름표도 만들고, 그게 다 형제자매들이 해야 할 일이었어요.

협의회가 만들어지고 나서는 우리 활동을 대외적으로 알리는 홍보가 필요하니까 SNS를 하자고 했죠. 인스타그램, 페이스북, 트위터, 유튜브, 텔레그램 계정을 만들고 채널을 열었어요. 처음 참여했던 네명의 형제자매들만으로는 이걸 다 운영하기 힘들어서 희생자 형제자매들끼리 모인 카톡방에서 다른 분들을 섭외해 누구는 유튜브, 누구는 인스타, 누구는 텔레그램, 이렇게 역할을 맡았어요. 지금도 계정 운영은 형제자매들이 맡아서 하고 있어요. 애초에 틱톡도 하자고 했는데 SNS 숫자가 너무 많으면 관리도 운영도 힘드니까 이제는 그 수를 서서히 줄여가며 사람들이 좀더 많이 접속하는 채널에 집중하고 있어요. 시민들이 트위터나 인스타그램은 많이 팔로잉하시고, 유튜브 편집본도 많이들 보시는 것 같더라고요. 조회수가 폭발적으로 나오지는 않지만 단 한명이라도 이것을 보면 그 사람이 또다른 사람에게 전파해줄 수 있으니 조회수 하나하나가 소중하죠.

작년 12월 녹사평역에 시민분향소가 설치되고 49일 시민추모제가 열렸잖아요. 유가족들이 오시면 명단에 출석 체크를 하고, 안내지를 배부하고, 미리 준비했던 목도리를 나눠드리고, 자리로 안내하는 일까지 저희가 맡았어요. 시민분들도 참석하는 시민추모제라 누가 유가족이고 누가 시민인지 알아봐야 하는데 그건 저희가 제일 잘할 수 있는 일이니까요. 원래 어느 희생자분의 누님이 디자인해주신 빨간색 목도리를 특별히 제작해 이를 두른 분들이 유가족임을 알 수 있게 하려고 했는데 시간이 너무 부족해서 대량구매가 가능한 빨간색 목도리를 사서 통일했어요.

그 뒤로는 12월 21일에 국회 국정조사특별위원회가 처음으로 현장조사를 나오기로 해서 그걸 모니터링하는 일에 집중했고, 1월에는 2차 공청회 때 유가족이랑 생존자 증언이 필요해 증언할 분을 알아봤어요. 저희가 처음이다보니 공청회에서 증언자가 가림막을 치고 그 뒤에서 증언할 수 있다는 것도 몰랐어요. 어쨌든

녹사평 분향소 한파가 몰아치던 2022년 12월 14일 유가족협의회와 시민대책회의가 녹사평역 광장에 시민분향소를 마련했다. 다음 날 눈이 내리는 날씨에도 희생자들을 추모하기 위한 시민들의 발걸음은 끊이지 않았다.

유가족이랑 생존자랑 이태원 지역 상인분들을 증언자로 섭외해 공청회를 진행했죠.

서울시청 분향소를 설치하고 별 상징을 만들기까지

국정조사, 현장조사, 기관보고, 청문회 등등에서 앞으로 어떻게 하겠다고 이야기 나온 것을 다 적어놨는데 지금까지 제대로 지켜진 게 하나도 없어요. 정말 화나고 속상해요. 이런 것을 유가족들이 체크해야 한다는 게 또 화가 나고요. 처음부터 품었던 의문점 중에 이제껏 해소된 게 하나도 없잖아요. 일어났던 일들에 대해 아무리 납득하려고 해도, 합리적으로 이해해보려고 해도 안 되는 거죠. 지금까지도 정부에서는 누구 하나 가족들에게 설명해주는 사람이 없어요.

힘든 점은 어떤 결정을 내려야 할 때 가족들에게 연락을 취하고 일일이 그 의견을 취합하는 일이 진짜 쉽지 않더라고요. 현재 유가족협의회에 가입된 가족이 일백열 가족 정도인데 워낙 인원이 많기도 하고, 어떤 방식이 효율적일지 참여율을 높일 수 있을지 모르다보니 시행착오도 많았고 의견 조율도 쉽지 않았어요. 회사처럼 위계를 갖춘 조직은 상급자의 지시나 명령에 의해서 움직이는 체계잖아요. 그런데 유가족협의회는 개인의 자율성이 거의 100퍼센트 존중되어야 하는 조직이다보니 유가족 각자가 중요하게 생각하는 것이 다르고 주장이 다양해 의견 조율이 정말 쉽지 않죠.

의견 조율이 어려웠던 일 중 하나가 서울시청 앞 광장에 분향소를 설치하는 문제였어요. 참사 현장 바로 인근인 녹사평 분향소를 떠나는 건 말이 안 된다는 주장과 시청으로 가야 더 많은 시민들을 만날 수 있다는 주장이 정말 첨예하게 대립했죠. 각각의 장단점이 분명한 거잖아요. 이에 대해 시민대책회의는 자신들이 판단하고 결정할 수는 없는 문제이니 유가족협의회 운영위원회에서 최종 결정을 내려달라고 했어요. 저는 겉으로 의견을 내지는 않았지만, 상황을 좀 보면서 점진적으로 옮겼으면 좋겠다고 내심 생각했어요. 하지만 이게 정답이 있는 문제도 아니고, 한쪽이 틀리고 맞는 것도 아니다보니 어느 쪽이든 서로를 설득하기가 정말 쉽지 않았죠. 결국 기습적으로 서울시청에 분향소를 차리고 이후에 녹사평 분향소를 정리하는 방식을 택하게 됐어요.

유가족들이 시청에 분향소를 설치하고 나니 서울시가 계속 이를 철거하는 행정대집행을 하겠다고 계고장*을 보내서 막 위기감이 고조되었어요. 그때 형제자매들이 직접 행동을 해보면 어떨까 하는 의견이 나와 형제자매들이 나서서 미리 기자회견문도 쓰고 발언 순서도 정해 분향소 앞에서 기자회견을 하기도 했죠. 시청 분향소는 외국인분들이 조문을 오시기도 하고, 무엇보다 부모

● 서울시는 2023년 2월 4일과 6일 두차례에 걸쳐 유가족들에게 서울광장에 설치한 분향소를 자진 철거하지 않을 경우 행정대집행에 나서겠다는 내용의 계고장을 보냈다.

님들도 형제자매들도 자신을 숨기지 않은 채 가감 없이 얘기할 수 있는 공간이잖아요. 나의 슬픔이나 괴로움을 군이 티 내지 않으려 하거나 감추지 않아도 되는 공간이라 시청 분향소에서 유가족들이 만나면 그 자체로 위로가 되고 어려움이 해소되는 면이 있어요. 이게 유가족협의회 활동에 긍정적인 요소로 많이 작용하는 것 같아요.

형제자매들 사이에서 갈등이라기보다는 약간 이견이 좁혀지지 않았던 적이 있는데, 올해 초에 10·29 이태원 참사를 기억하고 연대하기 위한 텀블벅 프로젝트를 형제자매들 주도로 진행했어요. 세월호 참사의 노란 리본처럼 이번에도 사람들이 딱 보면 떠올릴 수 있는 기억 상징물을 만들어 모금을 받아 제작한 뒤 시민들과 함께 나누는 것이었죠. 디자이너분이랑 같이 상징물 만드는 회의만 열번도 넘게 하면서 정해진 디자인이 별 모양이었어요. 희생자들이 각각 하나의 우주였고, 이제 모두 별이 되었다는 의미를 담은 거라 다들 좋다고 했어요.

이제 별 색깔을 정해야 했는데 다들 선호하는 색깔이 다르다보니 나중에는 무지개색으로 하자는 이야기까지 나왔어요. 최종적으로 추모와 애도를 상징하는 보라색과 핼러윈 축제를 상징하는 주황색이 섞인 색깔로 정해졌어요. 색 조합을 보고 성소수자를 떠올리는 사람도 있더라고요. 저는 이태원 핼러윈 축제가 문란하다느니 하는 공격이나 성소수자를 향한 혐오에 정면으로 맞서야 한다고 생각했어요. 물론 유가족분들 모두 원래 자신들이 기본적으로 갖고 있던 가치관이 있잖아요. 그래서 되게 조심스러워하셨던 분도 있었지만 유가족협의회 내부에서 함께 논의를 하면서 생각을 바꾸셨어요. 참사 희생자의 유가족으로서 우리도 소수자가 되어버렸는데 그런 우리가 다른 소수자를 이해하지 못한다는 것은 말이 안 된다, 이렇게 입장이 정리되었죠. 그래서 얼마 전 퀴어 퍼레이드 때 유가족협의회가 무대에 올라 발언도 하고 행진도 함께하게 되었어요. 어쨌든 별 색깔에 대해 형제자매들은 의견이 분분해 다른 유가족분들에게 물어보자고 했고 다들 좋다고 해서 주황색과 보라색이 섞인 별을 상징으로 삼게 되었어요.

또 형제자매들이 적극적으로 참여했던 게 대학교 학생회나 대학생 모임과의 간담회였어요. 유가족협의회에 이런 요청이 많이 들어왔는데 아무래도 주로 대학생들을 만나는 자리다보니 형제자매들이 많이 가게 되었죠. 대다수 희생자들이 대학생들과 같은 세대니까 이들에게 더 적극적으로 알리는 게 중요하겠다는 생각도 들었고요. 저도 몇번 참여했는데 대학생들만이 아니라 지역시민들도 오시더라고요. 한번은 사회복지를 전공하는 대학원생이 와서 반복되는 참사를 어떻게 예방하고 피해자를 지원할 수 있을지 더 고민할 수 있게 되었다는 이야기를 해주었어요. 그 이야기를 듣고, 간담회는 저희 상황을 알리기 위해 하는 것이기도 하지만 함께 참여하는 이들도 서로 도움을 주고받을 수 있는 의미 있는 자리라는 걸 알았어요.

서로 부딪치고 끈끈해지며 하나씩 해나가는 거겠죠

아무래도 아버지가 유가족협의회에서 중요한 직책을 맡고 계시다보니 제 의견을 내기가 쉽지 않아요. 형제자매들 사이에서 어떤 의견을 낼 때 제 의견이 아니라 아버지 생각이 제 입을 통해 나오는 것으로 비칠 수도 있어서 최대한 경계하고 있죠.

사실 아버지랑 저는 어떤 사안을 놓고 의견이 일치하기보다는 충돌하는 편이에요. 대표적으로 용산구청장이 구속되었다가 보석으로 풀려나왔을 때 몇몇 어머님들께서 용산구청에 소복을 입고 가 항의 시위를 하신 적도 있는데, 사실 이런 활동이 유가족협의회 운영위원회 안에서 제대로 소통된 게 아니었어요. 유가족협의회는 특별법 제정을 위해 국회에서 패스트트랙 지정하는 것에 초점을 맞춰 활동 계획들을 잡아놓고 있었는데 그런 별도의 액션이 일어난 것이죠. 아마 당시 유가족협의회가 용산구청장 석방에 별다른 액션을 취하지 않은 것에 대해 불만이나 아쉬움을 가진 분들도 계실 거예요. 저는 그런 액션들도 다 유가족협의회가 책임을 맡아 정식 활동으로 포괄해 진행했으면 좋겠다고 말씀드렸는데, 아버지는 국회 일정이 긴박하게 돌아가는 상황에서 가장 중요한 일에 초점을 맞춰야 한다고 여기셨어요. 실제 회의에서는 결국 제 생각과 같은 방향으로 결론이 났어요.

또 지금 시청 분향소에 희생자 사진이 없는 경우 국화꽃 사진이 영정으로 올려져 있는데, 국화꽃 사진을 우리 상징물인 별 그림으로 바꾸면 어떤가에 대해서도 저는 아버지와 의견이 달랐어요. 아버지는 별 그림으로 바꾸면 아무래도 우리 상징물을 널리 알릴 수 있지 않겠느냐고 하셨지만, 저는 그건 어떻게 보면 우리가 활동을 알리기 위해 그 영정 주인공의 희생을 이용하는 것으로 보일 수도 있겠다 싶어서 국화꽃 사진을 그대로 두자고 했죠.

부모님들의 관계가 형제자매들 사이에 영향을 미치기도 해요. 부모님 간에 갈등이 생기면 그게 고스란히 아래로 내려오는 거죠. 아무래도 한 가족이면 특정한 사안을 바라보는 관점이 비슷할 수밖에 없으니까요. 저는 최대한 그러지 않으려고 노력하는 중이죠.

얼마 전 국회에서 특별법이 패스트트랙에 지정되어서 한 고비를 넘은 것 같아요.• 원했던 목표 하나를 이룬 셈이죠. 아버지는 지정이 안 될까봐 정말 불안해하셨거든요. 희망이 보이지 않는다면 사람들이 다 같이 해나갈 수 없고, 그러면 유가족협의회가 힘을 잃어버릴 것이라는 염려를 많이 하셨어요. 어차피 해도 안 되는구나 하며 포기하는 사람이 늘어나고, 동력이 떨어지고, 떨어진 동력을 다시 끌어올리기에는 굉장히 힘든 상황이 될 것이니 그게 너무 걱정스러웠다고 해요.

이런 과정들을 보면 유가족협의회 활동은 사이클이 있는 것 같아요. 시청 분향소 설치 전에도 의견이 대립하면서 갈등이 막 고

• 2023년 6월 30일 국회에서 '10·29이태원참사 피해자 권리보장과 진상규명 및 재발방지를 위한 특별법(안)'이 패스트트랙(신속처리안건)으로 지정되었다.

조되다 일단 설치되고 나니 갈등이 봉합되고 해소되는 거죠. 또 패스트트랙 지정을 위해 단식 농성에 들어가면서 갈등이 고조되다가 패스트트랙으로 지정되면서 풀어지고. 진실을 알리기 위해 전국을 순회했던 10·29 진실버스 활동을 할 때도 그랬고, 시청 분향소에서 용산 대통령실까지 행진했던 10·29 진실의촛불행진도 그랬어요. 시청 분향소가 차려지면서 유가족들이 더 많이 모여 이야기를 나눌 수 있게 되었고, 진실버스를 타고 전국을 순회하며 여러 지역에 있는 유가족과 시민 들을 만나고 다니면서 결국에는 유가족들끼리 더 끈끈해진 거 같아요. 사실 지역에 계신 유가족분들은 서울에 올 일이 많았는데 서울에 계신 분들이 지역으로 내려갈 일은 잘 없었거든요. 이런 활동들을 같이 해나가며 유가족협의회 안에서 결속력이 생긴 거죠.

운영위원회도 어느정도 가족들과 소통하는 방법을 터득하게 된 것 같아요. 처음에는 서로 경계하는 분위기가 강할 수밖에 없잖아요. 다 처음 보는 사람이고, 다 각자 다르게 살아왔고, 다들 자기 자식을 위한 일이다보니 본인들이 맞다고 생각하는 사안에 대해서는 쉽게 굽히지 않으시거든요. 그런데 들어보면 둘 다 맞는 말이기도 하니까 결론을 내거나 일의 우선순위를 맞춰가는 게 정말 힘들어요. 운영위원들은 반대 의견이나 뜻이 다른 의견이 강하게 나오면 처음에는 막 당황하기도 하고, 너무 바쁘니까 뭘 어떻게 해야 할지 모르기도 했는데 이제는 좀 능수능란해졌다고 나 할까요. 유가족들 각각의 성향을 점점 알아가면서 더 섬세하게 신경도 쓰고, 유가족들 한명 한명과 소통하는 방법을 알아가게 되면서 일 처리가 원활하고 무난해진 것 같아요.

4·16 세월호 참사 가족협의회를 만난 것도 큰 도움이 되었어요. 꼭 만나보고 싶었는데, 직접 만나보니 엄청 대단하게 느껴졌어요. 저희랑 확실히 비교되더라고요. 뭔가 더 정리되어 있고 체계적이고. 그래서 더 많은 일을 해낼 수 있지 않았을까…. 물론 처음부터 그렇지는 않았겠죠. 우리가 어떤 방향으로 가야 할지, 어떤 형태로 운영하는 게 좋을지에 대해 많이 조언해주셨고, 저로서도 이런저런 고민을 하는 계기가 됐어요.

세월호 참사가 났을 때 저는 활발히 활동에 참여하기보다는 유가족의 활동을 꾸준히 지지하는 편이었어요. 당시에 유가족들이 광화문에서 단식을 하고 있는데 바로 맞은편에서 일베 회원이 폭식 투쟁을 했던 것이 정말 충격적이고 강렬하게 기억에 남아 있어요. 어떻게 가족을 잃은 사람에게 저렇게까지 할 수 있을까, 유가족들이 설령 잘못된 주장을 한다고 해도 저렇게까지 하는 건 인간으로서 할 일이 아니다…. 그때 더 적극적인 활동을 했던 것은 아니라서 지금 많이 죄송해요. 세월호 참사 이후 이토록 시간이 지났지만 여전히 변하지 않았구나 싶고, 바뀐 게 있다면 정부는 그때 한번 경험을 해서 그런지 더 영악하고 교묘해진 것 같고요. 여전히 반사회적인 행동을 하는 사람, 전혀 아픔에 공감하지 않는 사람이 많은데 이게 그저 공감의 문제일까 싶어요.

내가 가장 힘들고 아픈 사람이 아니라는 것

유가족협의회에서 일하면서 제일 중요하게 생각하는 것은 내가 가장 아픈 사람이 아니라는 것, 그것인 거 같아요. 내가 가장 힘들고 가장 아프다고 충분히 생각할 수 있지만 그렇게 생각하고 상대방과 대화하면 좋은 결과가 나올 수 없더라고요. 그래서 제가 세운 기준이 '내가 제일 힘들고 아픈 사람이 아니라는 것'이에요. 원래 스트레스를 받으면 사람이 예민해지잖아요. 이곳에는 하루아침에 가족을 잃은 사람들이 모였으니 다들 신경도 예민하고 스트레스도 많이 쌓여 있어요. 유가족이란 게 스트레스에 취약할 수밖에 없는 조건에 놓인 사람들이잖아요. 자연히 상대방에 대한 경계심이나 공격성이 강해지기 쉽고 서로 상처를 주기도 하고 그래요. 표면적 갈등이 풀린다고 해도 공격받은 사람 마음에는 상처가 남고 공격한 사람에게도 후회가 남으니 서로 멀어질 수밖에 없어요. 유가족이라는 특수성 때문에 어쩔 수 없는 부분도 있겠지만, 앞으로 장기적으로 활동을 하려면 최대한 서로 상처를 덜 주며 함께해야 할 것 같아서 저 기준을 세워봤어요.

장례식을 치르고 저희 가족이 한달 동안 매일 술을 마실 때 아버지랑 한번 크게 충돌한 적이 있어요. 참사의 원인에 대해 이런저런 얘기를 하는데 아버지는 제도가 잘못되고 체계가 안 갖춰졌기 때문에 이런 일이 벌어졌다고 하셨고, 저는 크게 반발하면서 제도나 체계가 잘못된 게 아니라 운영하는 사람이 문제인 것이라고, 왜 그랬는지 모르겠지만 울컥해서 감정적으로 아버지에게 막 뭐라고 했어요. 그러다 둘 다 진정하며 마무리가 되었는데, 나중에 어머니가 말씀하시길 그때 옆에서 지켜보면서 되게 아슬아슬했다고 하시더라고요. 서로 분노가 쌓이고 감정이 올라오다보면 서로가 서로를 향해 원인이라고 네 탓이라고까지 생각해버리고, 가족 안에서 원망이 서로를 향할 수 있겠구나, 원망할 다른 대상을 찾지 못하니까 가족끼리 원망하게 될 수 있겠구나 하는 것을 느꼈죠. 그래서 그 한달이 너무나 중요한 시간, 우리 가족이 단단해지게 된 시간이었던 것 같아요.

다섯개의 가면을 쓰고 다니는 기분

저는 어쩌면 참사의 현장을 직접 겪지는 않았지만 그 현장을 목격했고, 그 트라우마와 슬픔을 달래기 위해 유가족협의회 활동을 하고 있다고도 생각해요. 다른 부모님들 통해서 이야기를 들으면 어떤 형제자매들은 평범하게 생활하는 사람도 있다고 해요. 초반에는 굉장히 이해가 안 됐어요. 그 사람들은 왜 안 나오지? 좀 분하기도 했다가, 나랑 그 사람들은 무슨 차이가 있을까? 나는 왜 이러고 있을까? 생각해보고 내린 결론은 당시 제가 현장을 직접 봤기 때문인 것 같아요. 다른 가족분들 중에서는 이태원이 아니라 병원으로 직접 가신 분들도 많으니까. 일반화를 할 수는 없지만 저는 참사 당일 다 지켜봤으니까 그 기억이 엄청 강렬하게 남아서 더 적극적으로 참여하는 게 아닐까 해요.

문득 내가 뭘 하고 있는 거지? 이런 생각이 들 때도 있어요. 평일에는 직장에 출근하다가 토요일, 일요일은 거의 유가족협의회 활동을 하고 있으니까요. 여자친구가 있는데 참사 전에는 보통 사람들처럼 연애하다가 참사 이후에는 그렇게 하지 못하고 제가 적극적으로 유가족 활동에 참여하고 있으니 당연히 여자친구도 힘들겠죠. 평일에는 일하고, 주말에는 쉬며 데이트도 하고 그래야 하는데 나는 왜 이러고 있는 거지? 그런 흔들림을 최근에 좀 겪었어요. 그래서 되도록 주말에 시간을 내서 여자친구랑 시간을 보내려고 하고, 힘든 이야기도 여자친구랑 나누려고 해요. 여자친구도 그렇게 하기를 바라고요. 여자친구가 주영이를 본 적은 없지만, 여자친구와 이번 일을 같이 겪으면서 좀더 가까워지고 각별해진 느낌이에요.

참사 이후에 만약 혐오 발언이나 비하하는 말을 하는 사람이 주변에 있으면 과감하게 관계를 끊어버려야겠다고는 생각했는데 다행히 그런 사람은 없더라고요. 오히려 제 친구들 중 한명이 다 필요 없고 나는 너를 그냥 지지한다고 해준, 그 얘기가 되게 크게 힘이 됐어요. 누가 뭐라고 하든 난 너를 지지한다. 그 말을 듣고 조금 있던 두려움이 사라졌어요.

솔직히 직장을 다니고 일상생활을 하기가 쉽지는 않죠. 직장에서는 한 다섯개의 가면을 쓰고 다니는 기분이에요. 저 때문에 회사 동료나 직장 상사가 감정적인 불편함을 느끼는 것도 싫고, 회사에서 다른 경우라면 허용해주지 못하는 부분까지 저에게만 허용해주는 것도 싫고요. 그래서 예전같이 행동하려고 해요. 예전에는 스포츠 경기나 영화를 보고 나면 출근해서 일상적으로 그 이야기를 나눴죠. 그런데 지금은 일상적인 대화를 나누기 위해 그런 것들을 의식적으로 찾아봐야 해요. 일상적인 대화 소재를 끄집어내려고 찾아서 공부를 해야 하는 상황, 그게 굉장히 힘들고 노력이 필요하거든요. 이렇게 매일매일 일상을 유지하는 게 언제까지 가능할지 모르겠어요. 지금은 어쨌든 특별법이 제정될 때까지라고 생각하고 있지만 또 상황에 따라 달라질 수 있겠죠.

살아야 한다, 제발 살고 싶다

159번째 희생자, 생존했지만 극단적 선택을 했던 재현씨 소식을 듣고는 저도 충격을 많이 받았고 주영이 남자친구도 충격을 많이 받았더라고요. 고등학생이었잖아요. 상상만 하던, 걱정하던 일이 현실이 된 거죠. 내가 친구들과 가서 나만 살아 왔다면 견딜수 있었을까? 저도 그동안 악플도 보고 녹사평 분향소에 찾아와서 비난하고 혐오의 말을 쏟아내는 사람들도 만나고 그랬잖아요. 재현씨 소식을 들었을 때 그 사람들에 대한 분노가 제일 컸어요. 결국 당신들이 한 사람을 죽인 거다. 그전에는 저 사람들 이야기들어야 하는 게 그냥 힘들고 싫기만 했는데 159번째 희생자가 나오고는 엄청 화나고, 그래서 혼자 쌍욕을 하고 그랬어요. 너희들이 죽인 거라고….

사실 유가족협의회와 연락이 닿지 않는 분들이 다 걱정돼요. 유가족협의회에 직접적으로 들어온 내용은 아니지만 희생자 가족인데 결국 다니던 직장을 그만두셨다는 본인이나 그 지인의 글도 많이 있고, 최근에 이태원역 1번 출구에 한 어머니가 딸 생일을 축하한다고 케이크와 메모를 놓고 가셨다고 하더라고요. 알아보니 유가족협의회 회원은 아니어서 연락처도 알 수 없었어요. 혼자 슬픔을 견뎌내고 계실 텐데…. 혹시나 또 그런 극단적 선택을 이미 한 분이 있는데도 우리가 파악하지 못하고 있는 건 아닐까 걱정도 돼요.

이태원 지역 상인분들, 주민분들과는 갈등을 안 만들려고 시민대책회의도 저희도 많이 노력하고 있어요. 그분들도 다 참사를 목격하신 피해자분들이니까요. 적극적으로 저희를 이해하고 도움을 주려고 하시는 분들도 많고요. 이제 곧 1주기가 오고 핼러윈데이도 다가올 텐데 이태원 그 골목을 어떻게 할지, 핼러윈데이를 어떻게 맞아야 할지 고민이고 숙제예요.

저는 현장에 존재하는 위험 요소들을 정비하는 게 필요하다고 생각해요. 그리고 실제로 참사 장소가 어디인지를 알리는 것도 중요하다고 생각하고요. 다 갈아엎는다고 해서 있었던 일이 없었던 일이 되는 것도, 사라지는 것도 아니잖아요. 실제로 그 공간이 어떤 공간인지 그리고 이 참사를 위해 무엇이 필요한지 알리는 공간이 되어야 한다고 생각해요. 9·11 메모리얼 파크처럼 거창하게 무엇을 만드는 것도 별로고, 그곳을 그냥 방치하는 것도, 싹 없애는 것도 반대예요. 그냥 그 장소가 어떤 곳이었다는 것을, 그래서 참사와 희생자를 기억할 수 있는 공간이었으면 좋겠어요.

매번 이야기할 때마다 과연 제 이야기가 얼마나 가닿을 수 있을까 싶지만, 이런 참사를 누구나 겪을 수 있다고 말해요. 참사 전에는 저마저도 이 말이 잘 안 와닿았어요. 그럼에도 사회와 제도, 정치적인 문제에 대해 이야기할 수밖에 없는 이유는 결국 참사가 누구에게나 일어날 수 있는 상황이고, 그렇기에 우리가 겪은 상황을 또다른 누군가가 다시 겪지는 않았으면 하는 마음 때문이고, 그게 가장 큰 바람이에요.

동생은 어차피 하늘로 갔고 무엇을 하든 다시 돌아올 수 없게 되었는데, 이 지옥 같은 시간을 보내야 하는 사람들이 또다시 나온다고 하면…. 세월호 참사 가족분들도 저희에게 그런 말씀을 하셨거든요, 이번 참사 이후에 너무 힘들다고. 저희도 똑같은 상황이 벌어지면 그것을 보는 자체만으로 또다시 트라우마를 떠올리겠죠. 결국 일반 시민들이 제발 목숨을 잃지 않고 살았으면 좋겠다는 바람, 거기에 더해 유가족들도 살아야 한다, 제발 살고 싶다는 바람… 사실은 저희가 살아가기 위한 것이에요.

그리고 진짜 말하고 싶은 것은, 희생자는 아무 잘못이 없어요. 100퍼센트 아무 잘못도 없는데 희생자가 마치 잘못한 것이라고 이야기되는 부분 때문에 유가족들이 외치는 것이고, 외쳐도 힘이 없으니 결국 모여서 활동하고 있다는 말씀을 드리고 싶어요.

왜 갔느냐가 아니라
왜 못 돌아왔는지를 기억해주세요

**김의현씨의 누나
김혜인씨 이야기**

김혜인씨를 처음 만난 건 참사 두달여 후에 열린 10·29 이태원 참사 유가족협의회 공식 외신기자회견 때였다. 다른 유가족들과 붉은 목도리를 맞추어 두르고 기자회견장을 가득 채운 외신기자들 앞에서 영어로 이태원 참사의 문제를 조목조목 짚어 말하는 그의 모습을 보고 참 단단한 사람이라고 생각했다. 그런데 이 책의 구술기록을 위해 직접 만난 그는 원래부터 강한 사람이라기보다는 가족을 위해 강해지려고 노력하는 사람, 강해져야만 했던 사람이었다.

초등학교 4학년 때 그의 부모님은 이혼했다. 갑자기 가장이 된 어머니는 가족의 생계를 위해 늦은 저녁까지 일을 해야 했다. 어린 시절 그는 일하는 어머니를 대신해 동생 의현씨를 챙기고 돌봤다. 한살밖에 차이 나지 않지만 그에게 의현씨는 단순한 동생이 아닌 자식 같은 애틋한 존재였다. 그런 동생이 커서 방사선사라는 번듯한 직업을 가지게 되고, 어머니 생신날 어머니께 소고기를 사드릴 정도로 가정에서도 사회에서도 자기 몫을 다하는 성인이 되었다. 대견했다. 그리고 든든했다. 어머니 곁에 그런 동생이 있기에 그는 마음 놓고 호주에서 자신의 꿈을, 새로운 삶을 개척해나갈 수 있었다.

2022년 3월 외할머니가 돌아가셨을 때, 동생은 장례식장에서 어머니 곁을 계속 지켰다. 그렇게 호주에 있는 누나를 대신해 어머니의 보호자이자 가족의 대들보 역할을 해오던 동생. 그런 동생의 빈자리를 조금이나마 채우기 위해 그는 호주에서의 삶과 모든 커리어를 포기하고 어머니, 가족 곁에 있기 위해 한국으로 돌아왔다.

30대 초중반, 동년배들이 사회에서 자리를 잡아가고 인생의 목표를 이루기 위해 본인의 삶에 집중할 시기에 그는 가족을 위해 자신의 삶은 잠시 멈추어두고 있다. 그는 '자아가 없다'라고 자조적으로 말하면서도 가족에 대한 책임감과 이태원 참사의 진실을 알려야 한다는 사명감으로 기자회견, 인터뷰, 간담회 등에서 이태원 참사 유가족으로서 사람들 앞에 나서고 있다. 이태원 참사는 인생의 목표를 본인에서 가족으로, 삶의 터전을 호주에서 한국으로 바꿀 만큼 그의 인생에 큰 흔적을 남겼다. 그 흔적을 쫓아가며 그의 고민을 읽고 함께 나누고자 한다.

작가기록단 **정지민**

이태원 참사가 일어났을 때 저는 호주에 있었어요. 2016년에 워킹홀리데이로 처음 호주에 갔으니까 호주에 산 지는 6년 정도 되었어요. 처음부터 호주로 이주하려던 계획은 아니었어요. 호주행 비행기 티켓이 세일을 하길래 '한번 가볼까' 하는 가벼운 마음으로 갔는데, 호주 생활이 좋아서 계속 살게 되었어요.

한국에서는 대학을 졸업하고 대기업 하청업체에 사무직으로 근무했어요. 한국 직장 생활이 저랑 안 맞았어요. 하루 종일 컴퓨터 앞에 앉아 있어야 하고, 정시에 퇴근하려고 하면 눈치 보이고, 퇴근하고 집에 가고 싶은데 상사가 회식하자고 하고. 호주에서는 일주일에 40시간, 주어진 일만 다 하면 간섭받지 않고 근무시간에 따라 서너시쯤 퇴근할 때도 있어서 일과 후에 바닷가에 가서 맥주를 한잔할 수도 있어요. 여유로운 삶이 마음에 들어 호주에 계속 살기 위해 요리를 배우기로 하고 학교와 일을 병행하면서 영주권 준비를 했어요. 처음에는 '나는 언제까지 학교 다니고 공부해야 할까?'라는 생각에 힘든 적도 있었지만, 5년쯤 열심히 일을 하니까 주위의 인정도 받아 호텔 부주방장이 되었어요. 그때가 제 인생에서 가장 즐겁고 행복했던 것 같아요.

그런데 그날, 2022년 10월 29일 이후로 제 삶은 바닥도 보이지 않는 구덩이로 떨어져버렸어요. 아직도 계속 떨어지고 있고요.

평범했던, 그러나 잊을 수 없는 그날

그날도 평소와 다를 것 없는 날이었어요. 열심히 일하고 퇴근하고 집에 와서 핸드폰을 봤는데, 호주에 사는 한국인 친구들이 단체 카톡방에서 "한국에 사고가 났다" 이런 얘기를 하고 있었어요. 그래서 제가 "무슨 일인데?"라고 했더니 "핼러윈 축제에 사람이 엄청 많이 모였다" "몇 명이 죽었다"라고 하는 거예요. 그때 저는 그냥 씻고 잤어요. 정말 아무 생각 없이…. 그리고 호주 시간으로 새벽 3시 반쯤, 갑자기 핸드폰이 울렸어요. 저는 평소에 핸드폰을 무음으로 해놓는데, 신기한 게 바로 그 며칠 전에 무음을 풀어두었거든요. 인스타그램 메시지 알림도 켜두고. 핸드폰이 계속 울리니까 잠결에 핸드폰을 확인했는데, 인스타그램에 부재중 메시지가 엄청 많이 와 있었어요. 제 중학교 때 친구가 의현이 친구의 누나인데, 그 친구한테 연락이 왔던 거예요. "의현이가 이태원에 간 거 같은데 연락이 안 된다고"라면서 메시지를 보냈더라고요.

그 전날 금요일에 의현이가 핼러윈데이에 이태원에 간다고 얘기를 했대요. 친구들이 뉴스를 보고 걱정이 돼서 의현이한테 연락을 했는데 받지를 않았대요. 그러다 결국 연락이 닿았는데, 의현이와 이태원에 같이 갔던 친구가 받더래요. 의현이가 심정지가 와서 병원에 실려 갔다고…. 저희 엄마 연락처도 모르고 집 주소도 몰라서 발을 동동 구르다가 호주에 있는 저한테 인스타그램 메시지를 보낸 거예요. 제가 엄마 전화번호랑 집 주소를 알려줘서 그 친구가 바로 저희 엄마한테 연락을 했어요.

친구가 "어머니, 의현이가 사고가 났어요"라고 하니까, 엄마는 잠결에 잘못 알아듣고 "싸움이 났다고? 너네는 나이가 몇인데 싸움을 하고 다니냐"라고 했대요. 그게 아니라 사고가 났다고, 친구들이 의현이 사진을 들고 이태원 일대를 돌아다니면서 의현이를 찾아다니고 있으니까 어머니는 집에서 뉴스 보고 계시라고, 의현이 찾으면 연락드리겠다고 해서 엄마는 그때부터 잠도 못 주무시고 집에서 전화만 기다리고 있었어요.

저는 연락을 받고 심장이 쿵쾅쿵쾅 뛰고 별의별 생각이 들어서 잠을 잘 수가 없었어요. 새벽에 직장 상사한테 전화를 할 수는 없어 이태원 참사 뉴스 링크를 문자로 보내면서 "동생이 이태원에 갔다고 소식을 들었는데, 만약에 무슨 일이 있으면 바로 한국에 가봐야 할 것 같다"고 했어요.

밤을 뜬눈으로 지새우고 출근을 했어요. 호주 시간으로 정오쯤 되어서야 의현이 친구한테 연락이 왔어요, "누나 한국에 오셔야 될 것 같아요"라고…. 그때부터 말 그대로 '멘붕'(멘탈 붕괴)이 와서 직장에 당장 한국에 가야 한다고 말하고 뛰쳐나왔어요. 정신없이 차를 타고 집으로 가는데 눈물이 안 멈추는 거예요. '무조건 빨리 가야 된다'는 생각으로 맨몸에 여권만 챙겨서 제일 빠른 한국행 비행기를 탔어요. 제가 살던 곳은 항공편이 많은 곳이 아니에요. 한국 직항노선도 없고요. 오후 5~6시가 되어서야 비행기를 탔고, 싱가포르에서 경유했는데 싱가포르에 비가 많이 와서 계속 지연이 됐어요. 저 때문에 의현이 입관도 미뤄지고…. 그때는 '빨리 한국 가서 의현이 봐야 한다'는 생각만 했어요. 그리고 그냥 계속 울었던 것 같아요. 사람 몸에서 물이 이 정도로 나올 수 있나 싶을 정도로. 비행기를 타고서도 한 열세시간을 내내 울었어요. 오죽했으면 옆자리에 있던 분이 저한테 휴지를 건네주면서 괜찮냐고 묻더라고요.

한국에는 31일 오후 1시쯤 도착했는데, 의현이 장례식 둘째 날이었어요. 인천공항에 도착해서 공항버스를 타고 바로 장례식장으로 갔어요. 장례식장에 들어서는데 입구 쪽 전광판에 의현이 사진이 있는 거예요. 순간 '쟤가 왜 저기 있지?'라는 생각이 들면서 그때부터 와르르 무너졌던 거 같아요. 제정신이 아니어서 저는 그 당시 기억이 잘 안 나요. 나중에 들으니까 제가 의현이 영정 사진을 보면서 엄청 욕을 했대요. "니가 뭐 잘났는데, 나한테 절을 받나!" "엄마 속 끝까지 썩이네!" 이러면서….

나중에 의현이 구급일지를 받아봤어요. 신원 미상, 이름도 없이 의현이를 '다-28'이라고 명명한 구급일지에는 의현이를 원효로다목적체육관에서 동국대병원으로 옮긴 구급대원들의 최초 접촉시간이 참사 다음 날인 10월 30일 새벽 6시 30분경, 그때 의현이 체온이 34.0도라고 적혀 있었어요. 체온이 34도가 되려면 세시간 전에 사망했어야 한다고 하더라고요. 구급일지상 의현이 사망 추정시각은 '10월 29일 오후 10시 15분 전후'예요. 그치만 그건 참사가 발생한 시각일 뿐이지 실제 의현이가 사망한 시각이 아니잖아요. 다음 날 새벽 6시에 체온이 34도였으면 의현이가 30일 새벽까지는 살아 있었을 수 있는 거잖아요. 그렇게 생각하니까 너무 속상해서 많이 울었어요.

　장례식이 끝나고 11월 중순쯤 다시 호주에 갔어요. 딱 나흘 만에 6년간의 호주 생활을 완전히 정리하고 한국에 들어왔어요. 바로 짐만 싸서 온 거죠. 저희 가족은 엄마, 저, 그리고 의현이 이렇게 셋이에요. 제가 호주에 갈 수 있었던 건 아마 '의현이가 엄마 옆에 있으니까 걱정 안 해도 되겠지' 이런 마음이 은연중에 있었기 때문인 것 같아요. 근데 이제는 엄마랑 저, 둘뿐이잖아요. 제가 호주에 가면 엄마가 혼자 남는 것도 걱정되고, 의현이가 한국에 있으니까 이제 저는 다른 곳에 가면 안 될 것 같은 느낌이 들어요. 그리고 인터뷰나 여러가지 유가족들이 해야 할 일들이 계속 있었어요. 그런 일들을 해야 한다는 약간의 사명감 같은 게 있었는지도 모르겠어요. 그래서 일말의 망설임도 없이 회사에 일 그만두겠다고 말하고 정리했어요. 6년이나 지냈던 곳이지만 아쉬움은 하나도 없었어요. 제가 있어야 할 곳은 여기인 것 같아요. 엄마는 제가 호주 생활 접고 한국에 들어온 게 미안하대요. 호주 가서 진짜 고생 많이 했는데 그냥 와버려서. 지금도 엄마는 호주로 다시 가라고 해요. 근데 어떻게 가요. 절대 못 가지.

'사망'한 김의현의 '유가족'이 된 엄마와 나

참사 후 몇달 동안은 엄마한테 텔레비전도 못 보게 했어요. 뉴스에 계속 이태원 참사에 대한 얘기가 나오니까… 솔직히 그 자체도 저희한테는 상처였어요. 한동안 텔레비전을 안 켜고 살아서, 저희는 나라에서 만든 분향소가 있는지도 몰랐어요. 그때 엄마는 기다리면 어디선가 연락이 오겠지, 하면서 계속 기다렸어요. 그런데 아무리 기다려도 연락 오는 곳이 없고 엄마가 연락할 수 있는 곳도 없으니까 직접 다른 유가족을 찾기 시작했죠. 참사 직후에는 장례 치르고 하느라 정신이 없었는데, 다른 분들은 어떻게 됐는지 알고 싶었거든요.

그러다 엄마가 어디선가 민변에서 유가족 간담회를 한다는 소식을 보셨고 그 간담회에 참석하면서 다른 유가족들을 만날 수 있었어요. 첫번째 유가족 간담회였는데, 부모님들은 그냥 별말씀 안 하시고 계속 울기만 하셨어요. "내 자식이 죽었는데…. 놀러 간 게 잘못은 아니잖아요!" 이러시면서. 그때는 좀 슬펐던 것 같아요. '왜 나랑 엄마가 여기 있지?' 이런 생각도 들고. 처음에는 엄마와 제가 '유가족'이라고 불리는 것 자체가 싫었어요. 저희가 유가족이라는 현실 자체를 인정하기 싫었죠. 근데 지금은 괜찮아요. 그냥… 맞잖아요, 유가족.

의현이 사망신고는 올해 1월 5일에 했어요. 사실 사망신고를 하고 싶지 않았어요. 의현이가 없다는 사실을 부정하고 싶은 마음이 있었거든요. 사망신고를 하면 가족관계증명서의 의현이 이름 옆에 '사망'이란 글자가 찍혀 나오고, 주민등록등본에도 의현이가 표시되지 않잖아요. 그게 싫었어요. 유가족분들 중에는 아직도 사망신고를 안 하신 분들도 계시다고 하더라고요. 저희도 계속 사망신고를 미뤘었는데 의현이 핸드폰 번호를 계속 유지하기 위해서 명의자를 엄마로 변경해야 했고, 그러기 위해서는 사망신고를 해야 했어요. 2023년 1월 5일, 엄마랑 같이 동사무소에 의현이 사망신고를 하러 갔죠. 엄마가 사망신고서를 작성해서 제출하니까 그 신고서를 받은 분도 의현이 주민등록번호를 보면 알잖아요. 부모가 자녀 사망신고를 한다는 걸. 분위기가 엄청 엄숙해졌죠. 그분이 몇가지 확인하더니 다 됐다고 하더라고요. 아무것도 아닌 일처럼 너무 빨리 끝났어요. 엄마랑 저는 같이 울다가 동사무소를 나와서 아무 대화 없이 집으로 갔어요. 그리고 엄마는집 안에서 울고, 저는 혼자 밖에 나와서 울고…. 그때도 많이 힘들었어요. 의현이가 이제 없다는 걸 확실하게 끝맺음 지은 거니까요. 엄마는 의현이 사망신고 전 등본을 여러부 떼서 지금도 집에보관하고 계세요. 엄마, 저, 그리고 의현이가 나란히 적혀 있는 그등본처럼 우리 셋은 언제까지나 한 가족이에요.

의현이를 위해서 열심히 해야죠

제가 처음 유가족으로 공개적으로 나선 건 작년 12월에 있었던 외신기자회견이었어요. 저는 내향적이라서 사람들 앞에 나설 때 엄청 떨리고 긴장돼요. 학창 시절에는 발표하기 싫다고 운 적도 있어요. 호주에서 요리를 한 것도 사람들과 마주하는 서비스업은 못 할 것 같아서였어요. 그래서 처음에는 기자회견에서 발언을 안 하려고 했어요. 그런데 외신기자회견이었잖아요. 부모님들은 한국어로 말씀하실 텐데 통역사를 통하면 우리가 말하고자 하는 게 제대로 전달되지 않을 것 같았어요. 이거라도 해야겠다는 생각이 들어서 제가 한다고 했어요. 그때도 떨려서 집에서 혼자 연습을 많이 했던 기억이 나요.

올해 1~2월쯤 YTN에서 유가족 형제자매들 인터뷰를 했어요. 그때 처음으로 형제자매들끼리 대화를 많이 했어요. 다른 유가족 형제자매들을 알게 되고 네트워크가 생기면서 다른 언론 인터뷰도 하게 되고, 유가족협의회 일도 더 많이 하게 됐어요. 간담회 같은 행사도 갈 사람이 없다고 하면 '나라도 가야지' 하는 생각으로 참석했던 것 같아요. 일종의 사명감이 있는 것 같아요.

처음에는 엄마가 이런 일에 나서지 말고 마스크도 벗지 말라고 했어요. 엄마 입장에서는 딸이 걱정되니까 그러시는 거죠. 그런데 저희가 잘못한 게 없잖아요. 죄를 지은 것도 아니고. 그리고 동생이 죽었는데 그런 게 뭐 중요한가요? 엄마는 지금도 "너는 하지

마, 내가 나가면 된다"라고 하시는데, 제 입장에서는 엄마가 가면 저도 가야 될 것 같고, 엄마가 못 가시는 날에는 제가 대신 가야 한다고 생각해요. 지금까지 그렇게 해오고 있고요. 저까지 빠지면 유가족협의회 활동이 줄어들고 언론에도 노출이 덜 돼서 점점 잊히는 게 아닌가 하는 불안감도 있어요.

지금 저랑 엄마가 하고 있는 모든 활동은 의현이를 위한 거예요. 의현이도 하고 싶은 말이 얼마나 많겠어요. 저랑 엄마가 의현이를 대신해서 말하고 있는 거라고 생각해요. 나중에 의현이 보려면 제가 더 열심히 해야죠. 그러니까 의현이는 걱정 없이 편하게 쉬었으면 해요.

분향소에 앉아 사람들을 바라볼 때면 괜히 슬퍼져요

이태원 참사가 발생한 지 49일이 되는 날, 이태원에서 첫 시민 추모제가 있었어요. 엄마랑 저는 그때 이태원 참사 현장에 처음 가봤어요. 참사가 있었던 골목이 정말 엄청 좁더라고요. 그렇게 많은 사람들이 있었다고 상상도 못 할 정도로 말이죠. 의현이랑 참사 당일 같이 있었던 친구가 이태원 골목을 돌아다니면서 그날 의현이가 어디에 있었는지, 어디서 구조돼서 심폐소생술을 받았는지 이야기를 해줬어요. 다른 유가족들은 자기 가족이 그날 어디에 어떻게 있었는지조차 몰라요. 저희는 그래도 의현이가 참사 당일 어디에 있었는지 알아서 다행이라고 해야 할까요? 현장을 보니 의현이가 힘들었겠다는 생각도 들고, 다른 유가족들 생각도 나고 마음이 복잡했어요.

참사 당일 첫 신고가 있던 시각인 오후 6시 34분, 묵념으로 추모제가 시작하고 무대 전광판에 희생자들의 사진으로 만들어진 추모영상이 나왔어요. 화면에 의현이 사진이 나오자마자 "의현이다" 하고 엄청 울었어요. 추모제를 준비하면서 유가족협의회에서 희생자들 사진을 모았는데요, 의현이 사진은 그냥 제일 잘 나온 사진으로 골랐어요. 셀카 하나랑 의현이 여자친구가 찍어준 사진 하나랑 영상 하나. 짧은 영상인데, 의현이가 웃고 있었어요. 제가 의현이 웃는 모습이 좋았나봐요. 행복해 보여서….

추모제가 끝나고 걸어가다가 녹사평 분향소를 봤어요. 녹사평 분향소를 실제로 본 건 그때가 처음이에요. 그날은 분향소에 의현이 영정사진이 있는지 그냥 보기만 했어요. 사실 추모제 시작 전 녹사평 분향소에 유가족들이 모여서 다 같이 분향하는 시간이 있었는데, 저는 가지 않았어요. 그냥 못 가겠더라고요. 지금도 그렇지만 그때는 엄마도 저도 마음을 추스르지 못했던 것 같아요. 분향소가 세워진 건 진작에 알고 있었는데, 이태원이랑 가까워서 그런지 녹사평 분향소에는 가기 싫었어요. 그 근처에 가는 것만으로도 힘들어서 49일 이후에도 녹사평 분향소에는 거의 안 갔어요.

참사 100일 시민추모대회 때도 녹사평에서 광화문으로 행진을 했는데, 저는 녹사평에 가지 않고 바로 광화문으로 갔어요. 엄

10·29 이태원 참사 49일 시민추모제 참사 발생 49일째 되던 2022년 12월 16일 이태원역 앞 도로에서 시민추모제가 열렸다. 이 자리에 모인 유가족들의 바람은 오직 하나, 희생자들을 기억해 달라는 것이었다.

마도 원래 녹사평에 안 가려고 했는데, 유가족이 행진에 참여하지 않으면 다른 사람이 영정을 안고 간다는 거예요. 근데 엄마는 본인이 그걸 용납하지 못하겠다고, "내 아들은 내가 들고 간다"며 녹사평에 가셨어요. 저는 이모랑 광화문에서 엄마를 기다리고 있었어요. 추모대회 시작할 시간이 다 돼서 무대 쪽으로 갔는데, 예정된 도착시간이 지나도 엄마가 안 오는 거예요. 그때 추모대회 안내해주시던 분이 "행진대가 시청 쪽에 있는데, 못 오고 있다"라고 하셨어요. '이게 무슨 소리야.' 놀라서 엄마한테 전화를 걸었죠. 그런데 엄마가 전화를 안 받는 거예요. 불안한 마음에 바로 다시 엄마한테 전화를 걸었고 다행히 엄마가 전화를 받았어요. 근데 주위가 엄청 시끄러웠어요.

"엄마 왜 안 와?"

"지금 여기서 막 분향소를 설치하고 있어."

"분향소를 설치하고 있다고?"

"어 잠깐만. 이따가 다시 전화 걸게."

그때부터 심장이 뛰는 거예요. 엄마가 잘못되면 어떡하나 해서. 그래서 광화문에서 시청까지 정말 쉬지 않고 계속 뛰어갔어요. 뛰면서 오만가지 생각이 다 들었어요. '엄마한테 무슨 일이 있으면 어떡하지?' '의현이도 없는데, 엄마도 어떻게 되는 거 아닌가?' 그때 엄청 급박했던 기억이 나요. 정신없이 달려 시청에 도착해보니 딱 분향소가 설치되어 있는 거예요. 엄마를 찾아서 어떻게 된 거냐고 물어보니 "몰라. 이게 플랜 B였대"라고 하더라고요.

알고 보니 원래는 유가족들이 광화문광장에 임시 분향소를 설치하려고 했는데 경찰에서 차벽을 세워 광화문광장을 막아놔서 시청 앞에 설치하기로 계획을 변경했다고 해요. 시청 앞에 분향소를 설치하려고 하니까 또 경찰들이˙막아서 몸싸움을 하고…˙* 저는 그때 시청 앞에 없어서 당시 상황을 잘 몰랐는데, 치열한 몸싸움 끝에 엄마가 정신 차리고 보니까 분향소가 설치되어 있었대요. 저는 '그냥 행사 참여하러 온 건데 이게 뭐지?'라는 생각도 들고, 엄마 걱정에 긴장했던 게 풀리기도 해서 눈물이 났어요.

시청 분향소가 설치됐을 때 녹사평 분향소와 달리 왠지 모르게 마음이 편했어요. 분향소에 의현이 사진이 놓인 걸 보고 '엄마가 (녹사평에서) 잘 데려왔구나'라는 생각도 들고, 녹사평에서 많이 못 봐서 그런가 의현이 사진을 보는 것 자체로 좋았어요. 그래서 시청 분향소는 눈 감고도 갈 수 있을 정도로 자주 갔어요. 분향소 지킴이도 많이 맡아서 형제자매들 중에서 제가 제일 출석률이 좋을걸요. 처음 분향소 지킴이를 할 때는 분향소 앞에서 서서 그냥 계속 울기만 했어요. 혼자 의현이 사진 보면서 울고, 향 피우면서

● 유가족들은 이날 오후 2시부터 광화문광장에서 '10·29 이태원 참사 100일 시민추모대회'를 열고 이곳에 임시 분향소를 설치할 계획이었으나, 경찰이 서울시로부터 시설보호 요청을 받고, 이날 광화문광장에 차벽을 설치해 분향소 설치를 원천 차단했다. 이에 유가족협의회와 시민대책회의가 기습적으로 서울도서관(옛 서울시청) 앞에 합동분향소 설치를 시도했고, 경찰, 서울시 공무원 들이 이를 막으려는 과정에서 유가족, 시민 들과 충돌이 발생했다. 한 이태원 참사 희생자 유가족은 서울시 공무원들과 충돌해 의식을 잃어 병원으로 이송되기도 했다. (「이태원 유가족, 서울시청 앞에 분향소 설치 … 경찰과 충돌」, 『한겨레』 2023. 2. 4.)

울고, 국화꽃 올리면서도 울고. 그러면 같이 지킴이 하시던 아버님이 "아휴 또 우네" 그러시고. 시간이 좀 지나고 나서 저는 분향소에 계시는 다른 유가족분들과 얘기를 많이 했어요. 참사 이전에 어떤 공부를 했고 어느 회사를 다니고 뭘 했는지부터 참사 이후 일까지. "어떤 친구는 옷이 다 벗겨져 있었대"라는 말을 듣고 놀란 기억이 나요. 이런 얘기는 뉴스에도 나오지 않고, 아무한테나 들을 수 없는 얘기잖아요. 그때 가족분들과 많은 대화를 나누면서 서로를 더 잘 알게 된 것 같아요.

분향소에 있으면 여러 사람들을 만나게 돼요. 제가 의현이 사진을 멍하니 보고 있으면 "힘내세요"라고 응원해주시는 시민분도 계시고 이태원 참사를 잘 모르는 외국인들도 영어로 쓰인 안내문을 읽고 와서 안아주고 가는 경우도 있어요. 그럴 때면 힘을 받아요. 그런데 정말 이상한 사람도 많거든요. 분향소에 와서 소리치고 욕하는 사람들. 저는 그런 사람들을 볼 때도 힘들지만 그냥 너무 행복해 보이는 사람들을 볼 때면 괜히 슬퍼져요. 시청 분향소 앞 서울광장에 이벤트가 있어서 무대에서 종종 공연도 이뤄지고 풀밭에 빈백이 군데군데 설치되어 있었어요. 어린아이들이 자주 놀러 왔는데, 아이들이 웃으면서 돌아다니는 모습을 보니까 왠지 모르게 의현이 생각이 많이 났어요. 의현이를 제가 키운 것도 아닌데…. 혼자 멍하니 서서 아이들 보면서 울고, 유치원 선생님이 분향소에 아이들을 데려와서 설명해주거나 하면 또 울고…. 광장 무대에서는 가수들이 노래를 부르고 다른 사람들은 엄청 행복해 보이는데, 우리 유가족들은 분향소에 있으니까…. 같은 공간에 있지만 너무 상반된 모습이라서 마음이 아팠어요.

내 인생에서 가장 잘한 일

제 차 열쇠에 의현이 사진이랑 가족사진 열쇠고리가 달려 있어요. 가족사진은 작년에 제가 한국에 휴가 왔을 때 처음 찍은 거예요. 엄마가 맨날 "우리는 다들 바빠서 가족사진도 하나 없고"라고 푸념하듯 말씀하셨거든요. 그래서 제가 한국 오기 전부터 호주에서 스튜디오 검색하고 예약하고 준비를 했어요. 의상 콘셉트도 잡아서 의현이한테 "흰 티에 청바지, 맨발 시전할 것!"이라고 메시지를 보냈죠.

사진 촬영 당일 엄마랑 저는 미리 준비를 하고 있다가 의현이가 일 끝나고 집에 오자마자 씻으라고 하고 단장시켜서 스튜디오에 갔어요. 저희가 가족사진은 처음이니까 사진 기사분이 자세잡아주는 대로 여러가지 포즈로 찍는데 의현이가 가운데 있고 엄마랑 제가 의현이를 안는 사진을 찍을 때였어요. 사진 기사님이 "싫어도 잠깐만 붙어 있으세요"라고 장난스럽게 얘기하셨는데, 그때는 제가 다 커서 의현이를 안는 게 처음이라 어색해서 살짝 안는 척만 했거든요. 사진을 볼 때마다 좀더 꽉 껴안아줄걸 후회가 돼요.

의현이는 엄마가 뭐 하고 싶다고 하면 군말 없이 따르는 스타일이에요. 사진도 솔직히 자기가 잘 나온 거 고르고 싶잖아요. 근데 그때도 의현이는 그냥 엄마 하고 싶은 거 고르라고 하더라고요. 그래서 엄마가 원하는 사진이랑 액자를 골랐죠. 평소에는 가족끼리 핸드폰 사진 잘 안 찍는데, 그날은 의현이랑 셀카도 찍었어요. "셀카 찍자" 이러면 의현이는 싫은 표정 하면서도 다 찍어줘요. 나중에 의현이 친구한테 들었는데, 의현이가 "가족사진 찍었는데 힘들었지만 재밌었다"라고 얘기했대요.

어떻게 타이밍이 딱 맞아서 10월 29일 그날 오후에 사진 보정본이 나왔어요. 의현이에게 카톡으로 "야, 사진 보정본 나왔다. 봐봐" 하고 사진을 보내줬더니 "잘 나왔네" 하고 답장하더라고요. 그리고 그날 저녁에 사고가 났고요. 사진 촬영했던 날 엄마가 정말 많이 좋아하셨어요. 그래서 가족사진 계속 찍자고 했는데⋯ 그게 마지막 가족사진이 될 줄 아무도 몰랐죠. 의현이 보내고 얼마 안 돼서 가족사진 액자를 찾아왔을 때도 엄마가 엄청 우셨어요. 그래도 의현이가 사진을 보고 가서 다행이에요. 제가 살면서 잘한 일이 별로 없는데, 의현이랑 가족사진 찍은 게 지금까지 살면서 가장 잘한 일인 거 같아요.

아직도 집에서 의현이 냄새가 나요

의현이 물건은 다 집에 그대로 있어요. 의현이가 칫솔질을 엄청 세게 해서 의현이 칫솔은 구두 닦는 솔처럼 양옆으로 많이 벌어져 있거든요. 근데 어느날 의현이 칫솔이 없어서 엄마한테 "엄마, 의현이 칫솔 버렸어?"라고 물었는데, 알고 보니까 엄마가 칫솔 색깔이 헷갈려서 의현이 걸 제 건 줄 알고 옆에다 따로 빼놓은 거였어요. "아니야. 이거 의현이 거야"라고 하고 제가 그 칫솔을 다시 화장실에 갖다 놨어요. 그 뒤로도 의현이 칫솔은 아직 그대로 그 자리에 있어요.

한번은 엄마가 갑자기 "근데 너랑 김의현이랑 똑같은 거 있어"라는 거예요. 그게 뭐냐고 물었더니, 왜 치약을 중간부터 짜느냐는 거 있죠. "그게 뭔 상관이야. 그냥 치약 짜면 나오는 대로 쓰면되지"라고 했더니, 엄마가 "진짜 너네 둘이 정말 똑같구나. 짜증나는 스타일이야"라고 웃으며 말씀하신 기억이 있어요.

참사 당일 의현이가 입었던 옷도 세탁해서 비닐팩에 넣어 그날신었던 신발이랑 같이 의현이 방에 놔뒀어요. 장례식 끝나고 택배가 왔는데, 보니까 의현이가 그날 입었던 재킷이랑 세트인 바지였어요. "못 입고 가서 어떡하나" 하면서 그 바지도 박스에 그대로 넣어 방에 뒀어요. 의현이가 자주 입던 티셔츠랑 가족사진찍을 때 입었던 반소매 티는 요즘에 제가 자주 입어요. 얼마 전에는 엄마가 행진하러 갈 때 의현이 신발을 신고 가기도 했어요. 그날 엄마가 집에 와서 기자가 신발에 대해 물어보더라고, 기사로 나올 수도 있다고 찾아보라고 했는데 정말 기사가 났더라고요. "의현아 오늘은 엄마하고 같이 걷자"라고.• 기사로 읽으니까 더 감동적이었던 거 같아요.

아직도 의현이 방에서는 의현이 냄새가 나요. 의현이 냄새가 날아갈까봐 방문도 창문도 열지 않고 있어요. 처음에는 의현이 방에 자주 들어가서 울고 "누나 오늘은 여기서 잔다"라고 혼잣말하고 방에서 자고 그랬어요. 요즘에도 가끔 방에 들어가서 의현이 냄새를 맡아요.

예전으로 돌아갈 수 있을까?

어느 대학교에서 열린 유가족 간담회 때 한 학생이 저한테 특별법 제정되고, 책임자 처벌받으면 뭘 하고 싶으냐고 물어본 적이 있어요. 그때 머리를 한대 맞은 기분이었어요. 저는 모르겠거든요. 이 일이 다 끝나면 뭘 해야 할지, 뭘 할 수 있을지 모르겠어요. 지금은 이태원 참사 진상규명, 책임자 처벌… 이게 제 인생의 목표가 된 것 같은 느낌이에요. 어떤 유가족분들은 예전으로 돌아가고 싶다고 하시는데, 솔직히 그럴 수 없잖아요. 이제는 그때

• 「"아들 신 신고 걸어요" 이태원 참사 유족들 눈물의 159km」, 『국민일보』 2023. 6. 23.

로 돌아갈 수 없는데….

저는 모든 게 다 해결돼도 지금이랑 비슷할 것 같아요. 어떤 날은 그냥 누워 있다가도 드라마 주인공처럼 갑자기 눈물이 주르륵 흘러요. 뇌리에 박힌 강한 기억은 치매에 걸려도 남아 있대요. '이 기억은 죽을 때까지 나랑 같이 있겠구나' 이런 생각이 들어요. 저도 그냥 평범하게 예전처럼 살고 싶죠. 근데… 뭘 할까요? 뭘? 모르겠어요. 주변에서는 저한테 빨리 뭐라도 시작해보라고 해요. 뭐라도 다른 일을 하면 괜찮아지지 않겠느냐는 건데, 그 첫발을 못 내딛겠어요.

"왜 갔느냐"가 아닌 "왜 못 돌아왔는지"를

참사 후 얼마 동안은 잠을 잘 못 잤어요. 두시간 정도 자던 그때에 비해서 지금은 많이 나아졌는데도, 중간중간 잘 깨고 계속 쫓기고 도망다니는 꿈을 꿔요. 그래서 자고 일어나도 피곤한 느낌이 들어요. 머리 뒤쪽에 동그랗게 탈모도 생겼어요. 이태원 참사 유가족들을 진료하시는 의사 선생님이 유가족 중에 이런 경우는 처음 본다고, 참사 유가족에 관한 논문을 준비 중인데 거기에 실어도 되겠느냐고 하시더라고요. 스트레스가 엄청 심했나봐요. 김의현이 정말 별의별 걸 다 줬네요.

저는 원래 작은 문제가 있어도 혼자서 끙끙 앓고 고민하는 스타일이에요. 그래서 지금 제가 겪는 일들 자체에서도 스트레스를 많이 받는 거 같아요. '내가 왜 이러고 있어야 하나?'에서 시작해서 생각이 꼬리에 꼬리를 물면 끝이 없거든요. 지금 하고 있는 유가족협의회 활동을 제가 당연히 해야 하는 일이라고 생각하지만, 가끔 '내가 이거 해봤자 바뀌는 게 아무것도 없는데…' 하는 생각이 들 때가 있어요.

유튜브에서 "자식 가지고 자식팔이 한다" 같은 댓글들 보면… 볼 때는 괜찮은데, 나중에 갑자기 생각날 때가 있어요. 만약에 의현이가 이태원 참사 희생자가 아니었더라면 저도 '저 사람들 안타깝네'라고만 생각하고 넘어갈 수 있었겠죠. 사람은 자기가 겪어보지 않으면 모르니까요. 그래도 '저 사람들도 내 입장이 돼보면 저런 말 절대 못 할 텐데' 하고 화가 날 때가 있죠.

최근의 오송 지하차도 참사 관련 뉴스를 볼 때면 가슴이 답답하고 심장이 쿵쾅쿵쾅 뛰어요. 옛날에는 그런 뉴스를 봐도 별생각 없었는데, 요즘에는 제가 그 참사 유가족이 된 것 같은 느낌이 들어요. 자연재해로 일어난 일이긴 하지만 사실 이태원 참사처럼 예방이나 대처를 해야 할 사람들이 이를 제대로 안 해서 발생한 거잖아요. '도대체 몇 명이나 더 희생당해야 되나' '왜 아무도 책임을 지려 하지 않을까' 하는 생각이 들어요. 희생자분들에게 "버스 기사 때문에 사람이 죽었다" "왜 물이 차는 게 뻔히 보이는데 들어갔냐"라는 사람들도 있던데, 어떻게 이런 일에 피해자 탓을 할 수가 있나요. 오송 참사 뉴스를 보면 계속 이태원 참사가 있었던 골목이랑 의현이 입관할 때의 얼굴… 이런 게 꼬리를 물고 생각나요. 그러다가 제 감정을 저 스스로 컨트롤할 수 없을 때도 있고, 공황장애 같은 불안 증상을 겪기도 해요.

의현이 유골함을 안치시킬 때, 엄마가 의현이 친구들에게 "우리는 왜 갔는지 말고, 왜 못 돌아왔는지를 기억하자"라고 말씀하셨어요. 제가 엄마라면 그냥 울다가 실신했을 거 같은데, 엄마는 자식을 보낸 상황에서 의현이 친구들한테 그런 말을 했다는 게 정말 대단한 거 같아요. 지금 저에게 다른 필요한 거는 없는데, 강철 멘탈을 갖고 싶어요. 어떤 스트레스를 받아도 멀쩡한, 무엇에도 흔들리지 않는 강한 멘탈요.

이태원 참사는 이태원이 아닌 다른 어느 곳에서도 일어났을 수 있는 일이었어요. 이태원에 간 사람들의 잘못이 아닌, 해야 할 일을 안 한 사람들 때문에 일어난 참사죠. 그래서 사람들이 이태원 참사를 이렇게 기억해줬으면 좋겠어요. 엄마가 말한 것처럼 "왜 갔느냐"가 아닌 "왜 못 돌아왔는지"를 말이에요.

그냥 평범한
보통의 삶을 살고 싶어요

**김의현씨의 여자친구이자
생존자 김솔씨 이야기**

의현씨의 누나 혜인씨의 소개로 그의 여자친구인 김솔씨를 만났다. 김솔씨는 참사 당일 의현씨와 함께 이태원에 갔다 참사를 함께 겪은 생존자이자 참사 목격자이다. 이태원 참사를 직접 경험한 생존자이기 때문에 구술기록 참여를 요청하기 조심스러운 마음이 들었다. 이태원 참사 구술기록에 참여할 의사가 있는지 다시 한번 확인했을 때 그는 바로 "네, 하겠습니다"라고 답했다. 며칠 후 약속 시간을 잡기 위해 다시 연락을 했다. 그는 일정을 살펴보고 연락을 주겠다고 했지만, 며칠간 회신이 없었다. 그동안 그의 마음은 어떠했을까?

마침내 인터뷰 날 그를 만났을 때, 그가 회신을 미룰 수밖에 없던 이유를 알 수 있었다. 그는 참사 당시를 다시 떠올려야 한다는 생각에 인터뷰를 해도 괜찮을지 그 당일까지도 계속 고민이 됐다고 말했다. 먹은 것을 모두 게 워내고 잠도 못 자 수면제에 의존했던, 하루 종일 방 안에서 울면서 보낸 시간들. 의현씨를 향한 미안함과 그리움에 사람도 일도 건강도 놓아버렸던 그때의 고통과 아픔을 다시 겪게 될까 두려웠다고 했다. 그래도 의현씨에 대한 인터뷰를 하는 꿈을 꿀 정도로 그의 마지막을 함께한 사람으로서 뭔가를 해야 한다는 마음을 항상 가지고 있었고, 오랜 고민과 걱정 끝에 '그래도 해 보자'라는 용기를 가지고 인터뷰 자리에 나왔다.

30대 초반, 10년 넘게 열심히 일을 해서 직장에서 인정받고 좋아하는 사람을 만나 결혼과 미래를 꿈꾸던 행복한 순간, 김솔씨는 상상조차 할 수 없는, 말 그대로 비참하고 끔찍한 참사를 겪었다. 가족, 친구, 주변 사람 들의 도움으로 힘겹게 참사의 트라우마를 조금씩 이겨내고 있는 그가 이번에는 의현씨와 의현씨의 가족, 그리고 자신의 가족, 친구 들을 위해 용기를 냈다. 모두를 위해 힘을 내서 들려준 김솔씨의 이야기를 조심스레 나눠보고자 한다.

작가기록단 **정지민**

의현이랑은 2021년 4월부터 만났어요. 의현이는 성격은 다른데 진짜 잘 통하는 친구였어요. 의현이를 만나면 제가 귀갓길에 '왜 이렇게 목이 아프지?' 할 정도로 대화를 많이 했는데도, 집에 들어와서 또 서로 연락을 할 만큼요. 의현이는 엄청 열심히 사는 친구라, 의현이를 보면서 '나도 열심히 해야지' 하고 원동력을 얻곤 했어요.

의현이한테 자주 했던 말이 있어요. "너는 같이 있어도 보고 싶은 사람이야." 의현이는 제게 그런 존재였어요. 너무 좋아서 같이 있어도 계속 보고 싶은, 같이 있는 것만으로도 힘이 되는 사람. 그런데… 2022년 10월 29일, 그날 이후 의현이는 제게 미안한 사람이 되었어요.

제가 할 수 있는 건 아무것도 없었어요

원래 그날 저희는 여행을 가려고 했었어요. 제 생일이 8월인데 일정이 잘 안 맞아서 축하를 제대로 못 했다고 의현이가 계속 생일 파티 하러 가자고 했어요. 그런데 의현이가 일하는 날이라서 그냥 맛있는 거 먹고 놀기로 했죠. 당일까지 어디 갈까 고민하다가 이태원 부근에 가기로 했어요. 이태원에는 사람이 많을 것 같아서 저녁은 한강진역 근처에서 먹었어요. 그쪽에는 사람이 별로 없었거든요. 밥을 먹고 놀다가 집에 가기 전에 의현이가 "그래도 여기까지 왔으니까 잠깐 (핼러윈 축제) 구경이나 하고 갈까?"라고 해서 이태원에 가게 됐어요.

저희는 처음에는 이태원역 1번 출구 쪽 대로변에 있었는데, 사람이 너무 많았어요. 그때 대로변에 경찰 몇분이 계셨는데 주변에 아예 신경을 쓰지 않았어요. 심지어 근처에서 싸움이 났는데 그걸 보고서도 말리지 않고 그냥 두는 거예요. 그래서 의현이랑 "저 정도면 경찰 코스프레하는 거 아니야?"란 얘기를 했어요. 인파에서 겨우 빠져나와 사람이 별로 없던 뒤쪽 골목으로 들어갔어요. 길을 따라 걸어 들어갔는데 사람이 점점 많아지고 뒤에서도 사람이 밀려 들어오는 거예요. "안 되겠다. 가자." 나가야 될 것 같아서 뒤를 돌았는데, 갑자기 앞뒤에서 사람들이 막 밀기 시작했고 저희는 해밀톤호텔 골목으로 떠밀려 들어갔어요. 제가 키가 작은 편이라 주위 사람들은 다 저보다 커서 발이 거의 공중에 떠 있었어요. 의현이는 "너 넘어지면 안 돼" 하고 저를 안아들고 있었고요. 그 상태에서 저희 의지와 상관없이 골목 안까지 들어간 거예요.

그 골목 우측(해밀톤호텔 쪽) 중간쯤에 올라가 있는 턱 같은 게 있었어요. 저와 의현이는 그 턱 위에 같이 올라가 있었어요. 그때 어떤 남자분이 사람들한테 여자친구가 숨을 못 쉰다고 계속 도와달라고 외쳤어요. 다른 사람들도 움직이지 못하니 도와줄 방법이 없었는데 의현이가 자기가 도와주겠다면서 자기를 반대쪽으로 밀라고 하는 거예요. 그래서 제가 무슨 소리냐고, 지금 네가 도와줄 때가 아니니까 힘쓰지 말라고 의현이를 말렸어요. 그러다 제가 먼저 기절을 했어요.

"잘하고 계세요. 계속 그렇게만 숨 쉬면 돼요." 의식 너머로 누군가의 목소리가 들려왔어요. 정신을 차려보니 저는 숨을 가쁘게 쉬고 있었고, 뒤에서 어떤 분이 저한테 "정신 잃으면 안 된다" "좀만 참으면 된다"고 계속 말을 걸어주고 있었어요. 그러다가 또 정신을 잃었는지 기억이 잘 안 나요. 그러고 나서 제가 기억하는 건…. 갑자기 뒤에서 어떤 분이 제 양 겨드랑이에 손을 넣고 저를 뒤쪽으로 끌어당겼어요. 그러면서 조금 공간이 생겼는데 제가 뒤로 당겨지니까 저를 안고 있던 의현이가 제게서 떨어지면서 앞으로 고꾸라지는 거예요. 처음에는 '어, 이게 뭐지?' 했어요. 의현이를 일으키려는데 안 되는 거예요. 손에 아무런 감각이 없었고 팔한쪽이 움직이지 않았거든요. 그래서 친구가 숨을 안 쉬는데 도와달라고 구급대원에게 도움을 청했는데 "지금 사람이 너무 많아서… (어렵다)"라고 하시더라고요. 제가 할 수 있는 게 없었어요. 주위에 이미 몸이 굳은 사람들도 있었고 아예 허리가 꺾인 사람도 있었어요. 그러다 어떤 분이 자기가 의사인데 의현이를 보고 아직은 괜찮다면서 계속 심폐소생술을 해야 한다고 하셨어요. 저는 다른 구급대원을 붙잡고 심폐소생술을 해달라고 부탁드렸는데, 저한테 하라고 하시더라고요. 제가 팔을 쓸 수가 없는 상태여서 손이 안 움직인다고 말씀드렸는데도 "그래도 하셔야 돼요"라고 말하고 가버리셨어요.

골목 아래쪽에 있던 사람들을 먼저 옮기고, 깨어난 사람들을 병원으로 이송하고 나서야 구급대원이 장비를 들고 오셨어요. 근데 의현이를 보고 이미 어쩔 수 없는 상황이라고 하시더라고요. 그럼 어떡하느냐고 물었더니 그분이 일단 의현이를 옮겨야 한다면서 이태원역 1번 출구 쪽 도로에 다른 사람들이 누워 있는 곳으로 옮겼어요. 의현이를 들고 옮기면서 의현이 물건을 하나씩 땅에 그냥 버리시더라고요. 의현이가 입고 있던 재킷, 핸드폰, 반지…. 제가 핸드폰이랑 반지 같은 건 챙겼는데, 너무 급해서 재킷은 챙기지 못했어요. 도로 쪽에 있을 때도 어떤 분이 의현이를 보고 아직 괜찮다고, 살릴 수 있다고 하셨는데 구급대원들이 아니라고, 이미 어떻게 할 수가 없다고 그냥 두라고 했어요. 그래서 제가 왜 살릴 수 있다는데 그러느냐고 항의했더니 계속 안 된다면서 저한테 의현이 팔이 굳지 않게 잘 잡아달라고 할 뿐이었어요. 의현이가 그날 받은 처치는 구급대원 한분한테 잠깐 받은 심폐소생술이 전부예요. 그분은 진짜 잠깐 심폐소생술을 하다가 저한테 "이렇게 하시면 돼요"라고 하고 그냥 가버렸어요. 저도 그 참사 현장에 있었던, 기절했다가 깨어난 사람인데… 팔도 제대로 쓸 수 없는 저한테 심폐소생술을 하라고 하고 그냥 가버리니까….

그렇게 대로변에 있다가 구급대원들이 의현이를 근처의 빈 건물 안으로 옮겼어요. 제가 따라 들어가니까 저한테 여기 있으면 안 된다고 나가라고 하더라고요. 제가 동행이라고 항의하면서 여기 있겠다고 했는데도 안 된다면서 의현이가 어디로 이송되는지, 어떻게 되는지 다 알려줄 테니까 건물 앞에 앉아 있으라고 했어요. 그때 제가 과호흡 상태여서 계속 구급대원들이 저보고 괜찮으시냐고, 병원에 가야 될 것 같다고 했는데, 의현이를 두고 갈 수가 없어서 계속 건물 앞에 앉아 기다리고 있었어요. 그런데 얼마

후에 담당자가 와서 바리케이드를 쳐야 하니까 저보고 나가라고 하더라고요. 아까는 건물 앞에서 기다리라고 해놓고 무조건 나가라는 거예요. 저는 결국 쫓겨났지요. 그후 의현이의 행방을 알 수 없게 되었어요.

죄인이 된 것 같았어요

건물에서 쫓겨나고 의현이 친구랑 연락이 닿아서 그 친구가 바로 이태원에 와줬어요. 이태원 거리에서 같이 의현이 행방을 수소문했지만 모두 알려줄 수 있는 게 없다고 했어요. 의현이 친구들이 새벽 내내 서울에 있는 병원을 찾아다니고 저도 친구들과 같이 원효로다목적체육관에도 가봤지만 의현이를 찾지 못했어요. 그리고 새벽 5시쯤 의현이 어머니가 기다리고 계시는 수원 집 근처에 가서 어머니를 뵈었어요.

의현이 어머니를 뵌 건 그날이 처음이었어요. 의현이 친구들이 저한테 지금 어머니 만나도 괜찮겠느냐고 물어봤는데, 그땐 제가 의현이랑 같이 있었고 당시 상황을 가장 잘 알고 있으니까 어머니를 뵈어야 한다는 생각에 저는 괜찮다고 말했어요. 그리고 어머니를 뵈러 갔는데, 어머니가 의현이 친구들한테 "내가 의현이 어떻게 키웠는지 알잖아…"라고 하시는 거예요. 그때 어머니의 목소리가 너무 힘겹고 허망하게 느껴져서… 그때가… 그때가 제일 힘들었던 것 같아요. 어찌 됐든 저는 살아 있고 의현이만 그렇게 됐으니까… 그냥 너무 죄송했어요. 그래서 어머니께 어떤 말씀을 드려야 할지 잘 모르겠고 말을 꺼내는 것조차 어려웠어요. 제가 말을 제대로 못 하니까 옆에 있던 의현이 친구가 저 대신 "이런 상황이었대요"라고 어머니께 상황을 설명해드렸어요.

'차라리 같이 죽었더라면…' 그런 생각을 많이 했어요. 그랬다면 덜 힘들었을 것 같고. 어머니께 이런 마음을 직접 얘기하진 않았지만… 제가 죄인이 된 것 같았어요. 의현이 장례식, 49재에 참석하면서 어머니를 계속 뵈었는데, 제가 힘들어하니까 저한테 "안 좋은 생각하지 말고. 너무 힘들어하지 마라"라고 말씀해주셨어요. 그후에도 어머니를 가끔 뵙기도 하고, 연락을 드리기도 해요. 얼마 전에도 연락드렸는데, 제가 유가족협의회 일 같은 것도 도와드리지 못해서 죄송하다고 말씀드리니까 어머니께서 "네가 건강해야지 의현이가 덜 힘들다"며 그런 생각 하지 말라고 하시더라고요. 어머니는 "힘들어하지 말아라" "건강이 최선이다. 건강해야지, 밥 잘 먹고"라며 항상 제 걱정을 해주세요. 그런 얘기를 들으면 또 마음이 아파요.

모든 게 다 의미가 없더라고요

참사 현장에서는 몰랐는데, 집에 가서 보니 팔에 전부 핏줄이

터진 것처럼 멍이 들어 있었어요. 병원에서는 조금만 더 눌렸으면 사지마비가 올 뻔했다면서 정밀진단을 해봐야 할 것 같다며 입원을 하라고 하더라고요. 근데 그때는 의현이는 그렇게 됐는데, 제가 이 정도 아픈 거 가지고 의현이 장례식장을 못 지키는 게 미안했어요. 그래서 의현이 장례 기간 동안 밤에 잠깐 병원에 가서 치료받고 다시 장례식장으로 가서 계속 의현이 곁을 지켰어요. 그러다가 발인 전날 저녁에 미뤘던 입원을 했어요. 목도 상태가 좋지 않아서 깁스를 하고 있는데 다음 날 발인 시간이 정해졌다고 연락이 왔어요. 그래서 제가 발인 시간에 맞춰서 나갈 수 있느냐고 물었더니 병원에서 안 된다고 해서 그냥 지금 퇴원하겠다고 하고 나왔어요. 그리고 입관식부터 계속 같이 있었어요.

입관할 때 의현이 얼굴을 마지막으로 봤어요. 의현이 이모님들이 가까이 와서 보라고 하셨는데… 참사 당일 봤던 의현이 얼굴이 자꾸 떠올라서 전 못 보겠더라고요. 가까이는 못 가고 멀리서만 봤어요. 원래 얼굴에 상처가 없었는데 못 보던 상처가 있어서 '왜 상처가 났을까' 의문이 들면서도 그냥 너무 속상했어요. 지금도 후회돼요. 그때 의현이 가까이 가서 말 한마디라도 더 해줄걸….

그 당시를 떠올리면 그냥 뭔가… 다 의미가 없었어요. 먹으면 다 토해내고 그랬는데도 제 몸 상태가 어떤지 이런 생각은 아예 안 했던 것 같아요. 밥 먹는 것도, 친구들이 찾아와서 얘기를 들어주는 것도 무의미하게 느껴졌어요. 의현이한테 너무 미안하니까

'밥은 먹어서 뭐 하나' '친구들 만나서 뭐 하나' 계속 이런 생각이 들었어요. 의현이를 보내고 시간이 좀 지나고 나서야 다시 병원도 다니고 치료도 받고 했던 것 같아요.

언니와 함께한, 의현이를 추억하는 여행

참사 이후 한동안은 진짜 아무것도 못 했어요. 거의 방에서 의현이 사진 보면서 계속 울기만 했어요. 그러다가 한번씩 언니(김의현씨의 누나 김혜인씨)한테 카톡을 보냈어요. "언니 뭐 해요?" "언니 밥 먹었어요?" 저도 힘들지만 언니는 더 힘들 테니까, 제가 의현이가 될 수는 없지만 빈자리를 조금은 채워줄 수 있으면 좋겠다고 생각했거든요.

작년 연말에는 언니랑 일본 여행도 다녀왔어요. 의현이가 2019년에 친구들이랑 일본에 갔었는데, 언니가 그 날짜에 맞춰서 의현이가 갔던 데를 똑같이 간다고 하더라고요. 언니가 혼자 일본에 간다고 했을 때 혼자 보내기가 불안하더라고요. 언니가 얼마나 힘든지 아니까. 그래서 제가 "언니 저도 같이 가면 안 돼요? 그냥 같이 가요"라고 해서 같이 가게 됐어요.

여행 가서는 그냥 '즐겁게 보내자'는 마음으로 서로 무겁고 힘든 얘기는 하지 않았던 것 같아요. 의현이가 갔던 곳에 가서는 그냥 "얘네는 왜 이런 데를 왔대?" 하면서 장난식으로 얘기하고 그랬어요. 제가 볼 때는 언니랑 의현이가 많이 닮았거든요. 표정에서 한번씩 언니 얼굴에 의현이가 보여요. 그럴 때마다 "언니 웃는 거 왜 이렇게 의현이 닮았어요?" "언니 방금 의현이 같았어요!"라고 말하면, 언니가 그냥 웃거나 "내가 더 낫지"라고 답하고 그랬어요. 언니랑 일본에 다녀오면서 마음이 조금 괜찮아진 것 같아요. 전에 의현이랑 같이 일본 여행 가자는 얘기도 했었거든요. 언니랑 일본 여행 다니면서 의현이랑 왔어도 재밌었겠다는 생각도 들었어요.

평소에도 언니를 만나면 의현이 얘기를 많이 하거든요. 언니랑 의현이 얘기를 하면 마음이 좀 편해져요. 근데 언니는 제가 하는 의현이 얘기를 들으면 '걔가 그랬었구나' 하고 슬퍼할 수도 있잖아요. 그래서 의현이 얘기를 계속해도 되나 싶은 마음이 들 때도 있어요. 그래도 의현이 얘기를 할 수 있는 상대가, 언니가 있다는 자체가 마음에 안정감을 주는 것 같아요.

일상을 회복한다는 것

제가 참사 이후 살이 엄청 많이 빠졌어요. 힘도 없고 저 혼자 있으면 의현이 생각밖에 안 하니까, 친구들이 이러다 무슨 일 나겠다고 생각했는지 자주 집에 찾아와서 시시콜콜한 얘기도 하고 수다도 떨고 그랬어요. 제가 참사 트라우마 때문에 사람이 조금 많

다 싶으면 바로 숨이 안 쉬어져서 버스도 못 타고, 지하철도 못 탔
거든요. 그래서 아예 집 밖으로 안 나갔어요. 친구들이 계속 찾아
와서 "사람이 바깥바람도 쐬고 해야지"라면서 계속 밖으로 데리
고 나가줬어요. 아직도 지하철은 혼자 탈 수가 없어요. 사람이 많
이 없어도 갇혀 있다는 생각이 들면 답답하고 숨이 잘 안 쉬어지
거든요. 제가 이런 걸 친구들이 아니까 평소에도 배려를 많이 해
줘요.

친언니도 옆에서 많은 힘이 돼줬어요. 제가 좋아할 만한 전시
포스터를 보내면서 "여기 갈래?" 물어보고, 주말에도 시간을 내
서 "뭐 먹으러 갈래?" "카페 갈래?" 하면서 저를 계속 밖으로 데
리고 나가서 같이 시간을 보내줬어요. 부모님도 묵묵히 옆에서
지켜봐주시면서 제가 음식을 잘 못 먹으니까 계속 끼니를 챙겨주
셨어요.

주변 사람들이 옆에서 도와주니까 저도 은연중에 '그래, 내가
계속 이러면 안 되지'라는 생각을 하게 된 것 같아요. 그래서 하나
둘 속에 있던 얘기도 꺼내고, 못 이기는 척 밖에도 나가기 시작했
어요. 그러다보니 마음도 점점 괜찮아진 것 같아요. 주변 도움 덕
분에 일상을 조금씩 회복할 수 있었어요. 이번 일을 겪으면서 새
삼 주위에 고마운 사람들이 많다는 생각을 많이 했던 것 같아요.
저를 위해서 마음 써주는 사람들 생각하면서 마음을 다잡았어요.

의현이 주변 사람들이 해주는 말에서도 많은 힘을 얻었어요.
참사 이후 거의 한달 동안 손이 저렸어요. 제가 원래 웹디자인 일

을 해서 마우스를 계속 사용해야 하는데 손에 감각이 없으니 클릭을 할 수가 없는 거예요. 그래서 10년 동안 해온 일을 그만두게 됐죠. 몸이 아파서 할 수 없는 것도 있었지만, 그때는 그냥 아무것도 하고 싶지 않기도 했어요. 계속 그렇게 일도 안 하고 사람들도 안 만나니까 한동안 제 삶이 멈춘 것 같았어요. 혜인 언니, 의현이 친구들이랑 대화하다가 의현이 친구 중 누군가 "그래도 각자의 생활을 찾아서 원래대로 돌아가야지, 계속 이렇게 있을 수는 없는 거야"라고 말을 했는데, 그때 '아, 그렇지. 의현이도 내가 이러고 있는 걸 원하지 않을 텐데'라는 생각이 들었어요. 그래서 제가 뭘 할지, 어떤 걸 하면 좋을지 생각해보고 찾아보고 했던 것 같아요. 몇달 전에는 일도 다시 시작했어요.

언제까지 피할 수는 없으니까

지금도 텔레비전에서 이태원 참사 관련 뉴스가 나오면 채널을 돌려요. 유가족협의회 활동 같은 것도 어떻게 돌아가고 있는지 잘 몰라요. 그냥 회피하고 싶은 마음이 큰 것 같아요. 참사 당일이 자꾸 생각나니까요. 처음에는 '이태원'이라는 말만 들어도 눈물이 너무 많이 나는 거예요. 아무런 관련 없는 드라마에서 심폐소생술 하는 장면만 나와도 너무 힘들고. 이태원 참사 관련된 건 안 보려고 했던 것 같아요.

처음에는 추모제 같은 건 다 참여해야 한다고 생각했어요. 그렇게 하는 게 의현이를 잘 보내주는 길이라고 생각했거든요. 그래서 49일 시민추모제 때 혜인 언니랑 같이 녹사평 분향소도 가고, 참사가 일어난 골목에도 갔어요. 사실 그 골목뿐만 아니라 그냥 이태원이라는 동네에 가는 것 자체가 힘들었어요. 그래도 그때는 참사 당일 어떤 상황이었고 의현이가 어디에 있었는지 의현이 가족분들께 알려드리고 싶은 마음이 더 컸던 것 같아요. 의현이가 앞으로 쓰러지는 장면이 생생하게 떠올라서 힘들었지만, 그래도 알려드려야 하니까….

그 이후로는 추모제나 분향소에 가지 않았어요. 그런 곳에 가면 그때 상황을 계속 떠올리게 되니까 마음이 힘들어지고 지치는 거예요. 혜인 언니가 행사가 있다고 알려주시면 "갈 수 있으면 꼭 갈게요"라고 대답은 하지만… 가면 힘들게 이겨낸 아픔을 또다시 겪게 될까봐 자꾸 회피하게 돼요. 그래서 의현이 어머니랑 언니한테 죄송해요. 저는 이제 일도 하고 제 생활을 조금씩 찾아가고 있는데, 어머니랑 언니는 계속 유가족협의회 활동을 하고 계시잖아요. 제가 의현이 가족은 아니지만, 의현이는 제가 많이 좋아했던 사람이고 제가 의현이 마지막까지 같이 있었던 사람이니까 뭔가를 해야 한다는 마음은 있어요. 언제까지나 계속 이렇게 피하기만 할 수는 없다고 생각해요.

그냥 평범한 보통의 삶을 살고 싶어요

제 방 침대 옆에 전신 거울이 있는데 거기에 10월 29일에 입었던 티셔츠랑 바지가 걸려 있어요. 의현이가 그날 입었던 재킷이랑 제 바지가 세트예요. 의현이랑 저는 원래 비혼주의였어요. 그런데 그 커플 옷을 입고 이태원에 갔던 날, 의현이가 제게 "원래 결혼을 뭐 하러 하지? 이런 생각이었는데, 결혼할 마음이 생겼어"라고 말했어요. 평소에 가끔 "너랑 결혼하면 진짜 심심한 날은 없을 거 같아"라고 말한 적은 있어도 결혼하고 싶다는 말은 안 했는데, 그날 그런 말을 했어요. 그때 저도 "나도 요새 그런 마음이 들어"라고 대답했죠. 근데 지금은 누군가를 만나고, 결혼하고… 그런 게 잘 상상이 가질 않아요.

참사 있고 얼마 안 돼서 친구들이 저한테 "그래도 산 사람은 살아야지"라고 말한 적이 있어요. '산 사람은 살아야지?' 저는 그 소리가 정말 듣기 힘들었어요. 지금은 왜 제게 그런 얘기를 했는지 이해해요. 지금 저도 제 일상을 하나둘 되찾아가는 중이에요. 그래도 10월 29일 그날 제가 겪은 일을 완전히 받아들이기는 힘들 것 같아요.

어렸을 때는 꿈이 컸는데, 지금은 그냥 보통의 삶을 살고 싶어요. 그냥 평범하게, 힘들지 않게. 사실 그 평범하다는 게 쉽지 않다는 걸 아니까요. 저는 10년, 20년 후에 그냥 평범하게만 지내고 있으면 좋을 것 같아요.

나의 종교,
나의 언니

**이지현씨의 동생
이아현씨 이야기**

이지현씨는 2022년 12월 10일 동갑내기 남자친구와의 결혼식을 예정하고 있었다. 둘은 10월 28일 웨딩 촬영을 하고 다음 날 친구 두명과 함께 이태원을 찾았다. 결혼식을 앞두고 바빠지기 전에 함께 시간을 보내고 싶었는데 마침 핼러윈 축제가 있었고 오랜만에 함께 쉬는 날이었다. 이태원역에 도착한 지 두시간도 채 되지 않아 참사가 일어났고 일행 중 유일한 여성이자 몸집이 작았던 이지현씨가 희생되었다.

동생 이아현씨는 기록자를 처음 만난 자리에서 기다렸다는 듯 이야기를 쏟아냈다. 참사 소식을 처음 들었을 때부터 그 이후의 참담했던 시간들에 대해, 언니 지현씨가 얼마나 야무진 사람이고 자기 주변 사람들을 얼마나 살뜰히 챙겼는지에 대해, 언니와 있었던 사소한 에피소드까지 단정한 어투로 빼곡하게 전했다. 언니의 이야기를 들려주기 위해 마치 수일 전부터 준비한 것 같았다. 기록자는 그저 앞에 앉은 그의 말을 끊지 않고 온전히 들을 뿐이었다.

이야기 중에 그는 자주 눈물을 흘렸고 가끔 미소를 지었다. 언니와 다투 었던 이야기를 할 때는 몰래 언니 험담을 하는 듯한 동생의 짓궂은 표정이 나왔고 언니가 해준 음식 이야기를 할 때는 눈물이 먼저 떨어졌다. 부모님 과 동생들의 이야기를 할 때는 허리를 세우고 자세를 고쳐 앉았다.

그가 해주는 이야기들에는 사람들이 가득했다. 그때 그는 말이 조금 느 려지고 웃음이 묻어났다. 가족 곁에 선 언니 친구들의 이야기는 놀라웠다. 참사 직후 친구 동생이 걱정된 언니의 친구들은 짐을 싸들고 동생 집을 찾 았고 함께 힘든 시간을 견뎠다. 슬픔을 기꺼이 나눠 가지려는 이들은 두손 에는 먹을 것들을 들고 가슴속에는 고인에 대한 이야기를 품고 평택, 천안, 안산에서 김제 집을 매달 찾아가고 있다. 아현씨의 이야기는 언니와 언니의 사람들에 대한 기록이면서 참사를 겪은 사람들 곁에 어떻게 서야 하는지에 대한 이야기다.

작가기록단 **홍세미**

저희 형제는 딸 셋에 아들 하나예요. 언니는 첫째고 전 둘째, 여 동생이 한명 있고, 막내는 아들이에요. 언니와 저는 서로를 가장 잘 아는 사이였어요. 오늘 인터뷰를 준비하면서 언니한테 속으로 물었어요. '언니랑 싸웠던 것도 다 얘기해도 돼? 엄마 아빠 모르는 비밀도 다 얘기해도 돼?' 어제 꿈에 언니가 나왔어요. 꿈속에서 세 자매가 나란히 어깨동무하고 집으로 걸어가고 있었는데 언니가 저희를 보더니, "괜찮아. 괜찮아"라고 말했어요. 언니가 했던 "괜찮아"라는 말이 크게 울렸어요. 꿈에서 깨어보니 베개가 젖어 있고 눈가에도 눈물이 말라 있더라고요. 언니가 인터뷰하는 거 알고 꿈에 나와서 응원해준 거구나, 인터뷰 승낙하길 잘했구나, 생각했어요.

이지현 동생 이아현

언니는 욕심이 많은 사람이에요. 하고 싶은 것도 많고 이루고 싶은 것도 많았어요. 저희 어렸을 때부터 엄마가 다양한 경험을 시켜주려고 애쓰셨거든요. 전라북도영재지원단에서 지역 청소년을 선발해서 해외 연수를 보내주는 프로그램이 있어요. 언니가 6학년 때 캐나다 연수를 신청했는데 떨어졌어요. 저 같으면 떨어지고 바로 다시 도전하고 싶지 않을 것 같은데 언니는 타격 없이 바로 중국으로 지원했어요. 저는 해외 연수에 별 흥미가 없었는데 언니가 다녀오는 걸 보고 5학년 때 뉴질랜드 연수를 신청했어요. 그때 언니가 써줬던 스케치북 편지를 아직도 갖고 있어요. 언니가 보고 싶어도 참으라고 하면서 마지막 장에는 초콜릿이랑 귀걸이랑 자기 갖고 싶은 거 사 오라고 잔뜩 써놨더라고요. 그때 언니가 연수를 안 갔으면 저도 안 갔을 테고 그랬다면 제 대학 전공도 달라졌겠죠. 저는 올해 대학교 3학년인데 글로벌비즈니스학과에서 영어, 무역, 회계, 통계를 배우고 있어요. 제가 알고 있는 모든 건 다 언니를 보고 배운 거예요.

김제가 소도시라 건너건너 다 알아요. 언니가 공부도 잘하고 얼굴이 예뻐서 이지현 하면 다 알았어요. 부모님이 패스트푸드점을 운영하시는데 '햄버거 가게 딸내미들'이라고 하면 모르는 사람이 없었어요. 저도 언니 덕분에 덩달아 유명했어요. 저는 '이지현 동생'이었어요. '이아현' 하면 "걔 언니가 이지현이지?" 이런 반응이 나올 정도로요.

언니는 빨리 취업하고 싶어서 다른 지역에 있는 마이스터고등학교에 진학했고 졸업하자마자 안산에 있는 회사에 취업했어요. 언니는 고등학교 다닐 때부터 "김제가 좁다. 김제를 벗어나고 싶다"라는 말을 매일같이 했어요. 저랑 제 동생에게도 더 큰 도시로 가라고 자주 이야기했고요. 저희는 어릴 때부터 언니 말을 들으며 자랐기 때문에 둘 다 고등학교 졸업하자마자 김제를 떠났어요. 여동생은 지금 안산에서 지내고 있고 저도 대전에 있는 대학교로 진학했어요. 저는 남들처럼 인문계 고등학교 나와서 대학교에 진학했거든요. 커서 보니까 열아홉살은 되게 어린 나이더라고요. 그 나이에 고향을 떠나 타지 생활 하면서 돈 번다는 건 정말 쉽지 않은 일이었어요. 알면 알수록 언니는 정말 대단한 사람이에요.

언니는 표출하고 싶은 에너지가 많은 사람인데 지방에서는 할 수 있는 게 별로 없잖아요. 안산은 서울이랑 가까워서 언니는 서울 시내에 안 가본 데가 없을 거예요. 이태원 핼러윈 축제도 언니가 스무살부터 다녔다고 들었어요. 언니가 직장인이다보니까 여행을 자주 못 가잖아요. 언니한테 이태원은 자유로운 곳, 새로운 문화를 느낄 수 있는 곳, 여행 간 듯한 느낌을 주는 곳이었던 것 같아요. 나중에 언니 휴대폰 앨범을 보니까 언니가 매년 이태원에서 사진을 많이 찍었더라고요.

10월 30일 오전 8시 30분

"송아랑 아현이 둘 다 집에 있지? 혹시 이태원에 간 건 아니지?"

10월 29일 밤 9시에 엄마한테 전화가 왔어요. 엄마가 핼러윈 축제에 사람이 많이 몰린다는 뉴스를 봤다면서 저희보고 안전하게 집에 있으라고 했어요. 전 그날이 핼러윈인 줄도 몰랐어요. 엄마 전화 받고 혹시 주변에 누가 갔을까 걱정이 돼서 새벽 5시까지 잠에 들지 못했어요. 다음 날 아침 8시 30분에 전화벨이 울리더라고요. 아빠였어요. 아빠는 아침에 전화 잘 안 하시거든요. 놀라서 전화를 받는데 아빠가 우느라 제대로 말씀도 못 하시면서 저한테 빨리 삼성서울병원에 가보라고만 하셨어요. 그 말 듣자마자 심장이 덜컥 떨어지는 것 같았어요.

"아빠, 언니 거기 있어?"

아빠가 아무 말도 못 하고 계속 울기만 하셨어요. 제가 여동생 방 문을 열고 떨리는 목소리로 말했어요.

"송아야, 지현 언니 삼성병원에 있대."

"언니가 왜 삼성병원에 있어?"

"아빠가 전화하셨어. 언니가…"

"응? 다쳐서 간 거지? 그냥 입원한 거지?"

동생이 벌떡 일어나면서 말했어요. 병원에 가는 길에 형부한테 전화를 했는데 형부가 정신이 나가 있었어요. 진짜 일이 난 거구나 싶었어요. 지하철을 타고 한시간 반 정도 걸리는 길이었는데, 가는 내내 송아랑 손 꼭 잡고 있었어요. 둘 다 처음 가는 길이니까 길 잃어버릴까봐, 그 정신에 혹시나 다른 곳으로 갈까봐 손 꼭 잡고 눈물 나오려는 거 참으면서 갔어요.

동생은 가는 내내 울었어요. 제가 언니 상태를 모르니까 벌써부터 슬퍼하면 안 된다고, "언니 괜찮아, 언니 괜찮을 거야" 하고 계속 동생을 달랬어요. 병원에 도착해서 이태원에서 온 이지현씨 가족이라고 하니까 우리를 영안실로 안내하는 거예요. 확인하시겠느냐고 묻더라고요. 엄마 아빠가 김제에서 택시 타고 병원에 오고 계셨어요. 엄마 아빠 오면 같이 보겠다고 했어요. 시간이 어떻게 흘렀는지도 모르겠어요. 영안실 앞에 주저앉아서 계속 울고 있었어요. 엄마 아빠가 점심 무렵 도착하셨고 오시자마자 언니를 확인했어요.

언니를 확인하고 바로 언니를 데리고 김제로 내려가려고 했어요. 근데 가족이 확인했는데도 병원에서 언니를 안 내보내주는 거예요. 담당 형사들이 와서 무언가 계속 조사를 했어요. 자꾸 뭘 조사를 해야 된다고 하는데 너무 화가 났어요. 어머니는 거의 탈진 상태였고 아빠는 겨우 정신을 붙잡고 계셨어요. 한시간, 두시간 흘러가다가 밤 8시쯤 아빠가 화를 내셨어요. "도대체 언제까지 기다려야 되느냐? 도대체 왜 아침 9시부터 열두시간째 못 나가게 하고 있는 거냐?"고요. 형사가 다 됐다고, 거의 다 됐다고 그런 말만 되풀이했어요. 계속 승강이를 하다가 저희는 밤 9시가 돼서야 겨우 김제로 출발했어요.

자정 무렵에 장례식장에 도착했는데 입구에 언니 친구들 스무 명 정도가 이미 와 있었어요. 다들 사흘 내내 밤을 새워주었어요. 아빠가 장례식장에서 가장 큰 방을 빌렸는데, 손님이 끊인 적이 없어요. 도와주시는 이모님이 장례식장에 그렇게 사람 많은 거 처음 봤다고, 젊은 친구가 얼마나 잘 살았으면 이렇게 많은 사람들이 가는 길을 배웅해주겠느냐고 그러셨어요.

아직도 그 시간만 되면 심장이 떨려요

장례식장에서 친척들이 저만 보면 붙잡고 "아현아, 정신 똑바로 잡고 있어라. 네가 여기서 무너지면 안 된다. 네가 부모님이랑 동생들 챙겨야 한다"라고 말씀하셨어요. 아빠는 형부랑 상주를 맡고 계시고 엄마는 방에서 안 나오시고 여동생도 멍하니 앉아만 있고 남동생은 너무 어렸고요. 수의 고르는 일부터 장지를 보러 가는 일까지 다 제가 해야 했어요. 저도 너무 슬프고 힘든데 여기저기서 다 저만 불렀어요.

장례식 끝나고 핸드폰에 쌓인 연락들을 봤어요. 친구들의 걱정하는 메시지들이 와 있었어요. 초등학교 때 친했던 친구가 있어요. 중학교 때 싸워서 이후에 연락을 안 하고 지내던 친구인데 저한테 장문의 메시지를 보냈더라고요.

"아현아, 많이 힘들지. 내 메시지가 오지랖일지 모르겠다. 나도 몇년 전에 소중한 사람을 잃었어. 그 일이 있고 주변에서 '부모님 잘 챙겨라. 동생 챙겨라' 이런 이야기를 정말 많이 들었어. 부모님과 식구들 챙기느라 내 감정은 살피지 못했어. 눈물을 꾹꾹 참았었지. 너도 그러지 않을까 싶어서 이렇게 연락한다. 아현이 네가 제일 중요해. 너를 잘 챙겼으면 좋겠어. 언니가 보고 싶을 때는 보고 싶다고 말하고 울고 싶을 때는 목 놓아 울어도 돼. 사람들이 시간은 약이라고 쉽게 말하잖아. 나는 그 말을 정말 싫어하거든. 하지만 너에게는 시간이 아주 조금은 약이 되었으면 좋겠다."

지금도 언니 생각에 눈물이 맺히면 습관처럼 참으려고 하거든요. 그러다가도 친구 말이 생각나서 다 쏟아내요. 친구 말이 아니었으면 저도 부모님이랑 동생들 생각해서 계속 참았을 것 같아요.

　참사 이후 두달 내내 악몽을 꿨어요. 두가지 꿈이 반복돼요. 꿈 속에서 전화벨이 울려요. 전화를 받으면 아빠가 울먹이면서 언니가 삼성서울병원에 있다고 그래요. 그리고 잠에서 깨요. 사람들이 저한테 지현이 어딨느냐고 묻는 꿈도 많이 꿨어요. 언니 지인들에게 장례식 안내 문자를 제가 보냈거든요. 언니 친구들이 저한테 연락해서 어떻게 된 거냐고 물을 때 제가 설명을 해야 한다는 사실이 정말 싫었어요.

　아직도 아침 8시 30분만 되면 심장이 떨려요. 엄마 아빠 인터뷰 기사 보니까 엄마도 아침 8시 30분마다 힘들다고 말씀하셨더라고요. 형부가 엄마한테 전화한 시간이에요. 전화 듣고 아빠는 바로 저한테 전화를 하셨으니까 저희 가족들은 모두 똑같은 시간에 똑같이 힘들어하고 있는 것 같아요. 엄마 아빠가 언니가 떠났다는 슬픔에 하루하루 힘든 건 알고 있었는데 그 시간까지 기억하실 줄은 몰랐어요. 형부가 전화했던 아침 8시 30분, 그리고 평소에 언니가 항상 전화하던 저녁 6시를 엄마가 잊지 못하고 계시더라고요.

언니 핸드폰에 남겨진 메모들

언니 결혼식이 12월 10일로 잡혀 있었어요. 언니는 자기 인생 계획을 세워놓는 사람이거든요. 언니는 스물다섯살밖에 안 됐지만 안정적인 회사에 입사해서 회사 생활 한 지도 5~6년이 지났고 평택에 신혼집도 이미 마련해뒀어요. 언니가 결혼하고 싶은 시기를 이미 생각해뒀던 터라 엄마 아빠한테 상의도 없이 결혼식장을 예약하고 왔어요. 엄마한테 혼이 나긴 했는데 언니는 자기가 하고 싶은 건 해야 되는 성격이었어요.

참사 후에 언니 핸드폰에 있는 메모들을 열어봤어요. 언니가 결혼식이 얼마 안 남았을 때라 체크리스트를 만들어놨더라고요. 청첩장 문구 결정하기, 청첩장 디자인 결정하기, 나눠줄 사람 리스트, 몇부 인쇄해야 하는지 등 꼼꼼하게 정리되어 있었어요. 언니 결혼식에 입고 가려고 저희도 예복을 준비했거든요. 언니가 저희 예복 궁금하다고 보여달라고 했는데 결혼식 때 보여주려고 안 보여줬어요. 언니가 많이 궁금했을 텐데 보여줄걸….

언니 결혼식 날에 언니 친구들이 SNS에 언니를 태그해서 글을 많이 올렸더라고요. 어떤 친구는 결혼 축하한다며 누구보다 큰 소리로 외쳐주고 싶었다고, 부케를 받기로 했던 친구는 어떤 옷을 입고 부케를 받을지 고민 많이 했었다며 자기는 이제 누구의 부케도 못 받을 것 같다고 적었더라고요. 언니가 결혼하기로 했던 날 언니 친구들이랑 다 모이는 자리가 있었어요. 12월이니까

참사 나고 얼마 안 됐을 때잖아요. 그날은 서로 얼굴을 보기만 해
도 눈물이 났어요. 다들 엄청 울었어요.

다른 메모에는 카페 창업을 위해 해야 할 일들도 빼곡히 적혀
있었어요. 언니가 카페 차리는 게 꿈이라고 이야기한 적이 있었
어요. 메모장에는 '세 자매 커피'라고 카페 상호도 적혀 있더라고
요. 자긴 왜 빠져 있냐고 남동생이 질투했어요.

언니가 자기는 열심히 일해서 자금을 준비할 테니까 아현이가
총무 하고 송아가 베이커리를 맡으면 좋겠다고 이야기했어요. 저
는 언니가 장난처럼 이야기한 거라고 생각했는데 진지하게 준비
하고 있었던 거예요. 메모들을 보고 엄마랑 엄청 울었어요. 언니
가 세운 계획들 중에 체크된 게 거의 없었어요. 이렇게 언니가 하
고 싶은 것도 많고 해야 할 게 많았는데 이루어진 게 하나도 없더
라고요. 정말 마음이 아팠어요.

형부는 혼자서 슬픔을 삭이고 있어요

형부는 참사 이후에 마음의 문을 닫은 것 같아요. 당시를 기억
하고 싶지 않은 듯해요. 형부는 언니랑 차렸던 신혼집에서 아직
지내고 있는데, 혼자 도저히 못 지내겠다고 언니랑 친한 친구인
다른 오빠랑 둘이서 지내고 있어요. 그 오빠 말로는 형부가 잘 때
침대 오른쪽에서만 잔대요. 언니가 항상 왼쪽에서 잤다고 해요.

형부가 그래서 왼쪽 선을 절대 안 넘는다고 하더라고요. 식사 자리에서 형부가 소주 한 잔을 따라 자기 잔 옆에 두는 모습을 많이 봤어요.

형부랑 언니는 고등학교 1학년 때부터 만났어요. 둘이 연애를 7년 넘게 했어요. 저희도 어렸을 때부터 아는 사이라 형부 성격을 알아요. 형부가 힘들다고 말하는 걸 한번도 본 적이 없어요. 형부가 언젠가 술에 취해서 저희 엄마한테 전화해서 엉엉 울었대요.

"엄마, 내가 지현이 없이 어떻게 살아. 지현이 없이 못 산다. 내가 사는 게 아니다."

엄마가 그 말 듣고 나서 얘가 많이 힘들어하고 있었구나 싶으셨대요. 저도 되게 마음이 아팠어요.

형부가 김제 본가에 매달 오거든요. 서울에서 집회하고 유가족들이 모이고 하는 이런 내용을 형부가 모르는 것 같아서 엄마가 알려줬대요. 형부도 알고는 있는데 참여할 마음이 없다고 했대요. 서울에는 발도 들이기 싫다고요. 엄마가 집회에 참여해보니까 유가족들도 여러 타입이 있대요. 발 벗고 나서서 뛰시는 분들이 있고 소식만 듣고 계신 분들이 있고 소식조차 듣기 싫어하시는 분들이 있는데 형부는 세번째인 것 같다고 하셨어요. 힘들어서 마음의 문을 닫아놓은 것 같다고. 저도 그 얘기 듣고 그 뒤로는 형부한테 말을 꺼내지 못해요.

이번에 참사 당시 이태원에 함께 갔었던 언니 친구이기도 하고 형부 친구이기도 한 민우 오빠한테 들었는데요, 언니 장례 치르고 형부가 트라우마가 심해 회사에서 휴가를 받아 두달 동안 고향 집에 있었대요. 형부 본가는 완주고 언니 묘소는 김제에 있거든요. 형부 친구도 트라우마가 심해서 형부 고향집에 함께 내려와 있었는데 형부가 두달 동안 하루도 빠짐없이 언니를 만나러 갔대요. 언니가 먹는 걸 좋아해요. 형부는 초반에는 날씨가 선선해서 아이스아메리카노를 사 가다가 겨울이 되면서 따뜻한 라떼를 사 가고 핫팩을 놔두거나 꽃을 사 가기도 했다고 해요. 민우 오빠는 우유를 자주 사 갔대요. 민우 오빠가 언니 우유를 뺏어 먹은 적이 있었대요. 그 일이 맘에 걸려서 우유를 자주 사 갔다고 해요. 공원묘원에 사는 강아지가 있는데 그 강아지 간식도 많이 사 갔대요. 언니가 친구가 많고 노는 거 좋아하잖아요. 강아지한테 언니 친구 좀 되어주라고 그랬던 것 같아요. 그 이야기 듣고 형부가 그 시간을 견디느라 정말 힘들었겠다 싶어서 마음이 아팠어요.

첫째가 되어버렸어요

언니는 먹는 걸 좋아하니까 어떤 술에는 어떤 안주가 어울리는지 궁합을 기가 막히게 잘 알아요. 제 여동생이랑 제가 뭐 안 먹어봤다 하면 "야, 이거 꼭 먹어봐야 돼!" 하면서 요리를 뚝딱뚝딱 해줬어요. 언니가 크래커 위에 참치랑 토마토랑 올려서 카나페를 만들어줬는데 맛있더라고요. 제가 양주도 안 먹어봤었는데 언니가 위스키에 토닉워터를 타서 하이볼을 만들어줬어요. 언니가 그랬어요. "야, 이렇게 맛있는 술 알려주는 언니 어디 없다." 언니는 동생들에게 첫 경험을 알려주는 사람이었어요.

언니가 요리도 엄청 잘했거든요. 제가 배고프다고 하면 언니는 냉장고를 열어서 삼겹살김치찜을 뚝딱 만들어줬어요. 저한테 밥이랑 삼겹살김치찜 차려주고 언니는 다이어트하느라 옆에서 닭가슴살을 먹어요. 괜찮냐고 물었더니 "고문이긴 한데 괜찮아" 하고 답하더라고요. 언니가 만들어준 삼겹살김치찜이 정말 맛있었는데 맛이 기억이 안 나요.(눈물) 만드는 법을 들었는데 그때 한 귀로 듣고 한 귀로 흘렸어요. 제가 자취를 하는데 어떻게 만들어봐도 그 맛이 안 나는 거예요. 엄마가 알려주는 레시피로 해봐도 안 돼요. 제일 그리운 언니 음식 중에 하나예요.

언니는 저랑 앙숙이었어요. 진짜 많이 싸웠거든요. 전 누구하고도 그렇게 싸워본 적이 없어요. 싸운 이유도 소소해요. 언니가 옷을 되게 좋아하는데 언니 옷을 제가 입고 나가면 화를 냈어요. 저는 언니나 동생이 제 옷을 입고 나가도 화는 안 나거든요. 싸우다가 언니가 툭하면 저한테 그랬어요. "나 결혼해서 나갈 테니까 네가 우리 집 첫째 해라"라고요. 그 얘기를 진짜 많이 했어요. "네가 첫째 해라."

얼마 전에 제가 국가장학금 신청하는데 가족관계증명서를 제출해야 했어요. 신청서를 쓸 때 몇명 중 몇째 이렇게 써야 되는데 잘 모르겠더라고요. 네명 중 둘째라고 해야 하나? 세명 중 첫째라고 해야 하나? 그때 엄마한테 전화해서 "엄마, 내가 도대체 몇째야?" 엄마도 그때 우시면서 모르겠다고 하시더라고요. 동사무소 가서 서류를 떼봤는데 제가 첫째가 돼 있는 거예요. 세명 중 첫째. 그때도 혼자 방에서 많이 울었어요. 언니가 맨날 첫째 하라고 했던 게 기억이 났어요. 혼잣말로 언니한테 따졌어요. '언니, 어떻게 진짜 첫째를 시켜버려? 너무하는 거 아니야?'

언니가 싸우기만 하면 저한테 첫째 하라고 했던 거 언니 친구들도 알거든요. 제가 얼마 전에 언니 친구들이랑 술 마시면서 첫째가 됐다는 이야기를 하면서 엄청 울었어요. 언니 친구들이 같이 울면서 '이지현이 너 놀리려고 하는 거다. 진짜 첫째는 이지현이다' 하면서 위로해줬어요.

언니 친구들과 함께 모이는 애도의 공동체

장례를 치르고 11월부터 올해 1월까지 저랑 제 동생이랑 안산 집에서 살았어요. 언니가 신혼집을 구하기 전에 살았던 집이에요. 참사 직후라 저랑 여동생이랑 잘 때 손발이 엄청 떨려서 하루도 제대로 못 잤어요. 당시에 언니 친구랑 언니 후배가 안산 집 가까이에 살고 있었는데 저랑 제 여동생이 힘들어하는 걸 보더니 짐을 싸들고 저희 집으로 들어왔어요. 세달 동안 저희 집에서 출근하고 저희 집으로 퇴근했어요.

넷이서 사소한 행동 하나하나 같이 하고 재밌게 하려고 했어요. 조금이라도 더 웃으려고 했어요. 네명이 돌아가면서 저녁 식사 당번을 맡았어요. 언니 후배가 수육을 하면 다음 날 언니 친구가 콩나물국을 끓이고 송아랑 제가 된장찌개랑 김치찜을 하거나 미역국을 끓였어요. 매일매일 다른 걸 만들어 먹었어요. 같이 요리하고 같이 먹고 가위바위보 해서 설거지 당번 정하고요. 텔레비전 볼 때도 재밌는 드라마를 골라서 넷이서 나란히 앉아서 봤어요.

지금은 모이면 언니 이야기를 어느정도 꺼내는데 그때는 언니 이야기를 아예 못 했어요. 최대한 언니 이야기는 안 하고 지냈어요. 함께 있을 때는 안 하다가 생일 파티 하거나 여러명 모이면 술 먹고 다 같이 울었죠.

그렇게 세달 동안 가족이 돼서 가장 힘든 시간을 버텼어요. 네명이 하루하루 의지하면서 보냈어요. 2월에 제가 개강하면서 대전으로 가야 했어요. 동생이 언니 흔적이 많이 남아 있는 집이라 혼자 지내기 힘들 것 같다고 안산에 있는 다른 집으로 이사했어요. 그러면서 모두 그 동네를 떠나게 되었어요. 그 이후로는 매달 김제에서 만나요.

2월 6일이 제 생일이거든요. 언니 친구들은 대부분 천안이나 평택에서 일하는데 제 생일 축하해주겠다고 퇴근 후에 안산까지 올라왔어요. 제 생일 파티인데 다 언니 친구들이었어요. 형부가 용돈 주고 언니 친구들이 핸드폰으로 선물 보내주고 술 사주고 케이크랑 꽃다발 사다 줬어요. 살면서 제가 가장 많은 축하를 받은 생일이었어요. 참사 후 첫 생일이라 마음이 너무 힘들었는데 다들 친언니 못지않게 잘 챙겨줘서 어떻게 갚고 살아야 할지 모르겠어요.

언니 생일이 1월 25일이고 제가 2월 6일이라 얼마 차이가 안 나요. 2월은 참사 이후 시간이 얼마 지나지 않은 시기잖아요. 그날 파티에서는 다들 술에 취해서 한 사람씩 없어졌어요. 제가 찾으러 가면 '인생네컷' 같은 가게 구석에 앉아서 울고 있더라고요. 지현이 보고 싶다고요. 제가 언니들한테 뭐라고 했어요. 같이 울지 왜 혼자 우느냐고요. 언니 친구가 지현이가 이태원 가는 걸 알고 있었는데 잘 갔다 오라고 했던 말이 너무 후회가 된다며 그냥 가지 말라고 할걸 하면서, 자기도 그 자리에 지현이랑 있어야 했는데 같이 못 있어준 게 너무 미안하다고 울더라고요. 언니가 가지 말라 했어도 우리 언니 성격상 놀러 갔을 거다, 죄책감 가지지 말라고 했는데 계속 울었어요.

셋째 생일은 3월 15일이었는데 그 멤버가 또 모였어요. 처음으로 안 울고 웃으면서 생일 파티를 했어요. 다들 우울해하기보다는 동생을 더 축하해주려는 마음 같았어요. 다들 퇴근하고 안산까지 오려면 차가 막히니까 세시간 정도 걸리거든요. 네살이나 어린 동생 챙겨주려고 직장인 언니 오빠들이 다 모였어요. 일하고 와서 피곤할 텐데 신나게 놀아줬어요. 술 먹고, 노래 나오면 신나게 춤추고, 슬픈 노래 나오면 울고요. 주인공이 하고 싶은 걸 다

하게 만들어주려고 애썼어요. 그 마음이 눈에 다 보였어요.

언니 없는 언니 파티를 해요

언니 친구들이 4월부터 매달 김제 본가에 내려왔어요. 언니 중
학교, 고등학교 친구들이랑 회사 친구들까지 해서 6~8명 정도가
매달 왔어요. 언니 친구들 오는 날에 맞춰서 저랑 동생도 김제에
모여요. 다들 같이 쉬는 날 맞춰서 오는데 어떤 때는 1박 2일로 오
고 어떤 날은 2박 3일로 와요. 그 시간 내내 언니 없는 언니 파티
를 해요. 부모님이랑 언니 친구들이랑 같이 맛있는 거 먹고 술 마
시면서 언니 사진 보고 언니 이야기를 하루 종일 해요.

언니가 술 마시는 거 좋아하고 사람 만나는 걸 좋아했어요. 언
니 친구들도 다들 언니처럼 살가워요. 집에 올 때마다 소고기랑
망고 같은 것들을 양손에 바리바리 싸들고 와요. 진짜 딸처럼 엄
마를 챙기고 언니의 빈자리를 최대한 채워주려고 하는 느낌이 많
이 들었어요.

거실에 6인용 식탁이 있거든요. 거기에 형부랑 오빠들이랑 어
른들이 앉아서 사뭇 진지하게 이야기하면서 술을 먹고요. 옆에
큰 테이블 하나 더 펼쳐서 언니들이랑 저랑 제 여동생이랑 놀아
요. 언니 친구들이 오는 날에는 고모랑 고모부도 사촌 동생들 데
리고 오시거든요. 사춘기 남동생과 사촌 동생들은 좀 지루한 표

정으로 핸드폰을 보고 있어요.

아빠는 처음엔 언니가 없는데 언니 친구들이 집에 오는 걸 힘들어하셨지만 지금은 반겨주세요. 언니 친구들이 오는 날은 엄마가 요리도 잔뜩 하세요. 아빠는 수산시장에 가서 회를 떠 오시고 그날그날 물 좋은 걸 사 오세요. 바지락이나 주꾸미나 낙지탕탕이 같은 것들이요. 먹다가 부족하면 족발을 시키거나 아빠가 매장에 내려가서 치킨 튀겨 오시고요. 술이 떨어지면 오빠들 세 명이 편의점 가서 두짝씩 사 와요. 한달에 한번씩 그렇게 놀아요.

지난달에 모였을 땐 언니 친구가 자기 강아지도 데리고 왔어요. 저희 언니가 그 강아지를 엄청 예뻐했거든요. 엄마가 그 강아지를 보고 싶다 해서 데려왔는데 저희 강아지까지 합세해서 완전 개판이었어요.(웃음) 엄마도 언니가 누구랑 친했다 정도만 알지 평소에 뭐 하고 노는지 취하면 어떻게 하는지 모르잖아요. 언니 친구들이 다 이르듯이 엄마한테 얘기해요. 언니 흉도 보고요.

"어머니, 지현이가 술 먹고 저 깨물어서 여기 아직도 흉터가 있잖아요."

언니가 애교가 많아서 술 취하면 집에 와서 저희 껴안고 뽀뽀하고 그랬어요. 저희 식구들도 언니 친구들도 언니 술주정을 되게 그리워해요. 그렇게 언니 이야기를 하면서 웃고 떠들다가 새벽 한 2시쯤 되면 그때부터 다 같이 울어요.

언니 친구들이 이렇게 매달 김제까지 와줄 거라고 생각을 못했어요. 저희 때문이 아니라 저희 부모님을 생각해서 오는 것 같다는 생각이 들어요. 언니는 어떻게 이런 친구들을 사귀었나 신기해요. 매달 오는 멤버들 중에는 고등학교 때부터 절친한 친구들도 있지만 직장에서 만난 친구도 있거든요. 짧은 시간 안에 언니가 어떻게 이런 인간관계를 맺었는지 궁금하더라고요.

언니가 서로 소개해주는 걸 되게 좋아해요. 술 마시러 나가자 해서 따라 나가면 그 자리에 언니 친구들이 한 여덟명이 앉아 있어요. 저는 낯을 가리는 편이거든요. 언니가 자기 친구들을 소개해줬어요.

"나랑 단둘이 먹는 거 아니었어?"

"뭔 소리야, 빨리 와서 앉아. 내 동생이야. 둘째 아현이."

언니 친구들은 다 그렇게 알게 됐어요. 그 친구들도 언니가 소개해서 서로 알게 됐을 거예요. 언니가 불러내서 나갔는데 다른 친구들이 있었겠죠. 안 봐도 뻔해요.(웃음)

어차피 힘들 거라면 부딪쳐봐야 하지 않겠어?

저희 가족은 엄마 아빠도 친구처럼 지내고 웃음이 끊이지 않았어요. 제가 SNS에 가족끼리 노는 동영상을 올리면 친구들 반응이 좋았어요. 언니가 가족 유튜버 해보자고 이야기한 적도 있었어요. 그랬는데 언니 없다고 구멍 하나가 크게 난 것처럼 이상해요.

참사 직후에는 지금처럼 가족이 똘똘 뭉쳐서 지내지 못했어요.

아빠는 1층에 계시고 엄마는 2층에 계시고 힘듦을 따로따로 견디고 계셨어요. 아빠는 엄마가 우는 걸 보기 힘들어하셔서 엄마가 울고 있으면 아빠가 내려가세요. 아빠도 내려가서 울고 계셨을 거예요. 그때는 부모님이 거의 집에만 계셨어요. 엄마는 친구 전화도 받기 싫다고 누구하고도 이야기하고 싶지 않다고 핸드폰을 무음으로 해두셨어요. 제 전화도 잘 안 받아서 제가 맨날 잔소리 했거든요.

올해 4월에 이태원 참사 유가족분들이 진실버스를 타고 전국을 순회하셨는데 엄마가 그때 전주에 이태원 참사 분향소가 있다는 걸 알게 되셨어요. 바로 찾아가셨죠. 유가족분들이 지현이 엄마 왔냐고, 지현이가 얼마나 기다렸는지 아느냐고 하시면서 반겨주셨대요. 서로 어떤 아픔인지 알잖아요. 엄마가 처음에 분향소에 가셨을 때는 좀 힘들어하셨어요. 분향소에서는 언니 사진을 계속 보고 있어야 하니까요. 그때는 현실을 부정하셨을 때거든요. 지금은 오히려 현실과 더 부딪치려고 하세요. 그 점이 되게 많이 달라진 것 같아요. 제가 "엄마, 가만히 있어도 힘들지 않아?" 이랬더니 엄마 얘기인즉슨 "가만히 있어도 힘들 거라면 부딪쳐봐야 하지 않겠어? 그래야 작은 것이라도 변화가 생기겠지." 그 말씀 듣고 엄마가 많이 바뀌셨구나 싶었어요.

엄마가 유가족분들께 위안을 많이 얻으신다고 해요. 거기서는 자녀의 이름으로 서로를 부른대요. 엄마를 "지현아 지현아" 이렇게 부르니까 엄마가 유일하게 언니 이름을 많이 들을 수 있는 곳이죠. 엄마는 자기를 지현이라고 불러주는 게 이상한 것 같으면서도 좋대요. 그 공간이 그냥 좋다고 하시더라고요. 전라도 유가족분들이 일요일마다 전주 분향소에서 모이시거든요. 엄마도 주말마다 전주 분향소에 가요.

저도 6월에 동생이랑 처음 전주 분향소에 가봤어요. 서울 분향소처럼 모든 영정 사진이 다 걸려 있을 줄 알았어요. 다른 분들은 플래카드로 만들어서 거치해두고 전북분들은 영정 사진으로 해놨더라고요. 언니 사진이 가운데 있었어요. 동생이랑 그거 보고 피식 웃었어요. '아이고, 저 센터병.'

그때가 여름 초입이라 무더웠는데 열기가 가득한 천막 안에 부모님들이 모여 계시더라고요. 저랑 동생은 그때 처음 갔잖아요. 갑자기 뒤에서 누가 제 바지 주머니에 뭘 집어넣으시는 거예요. 다른 유가족 어머니께서 더우니까 동생이랑 아이스크림 사 먹으라고 용돈을 주셨어요. 둘 다 너무 예쁘다고 토닥토닥 어깨를 두드려주고 가셨어요.

엄마는 유가족 활동에 적극적으로 참여하세요. 아빠는 어린 남동생을 보살피셔야 하기도 하고 생계도 있으시니까요. 아빠가 내조를 하고 엄마가 바깥에서 활동하시는 느낌이에요. 엄마가 서울이나 전주 분향소에 갈 때마다 아빠가 팔토시나 챙 넓은 모자를 직접 챙겨주세요. 엄마가 연락을 잘 안 받으시는데 아빠는 핸드폰 확인을 잘하시거든요. 엄마가 전화 안 받아서 아빠한테 연락하면 "엄마 지금 국회의사당 앞에 있네"라고 바로 알려주세요. 참사 이후로 가족끼리 다 위치를 추적하고 있거든요. 아빠가 엄마를 수시로 지켜보고 있는 걸로도 안심이 돼요.

엄마 아빠가 원래 기차표나 버스표 예매를 혼자 못 하셨거든요. "아현아, 아침 7시 15분, 저녁 9시 반 차 끊어줄 수 있어?" 이렇게 연락을 주시면 제가 대신 예매해드리곤 했어요. 그러다가 저 공부하는 데 방해될 것 같다고 엄마가 혼자 해보시겠대요. 엄마가 스스로 기차표를 예매해서 서울로, 부산으로, 광주로 연대하러 다니고 계세요. 언니가 엄마마저 전국구로 만들어버리는구나 생각했어요.

엄마 아빠가 유가족 활동 시작하시고 나서부터 서로 의지하는 마음이 커졌어요. 활동 시작하고 나서 엄마 아빠 두분 모두 전보다 바빠지셨어요. 오랜만에 만나면 "오늘은 어떤 회의 했어? 그래서 어떻게 돼?" 하면서 이야기를 더 많이 나눌 수 있게 되었어요. 이태원 참사에 대해서 더 알아가고 응원하게 되고 의지하게 되는 것 같아요. 엄마 아빠를 더 존경하게 되고 대단하다고 생각하게 되었어요.

투쟁하는 엄마 아빠를 그때 처음 봤어요

서울에서 200일 추모제 했을 때 엄마 아빠는 김제에서, 여동생은 안산에서, 저는 인천에서 올라갔어요. 온 가족이 서울에 모였어요. 전 엄마 아빠가 서울에서 어떻게 활동하시는지 제 눈으로 보고 싶더라고요. 엄마한테 서울에서 만나자고 하니까 되게 좋아하셨어요. 가족이 다 같이 거리에 앉아서 함께 피켓을 들었어요. 엄마 아빠한테 남은 자녀들이 힘이 되어주면 좋겠다는 마음으로 갔어요. 그때 연대감을 느꼈던 것 같아요.

엄마 아빠가 거리에서 투쟁하시는 모습을 본 게 처음이었거든요. 제가 너무 무지했다는 걸 깨달았어요. 언니가 떠났다는 것에 마음이 너무 아파서 이 참사 자체에 어떤 문제가 있는지를 세세하게 생각해보지 못했어요. 유가족분들의 발언을 듣는데 너무 화가 나는 거예요. 그동안 내가 너무 무지했던 것 같다고 엄마한테 얘기했어요. 엄마도 처음에 그 생각이 들었다고 하시더라고요.

투쟁하는 부모님을 그때 처음 봤어요. 많이 힘들어 보이셨어요. 그 사실들을 다 받아들여야 한다는 것 자체를 힘들어하시는 것 같았어요. 거리에서 씩씩하게 계시는 줄 알았거든요. 아니었어요. 그 자리에 있는 게 힘든데도 계속 가시는 거였어요. 더 응원하고 싶어지고 더 대단하다고 느꼈어요. 특히 아빠는 분향소에 있는 언니 사진을 보는 것만으로도 힘들어하시는 분이라 집회 현장에 앉아 계시는 게 힘들었을 텐데 마음이 아프고 존경스러웠어요.

거리에서 투쟁하면 날씨의 영향을 고스란히 받으니까 신체적으로 힘드실까 걱정을 많이 했어요. 엄마는 날씨보다 투쟁하는 만큼 상황이 진전되지 않는 게 가장 힘들다고 하시더라고요. 벽에다 대고 소리치고 있는 것 같다고요. 6월에 이태원 참사 진상규명 특별법 제정을 촉구하기 위한 릴레이 행진을 했잖아요. 유가족과 시민 들이 서울시청 분향소에서 국회까지 159킬로미터를 릴레이로 거의 한달 동안 걸었잖아요. 엄마는 일주일에 두번씩은 올라가신 것 같아요. 월요일에 가서 화요일에 내려오시고 주말 서울에서 방 구해서 주무시고 그러셨어요. 엄마 아빠가 서울에 올라가시면 제가 김제에 내려가서 남동생을 챙겨요. 남동생 밥 챙겨주고 학교 보내요. 저도 유가족 형제자매 활동을 하고 싶지만 지금은 엄마 아빠 곁에서 주변 일들을 서포트해주는 게 제 일이라고 생각해요. 남동생이 더 크면 나중에라도 함께 하고 싶어요.

6월 30일에 마음 졸이면서 뉴스를 보고 있었어요. 이태원 참사 특별법이 신속처리안건으로 통과됐다는 소식을 듣자마자 엄마한테 전화했어요. 엄마는 기쁘지만 단단한 어투로 말했어요.

"엄마, 여태까지 노력한 게 물거품이 되지 않아서 정말 다행이야."

"이제부터 시작이지. 끝까지 지켜봐야지."

그리운 언니, 그리워하는 동생들

제가 롯데리아 한우불고기버거를 좋아해요. 중간고사나 기말고사를 마치면 언니한테 힘들다고 찡찡댄단 말이에요. 언니가 "아이고, 우리 집 둘째 수고했다" 하면서 항상 롯데리아 한우불고기버거 기프티콘을 보내줬어요. 시험 기간이 되면 언니가 사준 햄버거 생각이 나요.

참사 이후에 제가 맏이가 돼버렸잖아요. 요즘에 힘들면 이건 힘든 것도 아니라고 생각하게 되고 언니 몫까지 더 열심히 살려고 해요. 악바리가 된 것 같아요. 원래도 시험공부를 열심히 하긴 했는데 보통 새벽 2시까지 공부하고 잤다면 이번에 5시 반까지 공부하고 아침에 시험 보러 갔어요. 이번 학기는 B+ 하나 빼고 다 A+ 받았어요. 언니 생각하면서 공부했어요. 성적 잘 받고 부모님보다 언니한테 더 자랑하고 싶었어요.

'언니, 나 시험 잘 봤어. 한우불고기버거 사줘야지.'

저도 그렇지만 셋째 동생도 언니를 자주 생각하는 것 같아요. 동생이 SNS에 이런 말을 썼더라고요. '언니처럼 주변 사람을 아끼고 친구들과 살갑게 지내고 싶은데 어려웠다. 언니한테 미리 배웠으면 좋았을 텐데'라고요. 여동생도 애교가 없는 편인데 참사 이후에 밖에 나가면 엄마 아빠랑 꼭 붙어서 다니더라고요. 여동생이 저희 집 사나백기*거든요. 원래 살가운 애가 아니었는데 귀여워졌어요. 엄마를 껴안고 자고 아빠랑 팔짱 끼고 걸어요. 전여전히 무뚝뚝한 딸이라 뒤에서 사진 찍어줘요.

남동생은 이제 중학생이에요. 안에 응어리가 있는 것 같은데 자기마저 힘든 걸 표현하면 안 된다고 생각하는 것 같아요. 장례

● 전라도 방언으로 사나운 사람을 뜻하는 말.

식 때 남동생이 언니 친구 오빠들이랑 계속 핸드폰 게임을 하더라고요. 제가 동생의 그런 모습이 마음에 안 들었나봐요.

"권률아, 너는 지금 게임이 하고 싶어?"

"누나, 여기서 나마저 힘들어하면 안 될 거 같아서 그래."

남동생이 그렇게 얘기를 하길래 뒤통수를 한대 맞은 것 같았어요. 권률이는 더 넓은 마음으로 버티고 있구나 싶었어요.

"권률아, 네가 힘들어한다고 온 가족이 힘들어지진 않아. 네가 슬픔을 숨기려고 하지 않았으면 좋겠어."

"응, 누나. 힘들면 얘기할게."

권률이는 그동안 힘든 티를 낸 적이 없어요. 엄마가 언니 사진을 찬장에 걸어놨는데 어느날 보니까 그 사진에 입술 자국이 있더래요. 알고 보니까 남동생이 뽀뽀해놓은 거였어요. 티 안 내고 혼자 그리워하고 있는 것 같아요. 되게 짠하면서도 고맙기도 하고 그래요.

저희 집에 막내가 생겼어요. 외할머니가 시골에 사시는데 옆집 개가 새끼 낳았다고 한마리 얻어다 주셨어요. 2월 25일쯤 왔는데 제가 보리라고 이름을 지었어요. 보더콜리랑 시골 잡종이랑 섞였다는데 엄청 귀여워요. 6개월밖에 안 됐는데 품에 가득 찰 정도로 몸집이 커졌어요. '기다려' 하면 귀를 쫑긋쫑긋하면서 기다릴 줄도 알고 벌써부터 배변도 잘 가리고요. 당시에 집 안에만 계시던 엄마가 보리 덕분에 외출을 조금씩 하셨어요.

언니도 개를 엄청 좋아했어요. 언니도 동물을 좋아해서 강아지 키우고 싶은데 일하느라 집에 늦게 들어오니까 강아지가 외로울 거 같다고 안 키웠거든요. 보리 데리고 언니가 있는 산에 가면 보리가 어떻게 알고 언니 자리 옆에서 엄청 뒹굴고 놀아요. 애교 부리듯이요. 그거 보고 너무 신기해서 "보리야, 너도 큰언니를 알아?" 이랬어요. 언니가 보리 엄청 좋아했겠다 생각해요.

보리 오기 전에는 많이 힘들었어요. 동생이랑 저랑 부모님을 더 챙겨야 한다는 의무감이 있었거든요. 지금은 부모님 앞에서 까부는 보리가 있잖아요. 저도 우울하다가도 보리 표정 보면, 웃기고 만져달라고 뒤집어져 있는 보리 보면 너무 귀여워요. 남동생도 애교가 진짜 많은데 요즘은 보리랑 둘이 부모님 앞에서 재롱을 부리더라고요.

네가 너무 씩씩하지 않았으면 좋겠다

제 남자친구는 언니 고등학교의 후배인데 언니랑 같은 방송부였어요. 언니가 제 남자친구를 '내 새끼'라고 부르면서 예뻐했대요. 남자친구도 졸업 후 안산에 있는 회사로 취업했어요. 혼자 타지 생활을 하느라 외로웠는데 언니가 자주 연락해주고 집밥도 차려주고 친동생처럼 엄청 잘해줬다고 하더라고요.

참사 있기 전부터 언니를 통해 알고 지내던 사이였어요. 이 친구가 저를 많이 도와줬어요. 일하느라 피곤할 텐데 제가 안산에서 김제 본가에 가야 할 때 데려다주곤 했어요. 곁에서 묵묵히 있어줘서 고마웠어요. 힘이 되더라고요. 제 올해 생일 때 손 편지를 써줬어요. '네가 너무 씩씩하지 않았으면 좋겠다. 누군가에게 의지를 할 수 있었으면 좋겠는데 그게 내가 됐으면 좋겠다'라고 썼더라고요. 이 친구가 저를 좋아하는 건 알고 있었거든요. 제가 먼저 "우리 만나볼래?"라고 말했어요. 바로 좋다고 하더라고요. 3월부터 사귀게 되었어요.

이 친구가 올해 5월에 저 때문에 안산에서 대전으로 이직했어요. 왜 그렇게까지 하느냐고 했더니 이 친구는 제가 힘들어할 때 당장 갈 수 없는 게 스트레스였대요. 제가 언제 불쑥 힘들지 모르니까 그때마다 옆에 있어주고 싶다고 했어요. 정말 고맙더라고요.

이 친구도 언니 친구들이랑 같이 매달 김제 본가에 왔어요. 엄마한테 "나 남자친구 생겼어" 했더니 바로 누구인지 맞히셨어요. 엄마가 착하고 심성도 깊은 사람 같다고 좋아하셨는데, 한편으로는 제가 의지할 곳이 없어서 만나는 걸까봐 걱정도 하셨어요. 혹시 그런 거라 해도 안 된다고 못 하겠다고, 제가 의지할 곳이 있으면 어떻게든 의지를 했으면 좋겠다고 하시더라고요. 제가 그런 거 절대 아니라고, 그냥 제 감정에 따라서 만나는 거라고 했어요.

저도 대전에 혼자 있었으면 심리적으로 힘들었을 거예요. 언니 생각을 꼬리에 꼬리를 물고 하다가 새벽 5시 넘어서 잠들 때가 많았거든요. 지금은 잘 때까지 통화하니까 다른 생각 할 겨를이 없어요. 언니 이야기를 제일 거리낌없이 할 수 있어서 좋아요. 이 친구는 언니에 대해 저보다 더 많이 알고 있거든요. 언니 사진첩에 저랑 찍은 사진보다 제 남자친구랑 찍은 사진이 더 많더라고요. 우리 둘이 연애하고 있다는 거 언니가 알면 좋아할 거예요.

나의 종교, 나의 언니

이제 대학교 졸업반이라 전산회계, 마케팅, 무역영어랑 자격증 공부를 하고 있어요. 저는 뭐든지 재미있어서 진로를 정할 때 힘들었어요. 이것도 재밌고 저것도 재밌고, 하고 싶은 게 많았거든요. 이걸로 언니랑 고민 상담도 많이 했어요. 언니는 늘 하고 싶은 게 많은 사람은 복 받은 사람이라고 이야기해줬어요.

저는 원래 해외 취업을 하고 싶었어요. 해외 나가서 멋지게 이런 거 저런 거 해봐야지 했는데 지금은 그런 꿈이 없어요. 이제 제 꿈은 그냥 평범하게 사는 거예요. 부모님 곁에서 아무도 아프지 않고 멀리 떠나지 않고 가족끼리 자주 만나면서 살고 싶어요. 대한민국이 싫지만 전 여기 있어야 될 것 같아요. 가족들이 다 여기 있고 언니도 여기 있으니까요. 다음 학기에 해외 연수 가라는 교수님들 추천이 많았는데 언니 1주기다보니까 가기 싫어서 다 거절했어요. 제가 혼잣말로 '언니를 향한 내 마음이 이 정도야' 농담 삼아 얘기했어요.

저는 제가 제 스스로 서 있는 사람이라고 생각을 했거든요. 언니를 잃고 제 정신적 지주가 언니라는 걸 깨닫게 됐어요. 사소한 것도 다 언니한테 털어놨었어요. 언니가 그걸 어떻게 다 들어줬을까? 언니처럼 그렇게 하려면 나는 어떻게 해야 하지? 이런 생각을 많이 해요.

김제에서 기차 타고 대전에 오다가 창문을 보는데 하늘이 너무 예쁜 거예요. '언니 지금 저렇게 예쁜 곳에 있는 거야? 그곳은 어때?' 이렇게 혼잣말을 하는데 그때 듣고 있던 핸드폰 플레이리스트에서 언니가 좋아하던 노래가 나왔어요. '언니 대답해주는 거야? 대답해줘서 고마워.' 그런 우연의 일치도 너무 소중해요.

저는 종교가 없거든요. 전부터 종교를 믿는 사람이 신기했어요. 그런데 참사 이후로 저도 모르게 언니한테 기도하게 돼요. 두 손 모으고 '언니, 나 잘할 수 있겠지?' 혼잣말로 언니한테 중얼중얼 고민 상담하듯이 털어놓아요. 그럼 바로 마음이 편해지고 언니가 다 해결해줄 것만 같아요. 실제로 그러고 나면 뭐든지 다 잘됐어요. 저는 지현교예요. 언니를 믿어요. 결정해야 할 순간이나 고민이 생기면 저도 모르게 '언니, 어떻게 해야 돼?'라고 언니에게 말을 걸어요. 생각하다보면 좋은 방향으로 결정이 돼요. 그러면 '언니 말대로 하니까 잘됐어'라고 혼잣말을 해요. 언니랑 평상시에 이야기하는 것처럼요. 그러면 언니가 옆에 있는 것 같아요.

그날의
기록

저는 지현이와 정진이의 고등학교 친구예요. 지현이와 정진이는 12월에 결혼을 앞두고 있었고 참사 하루 전인 10월 28일 웨딩 촬영을 마쳤어요. 결혼하면 바빠질 테니까 마지막으로 친구들과 함께 시간을 보내보자고 했어요. 이태원에 함께 간 다섯명 모두 고등학교 때부터 알고 지내는 친한 사이였거든요. 전날에 전주에 사는 친구도 평택 지현이 신혼집에 올라와 있었어요. 평택에서 네명이 출발하고 한명은 서울에 살아서 이태원에서 만나자고 했어요.

10월 29일 20:30

사람 많을 걸 예상해서 차를 놓고 갔어요. 집 앞에서 시내버스를 타고 평택역까지 갔고 거기서 수서역까지 기차를 타고 갔어요. 수서역에 저녁 8시 반 정도에 도착해 지하철 타고 이태원역으로 갔어요. 이태원역에 내리는데 사람도 엄청 많고 엄청 더운 거예요. 40분 걸려서 겨우 이태원역 밖으로 나갔는데 길거리에 분장한 사람들이 엄청 많았어요. 사람이 차도로 넘쳐 다니니까 통제하는 경찰이 있었어요. 원래 가기로 했던 술집이 바로 앞에 있었는데 도착하자마자 술을 마시기 그러니까 구경이라도 해보자 했어요. 그때는 위험하다는 생각이 들 정도로 사람이 많지는 않았어요.

21:30

사고가 난 내리막 골목 말고 그 뒤편의 세계음식거리를 지나가고 있는데 갑자기 사람이 엄청 많아졌어요. 저희는 일렬로 가다가 흩어졌어요. 이건 아니다 싶어서 반대편으로 나가려고 했어요. 왼쪽은 사람들이 오는 거였고 오른쪽은 가는 방향이었어요. 골목 한가운데서 분장하고 사진을 찍는 사람들이 되게 많더라고요. 그런 사람들 때문에 멈춰 있는데 뒤에서는 사람들이 계속 들어온 것 같아요. 움직일 수 없는 상황이 되니까 뒤에서 사람들이 막 '밀어, 밀어' 하는 소리도 들렸어요. 그때부터 저희는 사람들한테 휩쓸려 다녔어요. 사람들이 앞으로 가면 저희도 앞으로 가고 뒤로 가면 뒤로 가고요. 저희는 사고가 난 내리막 골목에 가려던 게 아니라 직진을 하려고 했는데 사람이 하도 많아서 움직일 수가 없었어요. 오른쪽에 가게가 하나 있었는데 술집 안에는 사람이 별로 없어서 사장님이 위험하니까 들어오라고 하셨어요. 저랑 전주에서 올라온 친구는 그 소리를 듣고 들어가려고 했는데 정진이랑 지현이가 더 뒤쪽에 있었어요. 제가 손을 끌고 들어갈 수 없는 상황이라서 술집에 안 들어가고 친구들을 따라갔어요.

한참 서 있는 상태에서 사고가 난 골목으로 한 사람이 박스를 들고 내려가더라고요. 저 사람 따라서 나가자 해서 내리막 골목으로 들어간 거예요. 내려가는 도중에 사람이 너무 많아서 앞의 상황이 보이지도 않았고 끝에 큰 도로만 보였어요. 지현이가 맨 앞에 있었고 그 뒤에 정진이가 있었고 그 뒤에 제가 있었고 제 뒤에 제 친구가 있었는데 그 상태로 끼여버렸어요.

23:00

뒤에서는 사람들이 골목으로 계속 들어오니까 저희는 밀리면서 한 두시간 정도 끼여 있었어요. 점점 누르는 힘이 강해졌는데 저는 정진이 어깨밖에 안 보였고 지현이는 아예 안 보였어요. 정진이가 지현이를 앞으로 안고 있었어요. 제가 정진이 등에 딱 달라붙어 있는 상태였는데 저도 숨이 안 쉬어지는 거예요. 저는 20대 남성인데도 밀리니까 다리가 들려서 계속 공중에 떠 있었어요. 정진이랑 제 뒤의 다른 친구 사이에 제가 껴 있는 상태였어요. 옆에서 사람들이 소리를 지르더라고요. 진짜 죽을 것 같다고 살려달라고요. 저도 온몸에 피가 안 통했어요. 저는 양다리와 오른팔이 끼여 있어서 움직일 수 있는 왼손으로 다리를 만져봤는데 아무 감각이 없더라고요. 살아서 나가도 팔다리는 잘라야 할 수도 있겠다고 생각했어요.

옆에 있는 사람들이 처음에는 살려고 발버둥치다가 한 명씩 의식을 잃어갔어요. 오른쪽에 있던 여자랑 왼쪽에 있던 남자는 얼굴색이 노랗게 변했고, 그 사람들 힘이 빠지면서 팔을 움직일 수 있는 공간이 생겼어요. 키가 작은 사람들이 많이 희생된 것 같아요. 숨을 쉬어야 하는데 앞뒤 시야가 다 막혀 있어서 더 답답했을 거예요.

그런 상황에서 정진이가 얘기를 하더라고요. 지현이가 피를 흘린다고요. 지현이를 안고 있던 정진이 손에 피가 묻었어요. 움직일 수가 없으니 소리를 질러서 지현이를 깨우는 수밖에 없는데 어떻게 해도 지현이가 안 깨어났어요.

저도 기억 안 나는데 저도 기절을 했대요. 어느 순간 정진이 어깨에 제가 기대고 있었대요. 저희 옆의 돌 위에 올라가 있던 여자분이 계셨는데 저랑 정진이랑 쓰러지려고 하면 계속 깨워주셨어요. 그러던 중에 구조대가 도착했고, 대로 쪽에서부터 깔린 사람들을 잡아 빼려고 했던 것 같아요. 전 구조대가 도착하면 금방 나갈 수 있을 거라고 생각했는데 사람이 너무 많이 포개져 있으니까 밑에 깔린 사람은 절대 안 빠지더라고요. 누군가가 뒤에서부터 빼야 한다고 소리쳤어요.

10월 30일 00:00

구조가 시작되어도 여전히 지옥이었어요. 고개를 돌려서 뒤에 얼마나 사람이 빠졌나 볼 수조차 없었어요. 돌 위에 서 있던 여자분은 다리까지만 끼고 상체는 나와 있어서 뒤쪽까지 볼 수 있었어요. 그분이 계속 얼마 안 남았다고, 조금만 참으면 된다고 이야기해줬어요. 그 말이 희망을 줬어요. 살 수 있다. 조금만 힘내면 진짜 구조된다.

뒤에서부터 구조가 됐어요. 어느 순간에 확 가벼워지는 느낌이 나더라고요. 다리가 껴 있었으니까 힘이 없어서 바로 뒤로 넘어졌어요. 뒤의 사람이 빠지자마자 누군가 저를 들어서 밖으로 빼고 한명씩 구조됐어요. 다리가 안 움직여서 그냥 길바닥에 쓰러졌어요. 쓰러진 사람들로 길바닥이 완전히 난장판이었어요.

구조대원 네명이 지현이를 들고 나왔어요. 바닥에 의식을 잃은 지현이를 내려놓고 바로 다음 사람을 구조하러 가더라고요. 기어서 지현한테 갔는데 얼굴에 핏기가 하나도 없었어요. 너무 놀라서 일어나라고 지현이 뺨을 때렸는데 반응이 없었고, 그러던 사이에 정진이랑 다른 친구가 왔어요. 구급대원이 다른 사람들이 나와야 하니까 다른 곳으로 지현이를 빨리 옮기라고 했어요. 지현이를 들고 대로변으로 옮기려고 하는데 저희가 힘이 없으니까 들 수가 없어서 소리를 질렀어요. "제발 도와주세요, 도와주세요." 어떤 남자분들이 와서 지현이를 들어주었어요. 구급차에 지현이를 빨리 태워야 하는데 쓰러진 사람들로 길이 막혀서 나갈 수가 없었어요. 가만히 있을 수는 없어서 지현이를 다시 길바닥에 눕히고 심폐소생술을 했어요.

어떤 여자분이 뛰어다니면서 도움이 필요하면 이야기하라고 하길래 제가 소리를 질렀어요. 외국인이었는데 지현이를 보더니 체온이 남아 있어서 희망이 있다고 했어요. 저희가 계속 심폐소생술을 했어요. 30분을 쉬지 않고 하는데 지현이 입이랑 귀에서 피가 나오더라고요. 너무 놀라서 지현이를 살려야겠다는 생각에 어떻게든 사람들 사이를 비집고 대로변으로 내려갔어요.

대로변에는 자동제세동기가 있더라고요. 급하게 작동시켰는데 지현이 심박수가 돌아오지 않았어요. 지현이를 빨리 병원으로 옮겨야 할 것 같아서 거기 있던 구급대원을 불렀는데 부상자들을 앰뷸런스에 태워야 한다고 저희보고 경찰 저지선 밖으로 나가라는 거예요. 정진이가 자기는 지현이 남편이니까 옆에 있겠다고 했는데도 다 나가라고 하더라고요. 지현이를 다시 바닥에 눕혀서 옷을 입

히고 손에 핸드폰이랑 지갑을 쥐여주고 체온을 잃으면 안
될 것 같아서 저희 옷을 덮어주고 경찰 저지선 밖으로 나
왔어요. 거기서부터는 지현이를 못 봤어요. 지현이가 어
떻게 구급차에 탔고 무슨 조치를 받았는지 몰라요.

01:00

그날 이태원에서 만나기로 했던 다른 친구가 그제야
도착했어요. 차를 한강 근처에 대고 지하철을 타고 오느
라 늦었던 거죠. 저희 옷차림과 지현이가 저희 곁에 없는
걸 보고는 아무것도 묻지 않았어요. 정진이는 지현이가
그렇게 되고 아예 정신을 못 차리는 상태였어요. 정진이
와 다른 친구를 근처에 앉아 있게 하고, 저랑 늦게 온 친구
랑 5킬로미터 정도 걸어가서 주차된 차를 가져왔어요.

차에 친구들을 태우고 핸드폰으로 뉴스를 켰어요. 지
현이가 어디로 갔는지 모르니까 뉴스에 나온 병원 명단을
받아 적어서 일일이 전화했어요. 이태원에서 간 이지현을
찾는다고 말했는데 다 알 수 없다, 알려줄 수 없다고만 이
야기하더라고요. 아무 주차장에나 들어가서 뉴스를 켜놓
고 계속 소식을 기다렸어요. 서로의 상태를 보려고 다들
옷을 벗었는데 온몸에 피멍이 들었더라고요. 옷에서 냄새
도 많이 나고 피가 범벅이었어요.

03:00

새벽 내내 병원이란 병원은 다 돌아다녔어요. 사망자로 분류된 사람은 원효로다목적체육관으로 모인다는 뉴스가 나오더라고요. 아니겠지 하면서 체육관으로 갔는데 경찰들이 못 들어가게 통제하고 있었어요. 그 앞에서 무작정 기다리다가 정진이가 자기 핸드폰에서 지현이 위치 추적이 된다는 걸 기억해냈어요. 앱을 켰더니 지현이가 순천향대학교병원에 있다고 뜨더라고요. 바로 출발해서 병원 앞에 도착하니까 이동식 침대에 얼굴까지 흰 천으로 덮인 사람들이 실려 나와서 구급차로 옮겨지고 있었어요. 구급차가 침대를 싣고 출발하니까 앱에서 지현이가 같이 움직이는 거예요. 바로 뒤쫓아갔어요. 도착하니까 삼성서울병원이었고, 응급실에 가서 이태원에서 온 이지현씨를 찾았는데 없다는 거예요. 혹시 몰라서 장례식장에 갔더니 거기서도 알려줄 수는 없다고 하더라고요.

07:00

장례식장 앞 벤치에 앉아 기다렸어요. 저희 몰골이 누가 봐도 이태원에서 온 사람들이었거든요. 어떤 사람이 와서 자기가 경찰이라고 하더라고요. 자기 관할 지역 장례식장이라 왔는데 저희를 본 거예요. 경찰과 함께 수서경찰서로 갔어요. 정진이가 조사받으면서 형사한테 지현이 사진을 보여주면서 지현이 키랑 옷차림을 얘기하니까 정진이를 장례식장에 들어가게 해주었어요. 저희는 밖에서 기다리고 있었는데 안에서 대성통곡하는 소리가 들렸어요. 지현이가 맞았던 거지요.

정진이가 지현이 부모님께 전화를 드렸고, 저희는 부모님이 오신다는 소식을 듣고 정진이를 두고 병원을 나왔어요. 차마 지현이 부모님을 같이 뵐 자신이 없었어요. 전 아직도 지현이가 없다는 사실을 받아들일 수가 없어요. 가끔 지현이 SNS에 가서 지현이 사진을 찾아봐요. 사진만 봐도 지현이 목소리가 떠오르고 장난쳤던 것들이 다 기억나요. 그 일이 있기 전에 저에게 친구는 지현이랑 정진이밖에 없었어요. 지현이가 없다는 걸 아직도 믿을 수가 없어요.

2부

너를
만나러 가는 길

1 이태원
630

너무 늦게 알았어요,
누나와 나는 연결되어 있다는 걸요

박지혜씨의 동생이자
생존자 박진성씨 이야기

'왜 이런 참사가 반복되는 걸까?'

해결되지 않는 황망함과 울렁거림 속에서 이태원 참사 생존자이자 유가족인 박진성씨를 만났다. 책임감 있게 자신의 인생을 꾸려왔다는 게 느껴지는 20대 중반의 청년이었다. 진중한 인상 속, 그는 허투루 대답하지 않으려 '이게 무슨 뜻인지 잘 이해되지 않는데, 다시 한번 얘기해주실 수 있을까요?' 하고 신중하게 되묻기도 했다.

10월 29일 그날, 박진성씨는 누나와 어머니 세 가족이서 함께 이태원에 갔다가 누나를 먼저 떠나보냈다. 어떤 말을 건네고 어떤 태도로 들어야 할지 조심스러워하는 기록자에게 그는 비교적 담담하고 차분하게 이태원 참사 당일의 현장과 그후의 시간을 어떻게 마주하고 있는지를 말해주었다. 이야기를 신중하게 나누면서도 그날의 일을 '사고'가 아닌 '참사'라고 표현하던 그의 모습이 아직도 선명하다. 그는 고장난 것만 같은 그날의 시간을 제대로 알고 싶어했다. 참사 당일 저녁 6시 34분에 신고가 들어왔음에도 왜 통제 인력은 충분히 배치되지 않았는지, 왜 정부는 참사 이후 유가족들이 만나고 소통하는 공간을 마련하지 않았는지 물었다.

그는 늘 가까이 있었지만 정작 잘 알지 못했던 누나의 흔적을 뒤늦게 마주하며 누나의 삶을 알아가고 있는 것 같았다. 주로 담담하게 이야기를 하면서도 누나와의 기억을 더듬을 때면 감정이 흔들렸다. 기록자에게도 세살 터울의 누나가 있기에 헤아릴 수 없는 그의 마음을 가늠할 수 있을 것만 같았다.

박진성씨는 유가족협의회에서 한동안 활발하게 활동했다. 회의가 생기면 책상 정리부터 나서서 하며, 유가족 형제자매들과 SNS를 운영하고, 한기가 가득한 날씨에도 분향소 설치 등 궂은일을 묵묵히 도맡아 했다. 그는 그간의 연대 활동을 신중하게 복기하며 이태원 참사와 같은 일이 다시는 일어나서는 안 된다는 목소리를 분명히했다. 정직하게 이 시간을 통과하는 그의 이야기를 조심스럽게 펼쳐본다.

작가기록단 **이현경**

누나를 떠나보내고 난 뒤, 조심스레 누나의 휴대폰을 보다가 한 폴더를 보고 멈췄어요. 폴더 이름은 '꿈'. 그 작은 세상 안에는 누나가 만든 키링, 공예품, 공방 카페 사진들이 모여 있더라고요. 집에서 누나가 무수히 모았던 물건들이 눈앞에 스쳤어요. 각양각색의 인형, 직접 만든 LED 공예품, 요구르트 만드는 기구…. 여기를 봐도 누나 물건, 저기를 봐도 누나 물건. 만물상 같은 사람이었어요. 사실 그 당시에는 정말 왜 그렇게 물건을 많이 이고 지고 사는지 전 이해가 안 됐어요. 그냥 정리를 잘 못하고 안 쓰는 것도 쟁여두는 스타일인 줄 알았죠. 근데 짐을 정리하다보니 누나가 직접 만든 수공예품도 많더라고요. '꿈'이라는 폴더 안에 빼곡한 사진과 누나의 물건들을 번갈아 보면서 누나가 고단한 직장 생활을 하며 공방 카페를 열고 싶다는 꿈을 가지고 있던 사람이라는 걸 이제야 알게 됐어요.

저희 가족은 서로 속내를 이야기하는 사이가 아니었어서 누나가 그런 꿈을 갖고 있는 줄도 잘 몰랐어요. 평소에 그냥 맛있는 음식 먹고, 재밌는 드라마 있으면 보고, 멀리 바람 쐬러 가고 하는 일상적인 시간은 같이 많이 보냈는데도 누나가 그런 꿈을 가진 줄은 잘 몰랐어요. 엄마에게 조용히 "알고 있었어?" 물어봤는데, "물건이 워낙 많아서 그런 것 같았어…"라고 하시더라고요. 늘 가까이 있으면서도 잘 알지 못했던 것 같아요. 남겨진 누나의 흔적과 온기를 마주하면서 이제야 조금씩 누나를 알아가는 과정인 것 같아요. 너무 늦은 듯하지만요.

위험하다는 생각이 엄습했어요

여느 때와 별다를 것 없는 평온한 밤이었어요. 가족들과 함께 장을 보고 들어오다가 다들 주중에 바쁘게 일하니까 주말에 바람이나 쐬러 가자는 말을 꺼냈어요. 저도 그렇고 가족들도 이태원을 한번도 안 가봐서 색다른 추억을 만들 수 있을 것 같더라고요. 괜히 뿌듯했어요. 저녁 8시, 경기도 평택에서 기분 좋게 운전대를 잡고 엄마랑 누나, 저 셋이 출발했어요. 밤 9시 50분쯤에 도착해서 주한케냐대사관 부근에 주차를 하고 보통 외식 때처럼 저녁 먹을 곳을 찾기 위해 지도를 검색하다가 이태원 세계음식거리로 향했어요.

밤 10시쯤 세계음식거리에서 해밀톤호텔 뒤쪽을 지나는데 생각보다 사람이 많은 거예요. '아, 오늘 핼러윈 축제라서 사람이 많구나' 싶었지 그때까지 위험하다고는 전혀 생각하지 못했어요. 코스튬을 입고 사진을 찍는 사람들, 음식점에 온 사람들 보며 오늘이 핼러윈이긴 하구나 싶었죠. 해밀톤호텔 근처 골목 쪽을 지나갈 때, 막다른 길을 만난 것처럼 정체가 시작됐어요. 10분 정도 지나니까 사람이 점점 불어나서 '위험하다'는 생각이 엄습했고 빨리 빠져나가야겠다는 생각이 들었어요.

10시 10분 정도부터 나가는 골목을 찾는데 길도 잘 모르겠고 해서 해밀톤호텔 옆 골목으로 꺾었어요. 근데 사람들이 점점 더 몰리기 시작하더니 도저히 움직일 수 없는 상황이 됐어요. 엄마랑 누나, 저는 벽 쪽에 있었고, '살아야겠다, 빨리 나가야겠다'라는 생각이 강하게 들었어요. 셋이 떨어지지 않으려고 서로 어깨에 손을 얹고 움직이는데 움직일 공간이 없어서 앞으로밖에 못 가더라고요. '길이 왜 이러지?' 싶은 생각이 들었어요. 셋이 겨우 몇발자국 이동했는데 사람들이 점점 늘어나더니 정말 위험해지기 시작했어요.

한두 사람씩 서서 기절하기 시작했어요

엄마가 숨을 가쁘게 몰아쉬고 불편해 보이셨어요. 연세도 있으시고 하니 걱정이 돼서, 누나한테 "누나, 내가 엄마 모시고 벽 쪽에 붙어 있다가 사람 좀 빠지면 나갈게. 누나 먼저 움직여. 내가 전화할게"라고 말했어요. 아직도 그 말이 머릿속에 맴돌아요. 그렇게 저랑 엄마는 벽쪽으로 한발자국, 누나는 앞으로 먼저 몇발자국 움직여서 떨어졌어요. 저와 엄마는 골목 경사진 부분의 엄청 좁은 틈에 서로 안고서 안간힘을 쓰며 버티고 있었어요. 저는 머릿속으로 '누나는 먼저 나가 있겠지? 여기서 벗어나면 누나한테 엄마랑 나랑 죽을 뻔했다고 얘기해야겠다' 생각했죠.

10시 10분부터 40분까지 엄마와 30분가량 갇혀 있었어요. 처음에는 앞사람 뒤통수밖에 안 보였어요. 음악 소리는 계속 시끄럽게 울려 퍼지는데 사람들이 경사가 있으니깐 균형도 못 잡고 압박이 심해져서 점점 숨을 못 쉬고 발버둥치는 모습이 보이기 시작했어요. 골목 앞쪽 경사로에 있는 108힙합클럽 쪽부터 사람들이 넘어지기 시작했어요. 사람들이 겹겹이 쌓여가더라고요. 10분 정도 지나니까 한두 사람씩 서서 기절하는 사람들이 보였어요. 아득해졌어요. 사람들이 다들 소리를 엄청 질렀는데 나중에는 숨을 잘 못 쉬니까 한순간 조용해지더니 적막한 두려움이 찾아왔어요. 그렇게 한두명씩 숨을 못 쉬고 고개를 떨구기 시작했어요. '엄마도, 누나도, 나도 이러다가 죽는 게 아닐까?'

경찰 한명이라도 확성기를 들고 뒤로 물러나라고 외쳤으면, 통제를 해줬으면… 왜 이럴 때 경찰은 보이지 않는 건지 원망도 됐어요. 조금 시간이 지나자 어머니가 숨을 거의 못 쉬시기 시작했어요. 나라도 정신을 차려야겠다는 생각이 들어서 어머니 다리를 들어 안고 위로 올리려고 했어요. 올리면 어머니가 숨을 쉬실 수 있을까 싶어서요. 그런데 사람들 사이에 너무 끼여서 들리지도 않더라고요. 막막했어요. 그래도 계속 버텼어요. 옆 사람 손목을 잡고 "도와주세요" 소리치면서 계속 균형을 잡고 살아야겠다는 생각으로 버텼어요. 저도 점점 숨 쉬기가 힘들어지기 시작하더라고요. '30초만 더. 30초만 더.' 계속 머릿속으로 외치면서 정신을 가다듬었어요.

포기하려던 찰나에 빨간색 경광봉을 든 경찰 한명과 들것을 든 소방대원 두명이 들어왔고 틈이 살짝씩 생기기 시작했어요. "엄마 조금만 참으세요. 조금만 참으라고, 조금만. 지금 틈이 나고 있어요" 필사적으로 외쳤어요. 정신을 잃으면 데리고 나갈 수 없으니깐요. 틈이 겨우 나고 엄마와 저는 해밀톤호텔 뒤쪽으로 빠져나왔어요. 시계를 보니 10시 40분 정도였어요.

아비규환 속, 누나의 얼굴을 계속 찾았어요

가빠진 숨을 고르고 엄마가 무사하다는 걸 확인했어요. 주변을 보니 도로에 차들이 멈춰 있고 아비규환이었어요. 누나 손이 안 보였어요. '어? 누나는…' 일단 살아만 있어라, 휴대폰은 갖고 있겠지 하면서 어머니와 20분가량 누나한테 계속 전화를 걸었어요. 안 받더라고요. '괜찮겠지? 괜찮겠지?'

쓰러져 있는 사람들 속에서 누나를 찾기 시작했어요. 기절한 사람들이 길거리에 다닥다닥 누워 있었어요. 저는 두려웠지만 누워 있는 사람들을 한 사람씩 자세히 봤어요. 누나를 찾아야 하니까요. 누워 있는 분들은 평온하게 누워 있는 게 아니었어요. 몸이 꺾인 사람, 눈코입에서 피가 나오고 있는 사람… 너무 괴롭고 무서웠는데 혹시라도 그중에 누나가 있을까봐 쓰러진 사람들 얼굴을 하나씩 확인했어요. 누나가 입고 간 옷 색깔을 기억하면서 어딘가에 앉아 있을 거라는 희망과 혹시 방치돼서 잘못되면 어떡하지 하는 불안감을 오가며 무조건 찾아야 한다는 생각으로 미친 듯이 돌아다녔어요. 어느새 한시간이 흘렀고 결국 누나를 찾지 못했

어요. 한시간 동안 누워 있는 사람들은 방치되어 있었고 구급차
는 사람을 실어가지도 못하고… 통제라고는 없는 무질서 상태였
어요. 오히려 시민들이 서로 심폐소생술을 하겠다고 나서고 있었
어요. 한시간이 지나고 나서야 경찰 두세명이 통제를 시작하더라
고요. 그 뒤부터 경찰들이 더 많이 왔고 '빨리 해산해라. 집에 얼
른 가라' 이런 느낌으로 통제하기 시작했어요. 갑갑했어요. 자정
직전에야 재난문자가 오더라고요.* 비참했어요. 책임지는 사람
들에게는 한시간 반가량의 시간이 너무 손쉽게 삭제된 것 같아서
요. 여기는 안전하다고 믿었던 서울 한복판인데, 1분 1초가 지옥
같았어요. 지금 무슨 일이 벌어진 거지…. 허무하고 황망했어요.

조금만 더 일찍 도착했다면

누나가 차로 올 수도 있으니 주차했던 곳에 가서 기다리자 했
어요. 누나가 휴대폰을 잃어버렸으면 저희를 찾으러 차로 올 수
도 있으니깐요. 하염없이 기다리다가 새벽 2시쯤 되었을 때 유튜
브로 소방서장이 브리핑하는 걸 실시간으로 봤어요. 순천향대학
교병원에 가면 만날 수 있는 것 같아서 병원으로 갔어요. 두세시
간을 기다렸는데 거기서도 누나는 만날 수 없었어요. 원효로다목

* 서울시에서 첫 재난문자를 발송한 시각은 오후 11시 56분이었다.

적체육관에 가면 볼 수도 있다는 얘기를 듣고 가봤지만 역시 그곳에서도…. 엄마와 뜬눈으로 밤을 지새웠어요. 아침 7시 정도에 '살아 있겠지'라는 희망을 가지고 한남동주민센터에 실종신고를 하고 집으로 돌아왔어요. 현관에서 신발을 벗자마자 온몸에 힘이 빠졌어요. 다리부터 온몸에 멍이 들어 있더라고요.

엄마는 옆에서 누나는 강한 애니까 살아 있을 거라고, 다시 찾을 준비를 하자고 얘기했어요. 엄마와 함께 평택에서 다시 서울로 출발했는데, 가는 도중에 경찰에게서 연락이 왔어요. "박지혜 님이 삼육서울병원 장례식장에 있으니 오라"는 연락이었어요. 끝까지 희망을 놓지 않고 있던 엄마는 통곡을 하며 그 자리에서 무너지셨어요.

싸늘한 누나의 시신을 한참 멍하니 봤어요. 얼굴에 멍 자국이 보였어요. 왜 경찰과 구급대원 들은 빨리 오지 않았던 거죠? 왜? 조금만 더 일찍 도착했다면 누나 얼굴에 그 멍 자국은 없지 않았을까요?

50리터 종량제 봉투 20장

정신없이 장례를 치르고 한동안은 그냥 집에 있었어요. 도저히 나갈 수가 없었어요. 손발에 땀도 나고 작은 풀이 흔들리는 소리에도 주저앉게 되더라고요. 무인도에 혼자 고립된 느낌이었어요.

나가던 직장도 2주 쉬었어요. 동료들도 배려를 많이 해주셨는데 5일 정도 출근하다가 내가 괜찮지 않다는 걸 깨닫고 그만뒀어요.

누나를 떠나보내고 난 뒤 집에서 누나의 물건을 마주하는 게 생각보다 정말 힘들었어요. 그때 마음은 정말…. 어머니와 저는 참사 후 며칠간 잠을 한시간도 못 잤어요. 졸려도 잠이 안 오고 자꾸 이상한 꿈을 꾸니까. 어머니와 제가 계속 잠을 못 자니 주변에서 떠난 사람의 물건을 정리하는 게 좋다고 얘기를 하시더라고요. 고민은 많이 됐지만 엄마랑 용기를 내서 누나의 물건을 정리하기로 했어요.

누나가 가장 좋아하던 몇가지를 빼고는 물건을 모조리 모았어요. 거실에 50리터짜리 종량제 봉투 20장이 있었는데 한참을 쳐다봤어요. 요동치는 마음을 부여잡고 종량제 봉투 안에 있는 물건이 안 보이도록 검정 봉투에 먼저 담은 다음에 종량제 봉투에 넣었어요. 내용물이 보이면 남들이 가져갈 수도 있잖아요. 누나의 물건을 누군가 가져가는 건 정말 싫었어요. 종량제 봉투는 새벽에 수거해 가니까 밤에 내놨어요. 물건들을 정리하고 나서는 남은 옷가지들도 태우면 누나를 잘 보낼 수 있을 것 같았어요. 누나가 자주 입던 옷 몇벌을 추려서 불태웠어요. 슬프기도 하고, 누나가 그곳에서 잘 있었으면 하기도 한 미묘한 마음이 오갔어요. 내가 할 수 있는 '몫'은 무엇일까 하는 생각도 스쳤어요.

물건을 다 정리해도 누나의 흔적은 여전히 남아 있는 것 같아요. 누나가 말없이 제 방 문을 열어보고 닫던 소리 같은 것…. 누나가 마치 긴 그림자처럼 집에 남아 있는 것 같아 답답하고 두려운 마음이 잘 없어지지 않았어요. 결국 엄마가 이사를 가보자는 얘기를 하셔서 거처를 옮겼어요.

고립된 슬픔에서 출구를 찾고 싶어서요

이사를 하고 나서 전보다는 괜찮아졌지만, 한동안 계속 멍하니 지냈어요. 그냥 나사 빠진 사람처럼 계속 멍하게 있었어요. 뭘 해야 될지도 모르겠고 친구나 지인과의 연락도 다 끊었어요. 제 힘듦을 엄마한테 이야기할 수도 없으니 계속 속 안에만 쌓아두고 있었어요. 유가족들을 만나고 싶었는데 어떻게 해야 할지 모르고 방에만 있던 와중에 유튜브로 민변에서 열린 기자회견을 보게 됐어요. 유가족분들이 나와 계시더라고요. 홀린 듯이 민변을 검색해서 연락했어요. 고립된 슬픔에서 출구를 찾고 싶었나봐요.

그렇게 처음으로 유가족들을 만났는데 그분들이 무슨 말을 하더라도 다 공감이 되는 거예요. 같은 아픔을 공유하는 사람들끼리 만났다는 게 제게 굉장히 큰 의미였어요. 유가족협의회가 만들어지는 과정에서 뭐라도 도움이 되고 싶었어요. 저와 같은 상황을 겪는 분들이 더이상 생기지 않았으면 하는 마음이 들었고, 정부에서 어떤 상황들이 있었는지 자세히 설명해주지 않으니 유가족끼리 연결되는 자리가 생겨야 한다는 생각도 있었어요. 유가족협의회 초기 조직에는 저를 포함한 형제자매 네분이 참여하게 됐어요. 저희가 잘할 수 있는 부분을 찾아봤어요. 부모님 세대는 인터넷이 친숙하지 않으니 형제자매들이 언론대응팀을 꾸려보자 해서 유가족들에 대한 방송 출연 요청 접수와 관리, SNS 및 유튜브 개설 및 운영 등을 맡아서 했어요. 유가족들의 언론 노출은 쉽지 않은 선택이라서 언론에 어떻게 대응할 것인지, 국회의원 면담을 위해 누가 발언할지 등 형제자매들과 하나부터 열까지 세심하게 논의했어요. 처음이라 낯설었지만 변호사님들이 도움을 많이 주셨어요. 형제자매들이 잘할 수 있는 부분을 찾아 거의 실무를 다 맡아서 했던 것 같아요. 왜냐하면 저희 일이었으니깐요.

유가족협의회 운영위원회 활동을 할 때는 매주 토요일 낮 12시에 위원들끼리 만나서 저녁 8시까지 회의를 했어요. 인원이 많기도 하고 개인의 의견을 존중하고 충분히 조정해야 하니 시간이 오래 걸렸어요. 쉬운 과정은 아니었어요. 아무리 도와주시는 분들이 많아도 유가족이 직접 해야 하는 일들이 많았어요. 누구는 월요일에 간담회 일정이 있으니까 누구는 언론에 출연하고, 이렇게 서로 역할을 나눠서 맡고요. 간담회 같은 것도 공지해서 사람들이 참여할 수 있도록 독려하고요. 회의는 회의대로 하고, 국회에 갈 일도 많았고, 간담회도 많아서 저는 일주일에 세번 정도 평택에서 서울을 왔다 갔다 했는데 그때는 힘든지도 몰랐어요. 희생자들을 지켜주지 못한 미안한 감정도 있고, 억울한 걸 풀고 싶다는 생각도 컸고, 죄책감을 덜어내는 행동이기도 했던 것 같아요.

유가족협의회 활동을 하면서 인터넷을 보면 다 유가족을 욕하는 것 같았어요. 크리스마스에 녹사평 분향소에서 추모 미사가 열렸는데 한 유튜버가 트럭에 엄청 큰 스피커를 싣고 와서「울면 안 돼」라는 캐럴을 틀더라고요. 어떻게 사람이 그럴 수 있지 싶었는데 경찰은 할 수 있는 일이 없다고 했어요.

하지만 유가족협의회 활동을 하면서 시민들을 만나 위로를 받기도 했어요. 12월 14일에 유가족들이 녹사평에 시민분향소를 설치하기로 했어요. 사흘 동안 분향소를 운영하고 16일에 49일 시민추모제를 열었는데, 시민들이 계속 "힘내세요" 말씀해주셨어요. 형용할 수 없는 감정의 파도가 몰아쳤어요. 현실감이 없기도 하면서 고맙기도 하고 비참하기도 한… 묘한 기분이 들더라고요. 녹사평 분향소가 설치되자 보이지 않았던 유가족들, 시민들, 국회의원들이 모이기 시작했어요. 단순한 분향소가 아니라 연결고리가 된 거예요. 유가족들이 손수 영정과 위패를 세우는 것 자체가 상징적이었다는 생각이 들고요. 원래는 49재 날까지만 세워두려고 했는데 계속 설치해두게 됐어요. 그전까지는 책임자들이 어떤 행동을 하기를 기다리는 수동적인 상태였다면 녹사평 분향소를 계기로 유가족들이 스스로 말을 하겠다고 선언한 것 같아요.

자고 일어나면 5,000개의 메시지가 쌓여 있었어요

2023년 2월 서울광장에 분향소가 설치되었을 때, 유가족들이 자발적으로 돌아가면서 분향소를 지켰어요. 추운 날씨였는데 다들 간절한 마음이었는지 나와주셨어요. 발에 동상이 걸린 분이 계실 정도로 춥기도 했지만요. 저는 유가족이 되고 나서는 명절이나 생일 같은 이벤트 있는 날이 불편하더라고요. 다른 사람들은 웃고 있는데 저희는 편하게 웃어지지 않는 거죠. 그래서 유가족들이 함께 모여서 설날을 보내기도 했어요. 집에서는 못 먹겠던 떡국이 저희끼리 모여 있으니까 넘어가더라고요.

주변 지인들과는 만나기 어려웠는데 유가족들과 소통하는 게 위안이 되었어요. 잠을 못 자는 사람들이 많으니 밤이면 온라인에서 유가족끼리 일상과 속상한 마음을 공유하기도 했어요. 어디 가서도 말 못 하는 마음을 한풀이하면서 서로 공감하고 속상해하고⋯. 형제자매끼리는 따로 텔레그램 방이 있었는데 정말 얘기를 많이 나눴어요. 서로 얼마 보지도 않았는데 왠지 모를 동질감이 컸어요.

거의 밤을 새우면서 시시콜콜한 얘기를 했어요. 일 얘기도 하고, 뭐 좋아하는지, 취미가 뭔지, 원래 무슨 일을 했는지도 얘기하고, 연애 얘기도 하고⋯. 서로를 알아가면서 놀았던 것 같아요. 자고 일어났더니 메시지가 5,000개나 와 있더라고요. 정말 깜짝 놀랐어요. 처음에는 형제자매 방에 운영위 네명만 있었는데 그 뒤로도 몇분이 더 모였어요. 그렇게 서로를 빠르게 알아가면서 친해졌어요. 제 속에 있는 응어리진 마음을 좀더 편하게 해준 시간이었어요. 거기서 저는 누가 농담을 해도 웃을 수 있고, 친구한테도 얘기하기 어려운 것들을 날것 그대로 드러내면서 마음의 치유를 경험했어요.

끝내 찾지 못한 누나의 옷과 그날의 진실

형제자매들과 다른 주제로 이야기를 하다가도 이상하게 누나 생각이 나더라고요. '누나가 좋아하던 게 뭐였을까?' 진작 더 물어볼걸 하는 아쉬움도 들고. 요즘은 가족 다 같이 제주도를 갔던 게 유독 떠올라요. 누나 물건을 정리하다 발견한 것 중에 누나가 직접 만든 키링도 있었는데, 참 정성스럽게 만들었더라고요. 이제야 누나를 알아가는 과정을 통과하고 있는 것 같아 미안했어요.

요즘 저는 다시 취업을 준비해보려 하고 있어요. 조금씩 주변 사람들도 만나볼까 싶어요. 일을 시작하게 된다면 주변 사람들에게 참사를 겪은 걸 알려야 할지 말아야 할지 고민은 돼요. 이태원 참사에 관한 이야기가 나오면 사실 저도 움찔할 것 같아요. 주변에서 단순한 정보를 가지고 이야기를 쉽게 한다면 크게 상처받을 수도 있을 것 같고요. 아직 두렵긴 하지만, 저도 이제 저로서 살아가야겠죠.

제 일상을 온전히 살아가기 위해 찾고 싶은 게 하나 있어요. 참사 당일 누나가 신고 있던 신발과 겉옷은 찾았는데 안에 입고 있던 옷은 끝내 찾지 못했어요. 찾지 못한 그 옷이 그날의 알 수 없는 진실처럼 느껴질 때가 있어요. 진상규명이라는 말이 딱딱하게만 들릴지 몰라도, 우리 같은 일을 누군가가 다시는 겪지 않기 위해서 꼭 필요한 게 아닐까요?

듣는 사람이
우리뿐이라 하더라도

**김유나씨의 언니
김유진씨 이야기**

'눈이 참 밝은 사람이다.'

첫 인터뷰를 마치고 김유나씨의 언니 김유진씨가 남긴 첫인상이다. 작은 목소리로 이야기하다가도 부당하다고 생각하는 지점에 대해 말할 때만큼은 허리를 곧게 펴고 목소리가 커지고 눈빛이 밝아지는 사람. 집회를 너무 자주 해야 해서 기운이 빠지지 않느냐는 질문에 그 어느 때보다 큰 소리로 "그래도 해야 하는 일이니까 한다"라고 단단하게 말하는 사람. 하지만 그러면서도 인터뷰 중 쉬는 시간이나 인터뷰 끝나고 버스 정류장까지 배웅해줄 때는 MBTI 얘기를 하며 곧잘 장난을 치는 사람, 가방에 귀여운 키링을 달고 다니는 사람, 반짝이고 예쁜 휴대폰 케이스를 가진 사람, 마지막 인터뷰 날에는 인터뷰 마치고 혼자 코인노래방에 갈 거라고 가벼운 발걸음으로 나서던 사람.

유진씨의 직장이 우리 사회에서도 손에 꼽히게 보수적인 곳이라는 사실에 기록자로서 긴장했던 기억이 난다. 그러나 정치적 의견을 밝히는 것이 품위를 유지하는 것과는 아무 관련이 없다며 당당하게 말을 이어나가는 유진씨의 태도에 되레 용기를 얻었다.

유진씨는 인터뷰 내내 희망 없음과 무력함, 의미 없음에 대해 이야기했다. 그럼에도 해야 하는 일은 반드시 하는 사람, 땡볕에 길을 걷고 분향소 앞에서 추모제를 만드는 사람이 유진씨다. '미래 없음'이 곧 지금 존재하지 않음도, 목소리 내지 않음도, 멈춰 있음도 아니라는 사실을 일깨워주는 사람이 있다면, 그가 바로 유진씨일 것이다. 유진씨는 참사 희생자들의 미래를 앗아가고, 유가족들로 하여금 미래를 꿈꾸기 어렵게 만들고, 나아가 우리 사회 모든 이들이 더 나은 미래를 상상하고 기대할 가능성을 박탈해버린 이태원 참사의 책임자들을 향해 오늘도 연신 자신의 목소리를 외치고 있다.

작가기록단 **연혜원**

엄마는 저와 동생이 성인이 된 뒤에도 저희 약속 장소까지 차를 태워주곤 했어요. 제가 이제 그만해도 된다고 해도 엄마는 계속 태워주셨죠. 참사 당일도 엄마는 동생을 서울 근교까지 데려다줬어요. 동생이 친구와 이태원에 놀러 간다고 했거든요.

그날 저와 아빠는 집에 있었는데 아직 밖에 있던 엄마에게서 전화가 왔어요. 동생 친구한테 연락을 받았다고, 동생을 잃어버렸다고요. 그때 바로 느꼈어요. 지금 당장 동생을 찾아야 하는 상황이구나. 아버지는 암 투병 중이시라 몸이 좋지 않으셔서 함께 가지 못하셨어요. 엄마랑 이태원에서 만나기로 약속하고 바로 나갔어요. 가면서 휴대폰을 봤는데 그때 처음 참사 소식을 안 거예요. 부상자들이 응급실로 이송되고 있다는 속보가 뜨길래 순천향대학교병원으로 목적지를 바꿨어요.

순천향대병원에서 엄마랑 만났는데 정작 병원에는 아무 환자도 없었어요. 아무도 안 왔대요. 그때가 밤 11시 45분 정도였거든요. 병원이 정말 너무 조용한 거예요. 병원 앞에 구급차도 한대 없고 주변을 지나다니는 사람들도 마냥 한가로워 보이는 풍경. 아무 일도 일어나지 않은 것 같은 분위기였어요. 그래서 저는 부상자가 얼마 없는 줄 알았어요. 그래서 다시 핸드폰으로 찾아봤는데 사람들이 막 바닥에 쓰러져 있더라고요. 이 사람들은 다 어디로 간 거지? 그렇게 계속 그 주변 일대 응급실들을 돌아다녔어요. 가는 곳마다 모두 신원 확인이 안 된대요. 응급처치 중이라고 나중에 연락하겠대요. 그러니까 그냥 계속 여기 20대 여자 환자 안 왔느냐면서, 오면 꼭 연락 부탁한다며 돌아다닌 거죠. 신촌 세브란스병원에 갔을 때는 응급실에 온 부상자들이 모두 장례식장으로 이동했다는 거예요. 그때 정말 온갖 감정이 다 들었어요.

참사 영상을 다 찾아봤어요, 동생을 찾고 싶어서

그렇게 돌고 돌다 새벽 2시 반이 넘어 서울대학교병원에서 동생을 찾았어요. 엄마가 왠지 서울대병원에 있을 것 같다고 해서 그리로 향했어요. 도착해서 병원에서 나오는 경찰한테 동생 이름이랑 주민등록번호를 대며 물어보니까 여기 있다는 거예요. 그때 동생은 이미 사망한 상태였어요. 동생은 아무런 소지품이 없는 상태로 발견되었어요. 짐은 동생이 어디에 맡긴 것 같고, 휴대폰도 분실돼서 동생 신분을 확인할 수 있는 소지품이 아무것도 없었어요. 나중에 알아보니 동생은 밤 11시 55분에 병원에 도착했더라고요. 그때 응급실에 도착해서 30분 넘게 심폐소생술을 받다가 12시 30분에 사망했다고 해요. 그리고 두시간 후에야 저희가 동생을 찾은 거죠. 동생은 그때까지 계속 응급실에 있었어요. 그리고 영안실로, 장례식장으로….

동생을 찾았을 때 저는 그냥 긴 원피스 잠옷 차림이었어요. 그 위에 패딩만 입고 나간 거죠. 응급실에서 있었던 일은 기억이 잘 안 나요. 응급실 바닥에 제 소변이 가득했어요. 처음 느껴보는 충격이었던 것 같아요. 응급실에 있던 몇시간 동안 정신이 혼미했어요. 그래서 기억도 잘 안 나나봐요.

장례 직후에는 동생을 찾고 싶어서 참사 당시 이태원 영상을 다 찾아봤었어요. 그러다 동생이 나오는 영상을 찾았어요. 동생이 인파에 밀리는 영상을 한번 봤고, 동생이 사고가 있었던 골목으로 올라가는 영상을 또 봤어요. 참사 직후에는 사고 당시 영상들이 SNS에 무작위로 올라와 있었잖아요. 영상이 내려가기 전에 그걸 하나하나 다 찾아봤어요. 사고 당시 동생의 상황이 너무 궁금하기도 했고, 동생이 너무 고통스럽지 않았으면 좋겠다는 생각 때문에 자꾸 동생의 영상을 찾아보게 됐어요. 동생이 저혈압이라서 다치기 전에 먼저 쓰러지지는 않았을지 궁금하기도 하고. 그렇게 참사 직후부터 거의 한달 동안 계속 찾아봤었는데, 요즘은 또 못 보겠어요. 얼마 전에는 어떤 기자가 당시 영상을 100기가바이트나 확보했다는 얘기를 소문으로 들었는데, 이제는 막상 보려고 하면 너무 두려워요.

동생의 모습 하나하나 다 생각나요

겉으로 티를 내진 않았지만 동생을 진짜 많이 좋아했어요. 그래서 좀 츤데레(겉모습은 차갑지만 속마음은 따뜻한 사람을 칭하는 인터넷 용어)처럼 챙겨줬던 것 같아요. 동생은 가지고 싶어하는 게 되게 많았어요. 그래서 제가 가끔 월급이나 상여금을 받으면 동생에게 선물을 사주면서 동생의 환심을 사려고 했죠. 동생도 겉으로는 좋아하는 티를 안 냈는데 나중에 보니 친구들한테 언니가 선물 사줬다고 자랑했더라고요. 이게 언니의 마음이었던 것 같아요. 뭔가 챙겨주고 싶은.

동생이 정말 예뻐요. 키도 크고 얼굴도 예쁘니까 항상 어디 가든 주목도 받고 시기 질투도 받았어요. 동생이 은근히 내성적이라서 상처받으면 속으로만 삭이는 성격이었는데 저는 조금 불같아서 동생 혼자 속앓이하는 것을 보고 눈감고만 있지 못했어요. 언니로서 너무 답답하니까 대신 해결해주지는 못해도 이렇게 해라, 저렇게 해라 하며 코치 비슷한 것도 해봤어요. 저는 할 말은 해야 하는 성격인데 반대로 동생은 진짜 끙끙 앓는 스타일이었던 거죠. 그런데 저는 그런 동생이 뭔가 미우면서도 좋았어요. 제 동생이니까.

동생은 주변 친구들에게 참 다정한 사람이었어요. 그래서인지 기자들을 상대하느라 정신없는 저 대신 동생 친구들이 장례식장에서 내내 밤새우며 조문객을 맞아줘 너무 고마웠어요. 장례식장에 찾아온 얼굴 모르는 조문객들 가운데 동생이 예전에 자주 찾던 타로카드집의 상담사도 왔었어요. 그분이 눈물 흘리는 모습을 보고 동생이 제가 생각했던 것보다 더 많은 사람에게 정을 나눠줬던 아이였다는 걸 알게 되었죠. 아직까지도 친구들은 종종 연락하면서 49일 시민추모제나 100일 국회 추모제 때도 찾아와주고, 동생 꿈을 꾸면 유나 꿈 꿨다고 말해주곤 해요. 카톡 프로필에 동생과 찍은 사진을 설정해놓고 답장이 오지 않는 동생의 SNS 계정이나 카톡으로 메시지를 보내는 친구들도 있더라고요. 동생이 친구들을 참 좋아했는데, 그만큼 많은 사람한테 사랑받았던 것 같아요.

친구들이랑 나눴던 카톡 내용을 보니 동생은 내가 알던 것보다 훨씬 어른스럽고 착한 아이였더라고요. 저랑은 다르게 엄마한테 귀여운 이모티콘을 보내면서 애교를 부리던 동생, 가족들이 다 잠든 새벽에 우리 집 강아지 초코를 데리고 산책을 나가던 동생, 저의 시시콜콜한 개그에 웃어주던 동생, 어디서 귀여운 그림을 그려와 자기 방에 전시해놓던 동생, 얼마 되지 않는 알바비로 엄마 생일 때 현금 케이크를 선물했던 동생, 저에게 예쁜 동생이 있어서 좋겠다던 동생이 생각나요.

언론사에 직접 연락하고 악플을 손수 모았어요

동생이 잠깐 치어리더를 했어요. 그 이후에는 회사를 다니다 잠시 쉬면서 커피 관련 자격증도 따고 바리스타 일을 배우고 있었고요. 그런데 잠깐 치어리더를 했던 경력 때문에 원치 않는 기사가 너무 많이 나왔어요. 동생의 부고 기사를 보고 언론사 기자들이 장례식장에 찾아와 동생에 대한 이야기를 해달라고 요구하는 통에 엄청 시달렸어요. 기자들의 요구를 거절하느라 정신이 없어 장례를 제대로 치르지도 못하게 되었죠.

동생 SNS 계정의 사진과 신상 등이 무분별하게 인터넷에 퍼져서 각종 온라인 커뮤니티에 동생에 대한 악플이 달리고 있다는 사실도 알게 됐어요. 그래서 장례가 끝난 후 무작정 인터넷에 동생의 이름을 검색해 댓글을 달 수 있는 모든 부고 기사 및 블로그 글 들을 삭제하느라 정말 힘들었죠. 언론사에 직접 전화하거나 기자에게 이메일을 보내고, 블로그 작성자에게 연락해 유가족임을 밝힌 뒤 글을 내려달라고 요청하기도 했어요.

그러면서 악플들을 하나하나 캡처해 모아두었어요. 부모님은 악플들을 보고 싶지 않아하셔서 처음부터 제가 손수 악성 댓글을 찾고 취합했죠. 그리고 변호사를 선임해 악플 작성자에 대한 고소를 진행했어요. 고소 과정에서 가해자가 사과하고 싶다며 합의를 원한다는 말을 전해 들었어요. 2차 가해 대상이 저였다면 사과도 받아들이고 합의도 고려했겠죠. 하지만 더이상 세상에 없는 동생에 대한 가해를 단지 제 뜻만으로 사과받고 용서하는 것은 도리가 아니라고 생각해 모든 가해자들과 합의하지 않을 것이라고 변호사에게 전했어요. 재판이 더디게 진행되고 있어 그 뒤로도 가끔씩 동생의 이름을 검색해보며 또 2차 가해 글이 올라오진 않는지 확인하고 있어요.

유가족협의회 초기에 다른 형제자매들과 함께 언론대응팀으로 활동했던 적이 있는데, 그때 유가족분들이 용기를 내어 인터뷰를 했는데도 기자들이 실수로 기사 댓글창을 닫지 않아 2차 가해 댓글이 달리곤 했어요. 이를 확인하고 처리하는 과정에서 정신적 충격과 피로감을 많이 느꼈어요. 그 와중에 동생에 대한 악플 고소까지 진행하면서 상당한 스트레스를 받았죠.

유가족으로 사람들 앞에 선다는 것

유가족협의회에 들어간 근본적인 동기는 집에만 가만히 있으면 미칠 것 같아서였어요. 처음에는 그냥 같은 경험을 지니고 비슷한 슬픔을 느끼는 사람들을 만나보고 싶었어요. 만나서 얘기를 나누는 것만으로도 위로가 될 것 같아서요. 그런데 참사 이후 유가족들끼리 연락해보려고 서로의 명단과 연락처를 요청했는데 정부가 주지 않았잖아요. 그래서 만나는 과정이 힘들었죠. 그나마 우리 가족은 참사 직후부터 동생 기사 내리는 일을 하며 계속 언론과 접촉하면서 민변에 몇명이 모였다더라, 유가족협의회라는 게 있다더라 하는 정보들을 접할 수 있었고, 그래서 다른 유가족들을 만날 수 있었어요. 같은 상황을 겪은 사람들을 만난다는 것 자체로 크게 위로가 됐어요.

처음 만났을 때는 다들 너무 상실감이 커서 뭔가 활동을 시작한다는 것 자체가 부담스럽게 느껴졌어요. 저도 그랬고요. 그러다 두 번째 유가족 기자간담회 때 유가족들이 민변에 모였던 적이 있어요. 뭘 하려면 운영위원회 같은 것이 꾸려져야 한다는 거예요. 처음에는 아무도 나서지 않으셔서 그냥 그때 제가 운영위 하겠다고 일어섰어요. 도움을 줄 게 있다면 뭐라도 하겠다고요. 엄마는 반대했어요. 그때 제 동생 기사에 악플이 많이 달려 가족들이 스트레스 받고 힘든 상황이었기 때문에 엄마는 어떤 식으로든 제 동생 이름이 거론되는 일이 생기면 너무 힘들 것 같다고 반대하신 거죠. 그런데 저는 익명으로 활동할 수 있으면 괜찮다고 생각했어요. 그렇게 몇몇 분들이 더 나서주셔서 임시 운영위가 정해졌어요.

유가족협의회를 하기 전에는 남들 앞에 서서 말하거나 발언 같은 것을 해본 적이 없어요. 사실 사람들 앞에 나서는 것을 진짜 싫어하는 성격이에요. 시키는 일만 하고 싶어하는 성향이랄까요. 학교 다닐 때 발표하는 것도 되게 싫어했고요. 그런데 그때는 아무도 안 나서니까 너무 답답한 마음도 있었고, 제가 뭐라도 해야 할 것 같았어요. 뭐든 도움 되는 일을 하면 죄책감이나 슬픔이 조금 덜어질 것도 같고, 일단 정신없이 이것저것 하다보면 일하는 그 시간만큼은 슬픔이 상쇄되기도 하니까요. 저한테는 유가족협의회가 슬픔을 이겨내는 방법이었어요.

물론 사람마다 슬픔을 극복하는 데 차이가 있는 것 같아요. 유가족협의회 일을 하기로 한 후에 다른 유가족들 한분 한분에게 연락하기 시작했는데 조심스럽기도 했어요. 인터넷, 텔레비전, 지인 연락 전부 다 끊고 집에만 계셨던 유가족분들도 많으시더라고요. 지금까지도 유가족협의회에 안 들어오시거나 아직 얼굴도 모르는 유가족들이 계세요. 건너 들어보면 평소처럼 생활하고 있다고 하더라고요. 그것이 그분들만의 방식이라고 생각해요. 저도 참사 직후에는 유가족들만 만나고, 그외의 시간에는 집에 틀어박혀서 영상과 기사 찾아보는 게 전부였거든요. 장례식 직후에는 계속 동생 사진을 봤어요. 입관할 때 모습을 사진 찍어뒀는데 그걸 항상 봤죠. 그런데 어느 순간부터 못 보겠더라고요. 왜인지 설명하기는 힘든데, 회피하게 된 건가 싶어요. 유가족협의회에 들어오지 않으시는 분들의 마음도 그런 걸까 하는 생각을 최근에 하게 됐어요. 이해되더라고요. 유가족들과 만나서 이야기하면 더 슬플 수도 있으니까요. 사람마다 슬픔을 마주하는 방식은 각자 다른 것 같아요.

그래서 오히려 저는 이태원 참사와 유가족협의회가 이슈가 되는 것이 먼저라고 생각했어요. 그래야 나중에라도 더 많은 유가족들이 유가족협의회에 들어올 수 있을 테니까. 유가족협의회 하면서 많이 바뀐 것 같아요. 이제는 조금 극복이 돼서 친구들이랑 지인들도 조금씩 만나기 시작했어요. 다른 유가족들도 처음에는 사람들 앞에서 마이크도 못 잡고 한마디 입을 떼기도 어려워했는데 이제는 다들 달변가가 됐다고들 해요. 어머님들도 너무 말씀을 잘하시거든요. 그런 게 참 많이 변화했어요.

이태원에 갔다는 것만으로 욕먹는 게 도무지 이해 안 돼요

이태원 참사로 희생된 고인과 유가족 들에게 2차 가해를 하는 담론을 주도하는 사람들은 사실 어른들인 것 같아요. 참사 희생자들이 대부분 젊은 사람들이라 2차 가해가 더 심하다고 느껴요. 'MZ'라는 말도 좋지 않은 의미로 많이 쓰이잖아요. 예의 바르지 않고, 사회생활 할 줄 모르고, 일 제대로 못하고. 이런 식으로 젊은이들을 계속 비난하는 것이 도대체 뭘 위한 걸까요? 나이 많은 사람들도 다 술 마시고 놀면서, 홍대나 이태원에 젊은 사람들이 갔다는 사실만으로 그들을 비난하는 시선이 너무 모순적이에요. 유가족들이 정치적으로 나서서 이태원 상권이 다 죽어버리니 이태원 상인들만 불쌍하다고 하면서도, 한편으로는 이태원에 방탕한 지역이라는 프레임을 씌우고 애초에 부모들이 미리 자식들을 이태원에 못 가게 말렸어야 한다고 하는 게 너무 모순이잖아요.

사실 사람들은 알고 있어요. 이태원 자체가 잘못이 아니라는 것을 알고 있다고요. 이태원에서는 늘 지역축제가 열렸어요. 이태원에 사는 사람들도 있고요. 그런데 왜 희생자들은 이태원에 갔다는 이유로 욕을 먹어야 하는지 정말 이해가 안 돼요. 애초에 요즘 젊은이들은 예전과 다르다는 사회적 편견이 있는 것 같아요. 뭔가 방탕하고 마약 같은 것에 많이 노출되어 있고, 오늘만 사는 세대라는 인식. 기성세대들이 자신들이 경험해보지 않은 것들에 대해 자신들만의 가치관으로 선입견을 가지고 생각하는 거죠. 이태원에서 무슨 축제를 한다는데 잘 모르겠지만 술도 마시는 것 같고 춤도 추는 것 같고, 그런데 저길 왜 갔지? 심지어 우리나라 축제도 아니라던데 뭔가 문제가 있어, 하는 인식들.

그런데 솔직히 너무 억지잖아요. 그러면 크리스마스는 우리나라 명절도 아닌데 다들 왜 기념하는 거죠? 크리스마스도 다들 들뜬 마음으로 즐기는 축제잖아요. 핼러윈도 마찬가지예요. 그리고 술 먹고 춤추는 게 잘못인가요? 한국인들 술 정말 많이 마시는 문화 속에 살면서 왜 이태원 핼러윈 축제만 선입견을 갖고 바라보는지 모르겠어요.

그리고 저는 무엇보다 대통령을 비롯한 정부가 2차 가해 담론을 주도하고 있는 게 아닌가 하는 생각이 들어요. 희생자 형제자매들이 주축이 되어 대학생들을 대상으로 간담회를 여러차례 열었는데, 대학생들의 발언 중에 아무리 주변 사람들에게 희생자들을 대변해 이야기해봐도 그들이 잘 설득되지 않는다는 내용들이 있었어요. 저는 국가에서 희생자와 유가족 들을 지금과 같은 식으로 대우하지 않았다면 분명 사람들의 인식도 달랐을 거라고 생각해요. '놀러 가서 죽었다'고 하잖아요. 그냥 지나가다 죽은 사람도 있고, 일하러 갔다가 죽은 사람도 있지만, 맞아요. 놀러 가서 죽은 사람들이 있어요. 그런데 놀러 가서 죽었다고 해서 그 죽음은 헛된 죽음인 건가요?

희생자들을 꼭 나라 지키다 죽은 영웅들과 비교하잖아요. 그게 저는 정말 이상해요. 다른 유가족 아버님이 말씀하신 게 있어요. 나라를 지키다 죽은 영웅들은 서울 시내 한복판에서 죽은 희생자들과 비교될 게 아니라 지금 희생자들을 홀대하는 국회의원들이나 국가기관의 정부 인사들과 비교되어야 하는 것이라고요. 이태원 참사는 정부가 국민의 생명을 지키지 못하고 책임지지 않은 사건이잖아요. 나라를 지키다 희생된 영웅들과 비교되어야 할 대상은 지금의 정부에 있는 사람들이죠. 왜 무고하게 목숨을 잃은 희생자들과 비교하나요. 심지어 나라를 지키러 싸움터로 간 것도 아니고 '길'이라는 더없이 일상적인 공간에서 걸어가다 죽었는데 어이없어하고 분개하는 게 당연한 거 아닌가요?

왜 사람 목숨의 경중을 나누는 건가요

이 나라는 놀러 가면 안 되는 곳인가요? 여가 즐기려고 일도 하고 돈도 버는 건데 1년에 한두번 있는 축제에 간 게 그렇게 잘못인가요? 군인들도 휴일에는 놀아요. 그런데 왜 사람 목숨의 경중을 나눠서 누구는 이렇게 죽어서 더 안타깝고 누구는 이렇게 죽어서 안타깝지 않다는 것인지, 왜 개인 탓으로 돌리는지 전혀 이해가 안 가요. 너무 비논리적이고 비상식적인 말을 당당하게 하니까 어떻게 대응해야 할지도 모르겠어요. 놀러 가면 죽어도 된다고 말하는 사람들은 똑같은 말만 되풀이해요. 오히려 책임 있는 위치의 사람들이 그들을 방치하고 되레 그런 이야기를 주도하고 있어요. 특히 대통령은 면담 한번 안 하고 무대응으로 일관하고 있잖아요. 그 자체가 제일 큰 가해라고 생각해요. 희생자들을 철저히 무시해버리는 방식으로 유가족과 참사 생존자 들을 고립시키고 있어요.

또 우리 사회는 참사 이후에 참사의 원인이 된 정책적 허점이나 참사 현상 자체에 초점을 맞추는 게 아니라 죽은 사람의 사연에 되게 집착하더라고요. 기자들이 장례식장까지 쫓아와서 한마디라도 해달라고 하고요. 그런 과정에서 이 나라에서는 죽음이 결국 그냥 한번 소비되고 마는 이슈거리에 불과하구나라는 걸 느꼈어요. 어떤 사람의 사연이 얼마나 더 절절한지, 얼마나 더 대단한 사람이 죽었는지만 중하게 여기고 있구나, 진짜 이게 맞는 건가 하는 의문이 들기도 하고요. 저에게는 주변에서 만날 수 있는 정말 평범한 사람들이 그렇게 어이없게 희생당했다는 사실이 충격인데 왜 그렇게 다들 사연에만 집착하는 걸까 싶어요. 죽어서도 인간의 쓸모를 나누려고 하는 것 같아요. 뭔가 더 애절한 에피소드가 있으면 그만큼 더 마음이 아픈 건가요? 언론을 접할 때마다 더 마음이 쓰이는 죽음과 마음이 안 쓰이는 죽음이 따로 있나 하는 생각을 진짜 자주 하게 돼요.

할 수 있는 건 걷고 소리치고 굶는 것뿐이에요

패스트트랙으로 지정됐다고 해서 곧 특별법 제정을 의미하는 것은 아니잖아요. 앞으로 넘어야 할 산이 너무 많지만, 패스트트랙으로 지정되었다는 것 하나만으로도 유가족들이랑 도와주시는 분들이 다들 너무 좋아하시고 감동을 받고 좀 벅차올랐죠. 정말 다양한 생각이 들었어요. 이게 이렇게 힘들게 행진하고 단식까지 해야 될 일인지…. 유가족분들이 땡볕에서도 비 오는 날에도 행진을 여러번 했잖아요. 저는 행진을 두번 했어요. 원래도 나

삼보일배 행진 2023년 8월, 참사 300일을 앞둔 유가족들이 폭우 속에서 삼보일배를 하며 행진을 이어가고 있다. 서울광장부터 국회의사당까지 총 8킬로미터를 하루 네시간씩 사흘간 걷고 절했다.

이에 비해 몸이 막 건강한 편은 아닌데 참사 이후에 몸무게가 많이 빠졌어요. 그래서 행진하는 데 너무 힘들더라고요. 행진에 다섯번 참여하는 게 목표였는데 두번밖에 못 했어요, 뼈가 아파서. 그런데 어머님 아버님 중에서는 저보다 나이도 훨씬 많으신데 매일 행진하시는 분들이 여럿 계세요. 그런 모습 보면 유가족들이 할 수 있는 게 정말 걷고 소리치고 굶는 것밖에는 없다는 걸 새삼 느껴요. 그래서 패스트트랙 지정됐을 때 희생자 부모님들이나 시민대책회의분들 다들 우시고 변호사님들도 우시고, 저도 많은 감정을 느꼈어요.

제가 성격도 조금 예민해요. 꿈을 매일 꾸는데 꿈에서 동생을 이틀에 한번씩 봐요. 예를 들면 동생이 아무렇지도 않게 방에서 걸어 나오는 꿈. 처음에는 꿈에서 제가 동생이 죽었다는 사실을 몰랐어요. 그런데 계속 꿈을 꾸다보니까 점점 알겠더라고요. 이제는 동생을 한번이라도 더 보려고 제가 자꾸 동생한테 오라고 하는 꿈을 계속 꿔요. 어떤 날에는 참사 일어나기 하루 전날 꿈을 꾸는 거죠. 동생한테 거기 가면 너 사고당하니까 가지 말라고, 이러면 동생이 무슨 소리냐며 반응하는 꿈들. 꿈으로 현실도피를 하려는 것 같아요. 그런 꿈들을 자꾸 꿔서 몸이 계속 안 좋아지는 것 같기도 하고요.

참사 이후에는 죽음이라는 게 두렵지 않더라고요. 예전에는 죽음이 두렵기도 하고 무섭기도 하고 신의 존재를 궁금해할 때도 있었어요. 그런데 참사 이후에는 뭔가 다 부질없고 의미 없고 무넘무상이라고 해야 할까요? 이런 각자도생 사회에서 언제 죽을지 모른다는 생각으로 살게 됐어요. 오래 살고 싶다는 생각도 없어졌고요. 나중에 뭘 해야겠다, 이렇게 됐으면 좋겠다 하는 마음이 다 사라졌어요. 지금도 그냥 아무 생각 없이 오늘을 사는 것 같아요. 이제는 미래를 바라보고 행동하고 실천해야 하는 이유를 잃어버린 것 같아요. 한번도 단발을 해본 적이 없었는데 이번에 처음 단발을 했어요. 이유는 잘 못 씻어서요. 정말요. 그 이유 때문이에요. 이전에는 머리숱이 너무 많아서 단발을 시도해보려고 할 때마다 미용실에서 말렸어요. 손질이 너무 힘들 거다, 머리카락이 너무 날릴 거다 하고요. 그런데 참사 이후에는 모든 행동을 앞두고서 별로 생각하지 않게 됐어요. 예전에는 머리를 어떻게 잘라야 하지 고민하고 그랬는데 이젠 그런 고민도 안 하게 되더라고요.

뭐라도 해야 하니까, 해야 살 것 같으니까

집회는 대학교 다닐 때 딱 한번 나가봤어요. 교수 성추행에 목소리를 내는 시위였는데 그때 학교가 난리였거든요. 대자보도 곳곳에 붙어 있고, 에브리타임(대학교 온라인 커뮤니티)에도 관련 글이 매일 올라왔고요. 에브리타임에서 집회 언제 하니까 많이 좀 와달라는 게시물을 보고 친구랑 같이 나가보게 됐죠. 집회 신고를 하면 도로를 점거할 수 있다는 사실을 그때 처음 알았어요. 딱 한 번이었지만 되게 신기하고 뿌듯했어요.

그런데 그런 집회를 지금은 맨날 하고 있는 거예요. 이제는 고수가 된 것 같아요. 제가 목이 튼튼하지는 않은데 목소리는 진짜 크거든요. 그래서 잘할 수 있는 것 같아요. 예전에는 시위하는 사람들을 많이 본 적이 없어요. 제가 사는 동네가 시위를 자주 하는 곳도 아니고, 길에 시위하는 사람들이 있어도 관심을 줘본 적이 한번도 없었던 것 같아요. 그런데 제가 이렇게 국회 앞에서 시위를 하니까 사람들이 정말 아무 생각 없이 지나가는 듯한 느낌이 들 때 마음이 상하더라고요. 사실 사람들이 인상을 찌푸리고 보기라도 하면 차라리 그보단 나아요. 근데 분명히 눈앞에서 외치고 있는데도 아예 눈길조차 안 주는 건 속상하더라고요. 물론 이해는 되죠, 저도 과거에는 그랬으니까.

집회하면서는 안 좋은 기억이 더 많아요. 어떤 택시 기사가 지나가면서 창문 내리고 욕을 하는 거예요. 그런 일을 제가 막상 겪으니까 진짜 똑같이 갚아주고 싶었어요. 그런데 저는 유가족이니까…. 만약 희생자가 한명인 참사의 유일한 유가족이면 개인적으로 화내고 막 그럴 수 있을 것 같아요. 근데 지금은 나 하나의 말과 행동이 백여 가족이 넘는 유가족들의 모습으로 비칠 수도 있다고 생각하니까 못 하겠는 거예요. 너무 화나는데 그냥 복수하는 상상만 해요. 차바퀴에 구멍 내는 상상 같은 거 있잖아요.

응원을 해주시는 분들이 꼭 있긴 있어요. 집회나 행진을 할 때

"힘내세요" 하거나 따봉을 보내주시는 시민분들이 있었거든요. 그런 분들에게 되게 고마웠어요. 보통은 거의 외면하니까. 한명의 시민에게라도 진실을 전할 수 있다면 분명히 의미가 있을 거라고 생각하니까 집회도 하고 행진도 하는 건데…. 진실버스 타고 전국을 돌았을 때 유가족들이 돈과 시간을 그렇게나 쏟아부으면서 했는데도 기대한 결과가 나오지 않으면 힘이 빠지기도 하죠.

그런데 해야 되는 거니까 한 거잖아요. 추모제도 초반에는 매일 했는데 점점 콘텐츠가 떨어지니까 이제 일주일에 두세번밖에 안 하거든요. 발언도 웬만한 유가족들 다 했어요. 똑같은 말을 똑같이 또 하는 거예요. 분향소 앞에서 마이크에다 대고 그렇게 얘기해도 듣는 사람은 우리뿐이에요. 그렇지만 해야죠. 왜냐하면 아무도 안 들어도 이거라도 해야 우리가 살 수 있다는 그런 희망 같은 게 생기는 것 같아요. 뭐라도 해야 하니까. 해야 살 것 같으니까.

제자리로 돌아가기 위해 매일 나오는 거예요

진짜 솔직하게 정말 인간적으로 말하자면 책임자들이 처벌받는다고 한들 솜방망이 처벌에 불과하면 그게 처벌로 느껴질까, 그리고 참사 희생자를 모욕하는 사람들은 이런 아픔을 직접 겪어 봐야 알 것 같다는 그런 생각이 계속 드는 거예요. 어쩌면 겪어봐도 모르는 사람은 끝까지 모를 것 같다는 생각도 들더라고요. 물론 이건 그냥 제 속마음이고, 유가족협의회의 이상적인 마무리는 책임자들이 처벌받고 제대로 된 추모 공간이 만들어지는 거예요. 지금은 서로 매일매일 보는 유가족들이지만 더이상 매일매일 보지 않는 사람들이 되는 것. 어느 유가족분이 "유가족협의회의 목표는 유가족협의회가 없어지는 것이다"라고 말씀하셨던 게 생각나요. 우리가 유가족협의회에 같이 모인 건 서로를 위로하기 위함도 있지만, 결국에는 각자의 자리 각자의 일상으로 돌아가는 것, 그게 저희의 목표죠. 다시 제자리로 돌아가기 위해 매일 만나러 오는 거예요.

'너네 많이 아프겠다'가
끝이 아니길

송영주씨의 언니
송지은씨 이야기

스물여덟 송지은씨는 눈물을 글썽이면서도 내내 차분하고 담담했다. 그는 최소한의 애도 과정도 없이 동생을 보내 미안하다며 천천히 마음을 내놓았다. 왜 죽었는지 어디에 방치되고 있었는지도 모른 채 동생을 만났고, 그 기막힌 분노와 슬픔의 감정도 희생자와 유가족을 향해 쏟아지는 혐오 표현에 숨죽여야 했다. '놀러 갔다 죽었다'라는 비난 어린 프레임에 상처받고 위축되어 있었지만, 그렇지 않다고 말하는 사람이 늘어나면서 용기를 갖고 세상 밖으로 나올 수 있었다. 삼남매 중 맏딸이자 동생과 나이 차이도 많이 나다보니 다정한 언니이기보다는 가르치려는 엄마 역할을 했다는 그의 마음속에는 동생을 따뜻하게 안아주지 못했고 함께한 추억도 많이 남겨두지 못했다는 공허함이 자리하고 있었다. 이제는 동생에 대해 떳떳하게 이야기하고 싶었다.

지금껏 자신과는 상관없는 일로 여겨온 사회적 참사로 인해 어느날 갑자기 동생을 잃고 유가족이 되었다. 유가족이 되었다는 사실이 여전히 믿기지 않고, '유가족이라면 마땅히 이래야 한다'는 시선에 갇히고 싶지 않으면서도 자칫 행복해 보일까봐 매 순간 주춤한다. 주위에서 동정하는 시선이나 조심스러워하는 눈치를 느끼면 어떻게 해야 할지 모르겠고, 취미생활을 하다가도 문득 '내가 이렇게 즐거워도 되나?' 하며 작아진다. 동생만 생각하며 울고만 있을 수 없다는 것을 안다. 그럼에도 참사 이후 변해버린 삶이 두렵고 어떻게 살아가야 할지 좀체 의욕이 나지 않으며 이내 무기력해진다. 예전의 나로 돌아가고 싶지만 언제 그럴 수 있을지 자신이 없다.

사람들이 '불쌍하다' '힘들겠다' '많이 아프겠다' 하고 마는 동정에서 그치지 않기를, 참사를 남의 일로만 여기지 않는 '공감'의 마음을 가지고 그의 곁에 단 한명이라도 끝까지 함께하기를 간절히 바라본다. 그렇다면 송지은 씨도 머지않아 삶의 의미를 다시 찾을 수 있지 않을까?

작가기록단 **김혜영**

혼자 있을 때마다 되게 암울해져요. 살아온 내내 동생이랑 같은 방 같은 침대를 썼는데 옆에 동생이 없으니까 힘이 빠지고 하고 싶은 것도 없고 그냥 무기력해요. 그렇다고 사람들을 안 만날 수도 없고, 막상 만나서 웃고 있는 저 자신을 볼 때면 이래도 되나 싶으면서 타인의 시선으로 자꾸 저를 보게 돼요. 지난 4월부터 다시 일을 시작했는데 계속해야 하나 그만둬야 하나 고민도 많아지고, 전에는 하고 싶은 일도 욕심도 많았는데 지금은 의욕이 안 생겨요. 살아가고자 하는 목표를 잃은 것 같은 느낌이랄까요. 그날 이후로 세상은 많은 것들이 바뀌고 있지만 저는 그 시간 속에 갇혀 빠져나오질 못하는 것 같아요. 멈춰 있어요.

동생이 둘이었잖아요. 참사 전에는 아직 어리기는 하지만 부모님을 잘 보살펴줄 동생들이 있으니까 독립을 해도 될 것 같고, 마음이 놓였어요. 지금은 부모님을 두고 나가서 살 것을 생각하면 걱정이 앞서요. 그럼 집에 막내 하나 있는 거니까요. 참사 당시에는 부모님 때문에라도 힘든 마음을 애써 숨겼고 어떻게든 혼자서 극복해야지 했는데 아무리 시간이 지나도 나아지지가 않아요. 보건복지부 국가트라우마센터에서 상담치료 받으라는 문자가 오지만 응한 적은 없어요. 그걸 받는다고 제가 나아질 것 같지 않고, 어차피 영주가 살아 돌아오는 것도 아닌데 무슨 의미가 있나 싶어요.

그날 이후로 부모님도 많이 변하셨어요. 이전에는 그러지 않으셨는데 지금은 제가 나가 있으면 언제 들어오는지 확인하시고 조금만 늦어도 계속 전화하면서 많이 불안해하고 걱정하세요.

내 동생, 잘 살아왔구나

영주는 연기자가 되고 싶어서 고등학교 때부터 연기학원 다니고 작은 소속사에 잠깐 몸담기도 했어요. 매일 학교 끝나자마자 연습실 가서 연기, 춤, 노래, 발레 등등 다양한 걸 배웠는데 연기자가 되는 게 생각보다 많이 힘들었는지 성인 되고 나서 연기자의 꿈을 접더라고요. 그 이후론 쇼핑몰이나 백화점에서 옷 관련된 일을 했어요. 꾸미는 걸 좋아해서 패션에도 관심이 많았거든요. 패션업계에 종사하면서 나중에 자기 쇼핑몰 하나 차리는 게 영주의 목표였어요.

영주는 집에서 잘 안 나가는 편이었어요. 일이 끝나거나 주말이면 집에서 핸드폰 하고 유튜브 보고 강아지랑 종일 놀며 시간을 보냈어요. 친구도 별로 없는 것 같고 남자친구도 안 사귀는 것 같아서 솔직히 걱정되기도 했어요. 스물세살이면 한창 놀러 다닐 나이잖아요. 영주가 저랑 깊은 대화를 나눴던 편은 아니어서 혹시 사회성에 문제가 있거나 사회생활에 적응 못 하는 건 아닌지 걱정했는데, 영주 빈소가 차려졌을 때 보니까 전혀 아니더라고요. 정말 친구만 한 200명 정도 다녀간 것 같아요. 영주의 마지막을 함께해주는 친구들이 이렇게나 많은 것을 보고 '내가 헛살아왔구나. 영주가 나보다 잘 살아왔구나' 하는 생각이 들었어요.

영상 속에서 동생이 심폐소생술을 받고 있었어요

참사가 일어난 날, 저는 오후 6시쯤에 집에 왔어요. 집에 아무도 없어서 영주한테 전화를 걸었죠. 어디냐고 물었더니 지금 이태원에 있다고 했어요. 그때가 저녁 8시 정도였어요. 주변이 엄청 시끄러웠어요. '오늘 핼러윈이라 이태원에 갔구나' 생각하고 너무 늦지 말고 빨리 들어오라고 하고는 끊었어요. 그리고 궁금해서 카톡으로 그곳 사진 보내달라고 했더니 골목 같은 곳에 사람이 되게 많은 사진을 보내주면서 저기 보이냐고, 자기 저기 지나오다가 구겨지는 줄 알았다고 하더라고요. 저는 위험하다고는 생각 못 하고 "조심히 다니고 늦지 않게 돌아와"라고 카톡을 보냈고 동생도 알겠다는 답을 보내왔어요.

잠잘 준비하고 누워 있는데 밤 11시 반쯤 남자친구가 이태원에 사고가 났다고, 뉴스 봤느냐고 하는 거예요. 검색해보니까 속보가 계속 뜨길래 안 되겠다 싶어 유튜브로 실시간 영상을 찾아서 봤어요. 굉장히 복잡한 상황이었어요. 동생한테 바로 전화했죠. 근데 안 받는 거예요. 어떡하지, 어떡하지 하다가 동생 친구랑 연락이 닿아서 그 친구가 실종 신고를 해줬어요. 담당 경찰분이 "위치는 잡혔다. 그러니까 기다리고 있으라" 해서 알겠다고 하고 기다렸어요. 휴대폰 신호가 약간씩 움직이고 있으니 다행이다 싶은데도 이상하게 불안했어요.

그때 제가 들어가 있던 200~300명 규모의 단체 카톡방에 "현재 이태원 상황 이를 어떡해요" 하면서 동영상 하나가 올라왔는데, 제가 우연히 그걸 봤어요. 참사 현장 동영상은 지금까지도 그게 처음이자 마지막으로 딱 하나 본 건데, 그 영상 속에서 심폐소생술을 받고 있는 사람이 제 동생 같은 거예요. 그날 동생이 무슨옷을 입고 나갔는지를 몰라서 동생 친구한테 혹시 영주가 입고간 옷을 아느냐고 물었더니 "언니, 이거 영주가 보내준 사진이에요"라며 출발하기 직전에 찍은 사진을 보내주더라고요. 근데 어, 그 사진의 옷차림이… 동영상에서 심폐소생술 받고 있던 사람하고 똑같았어요.

개인정보라 알려줄 수 없다니요

아, 안 되겠다, 가봐야겠다 해서 차 타고 현장에 도착했을 때가새벽 2~3시 정도 됐던 것 같아요. 녹사평에 내렸는데 녹사평역광장 앞 횡단보도 안쪽으로는 아예 들어갈 수가 없었어요. 그래서 실종 접수를 해주셨던 경찰분께 전화했더니 이분이 위치를 안알려주시는 거예요. 핸드폰이 움직이고 있다고는 하면서 정확한위치는 개인정보라 알려줄 수 없다고 했어요. 지금이 일반적인상황도 아니고 큰 참사가 일어나서 동생이 죽었는지 살았는지도모르는데 위치를 알려줄 수가 없다니, 너무 말이 안 되는 것 같아통화상으로 계속 대치했어요. 그랬더니 경찰분께서 신호가 용산

경찰서 쪽에서 잡히는 것 같으니 그리로 가보라고 그제야 알려주었어요. 용산경찰서에 가보니 해밀톤호텔 옆 골목길에 떨어졌던 동생의 핸드폰이 수거되어 있었어요. 그래서 신호가 잡혔던 거죠. 제 신분증이랑 동생과 저의 가족관계를 증명할 수 있는 서류들을 핸드폰에서 찾아 경찰에게 보여주고 동생 핸드폰을 달라고 했는데 안 된다 하더라고요.

조금 있다가 어떤 경찰이 희생자들의 시신이 지금 원효로다목적체육관에 안치되고 있으니 확인하려면 체육관으로 가보라고 했어요. 급히 체육관으로 갔더니 그곳엔 기자들만 너무 많았어요. 체육관에 온 사람들 모두 넋이 나가 우왕좌왕하고, 어떤 구급대원은 희생자들이 순천향대병원으로 이송된다고 하고…. 그래서 체육관을 담당하고 있는 경찰에게 제 동생 옷차림 사진을 보여주면서 이 옷 입고 있는 사람 있느냐고 물어봤어요. 그런데 신원 확인조차도 안 해주시더라고요.

동생 소식도 못 듣고 어느 누구도 상황을 알려주지 않아 점점 더 불안해졌어요. 소식을 제일 빨리 정확하게 들을 수 있는 곳이 경찰서일 것 같아 다시 용산경찰서로 갔어요. 아침 7시까지 경찰서 앞 벤치에 앉아 소식을 기다렸지만 아무것도 알 수가 없었어요. 마냥 그곳에만 있을 수 없어 일단 집 근처로 왔어요. 10시 정도에 동생이랑 같이 갔던 친구의 아버님이 전화를 주셨어요. 제가 경찰서에 가서 동생 핸드폰을 찾을 때 친구 아버님은 이미 딸의 사망 소식을 알고 계셨는데, 제가 동생 소식을 아직도 모른다고 하니까 다른 경찰분께 알아봐주신다고 하셨어요. 잠시 후 친구 아버님께서 "딸이랑 같이 있던 친구 언니가 아직 동생을 못 찾았다"라고 하니 경찰이 제 동생은 삼성서울병원에 안치되어 있다고 확인해줬다며 저에게 동생 소식을 알려주셨어요. 그때가 오전 10시 좀 넘어서였어요.

그날도 지금도 동생의 죽음이 믿기지 않아요

그전에 아침 8시쯤 아빠한테서 전화가 왔었어요. 아빠가 전날 밤 가게 장사 마감하기 전에 이태원 참사 뉴스를 봤는데 당연히 아빠는 내 딸이 그곳에 갔을 거라는 생각을 안 하셨던 것 같아요. 그런데 뭔가 계속 찝찝하시더래요. 그래서 아침에 영주에게 전화를 했는데 영주가 안 받으니 저한테 하신 거였어요. 제가 그때서야 새벽에 일어났던 상황을 말씀드려서 아버지도 아시게 된 거지요.

사실 저는 그때까지도 설마설마했어요. 동생한테 나쁜 일이 일어났으리란 생각을 아예 안 하려고 했어요. 실종신고 후 경찰에서 동생 위치가 계속 움직이고 있다고 했으니까 동생에게 별다른 문제가 없을 거라고 여겼어요. 나중에 그 움직이는 것이 동생이 아니고 호텔 골목길에 떨어져 경찰에서 습득한 동생 휴대폰인 것을 알았을 때도 부모님께 어떻게 말씀드려야 할지 몰랐어요. 너무 무서웠어요. 그저 동생이 휴대폰을 잃고 길을 헤매고 있는 것

뿐이다, 부모님 걱정하게 하지 말자, 내가 어서 빨리 동생을 찾아보자 하고 경찰서와 체육관을 오가며 이태원 일대를 계속 돌아다닌 거지요. 그러다 아침에 집에 돌아왔는데 아버지한테서 전화가 와 어쩔 수 없이 상황을 말씀드리게 된 거예요.

동생이 삼성서울병원에 있다고 엄마 아빠한테 연락드릴 때도 동생이 죽었다는 말을 못 했어요. 제가 울면서 전화하니까 많이 다쳐서 무슨 수술을 하나보다 하셨대요. 병원까지 그 길을 어떻게 갔는지 기억이 안 나요. 한 40분, 50분 걸렸던 것 같은데 계속 비상등을 켜고 다른 차들 비껴가면서 갔던 것 같아요.

병원 장례식장에 도착해 동생의 이름을 말했지만 신원 확인을 해야 한대서 곧바로 동생을 볼 수 없었어요. 동생 친구 아버님께서 이미 확인해주셔서 동생이 이 병원에 있다는 것을 알고 왔는데도 기다리라는 거예요. 30여분 기다렸다가 안치실로 가서 동생을 봤는데 동생은 옷을 걸치지 않은 상태였어요. 실감이 안 났어요. 정신이 너무 없었고, 하룻밤 사이의 일들이 다 비현실적으로 다가와 동생의 죽음을 보고도 믿기지가 않았어요. 지금도 그날 그 상황이 실제로 있었던 일 같지 않아요.

동생에 대해 떳떳하게 이야기하고 싶었어요

그날 이후 영주 생각을 안 하려야 안 할 수가 없었어요. 마음도 일상도 다 답답하고 무거워요. 참사가 일어났을 때 '놀러 갔다 죽었다'라는 혐오가 너무 만연해서 처음에는 숨기 급급했어요. 인터뷰할 상황이 와도 선뜻 하겠다고 하지 못하고 많이 망설였어요. 그만큼 희생자 그리고 동생에 대한 혐오와 비하 앞에 나서는 게 무서웠고, 엄마 아빠도 안 그러신 척하지만 댓글을 다 보셨을 텐데 얼마나 상처받으시고 무너지셨을지 알기에 숨어 있게 된 것 같아요.

유가족협의회에 들어간 것도 좀 늦은 편이었어요. 유가족 단체 카톡방에 100명 정도 모였을 때였어요. 몇몇 유가족분들이 "우리가 유가족이다"라며 첫 기자회견을 열었는데 아버지가 보시고는 우리도 같이 해야 하지 않겠느냐고 하셨어요. 가만히 있을 수만은 없는 상황이었어요. 이태원 참사 기사를 계속 접하다보니 문제점이 드러나면서 참사의 진실이 하나하나 밝혀지고, '놀러 갔다 죽은' 게 아니라는 것을 많은 분들이 알아봐주시니 저희도 용기가 생겼어요. 무엇보다 동생에 대해 떳떳하게 이야기하고 싶었어요. 그래서 민변에 연락해 "저희도 유가족이에요" 하고 유가족협의회에 들어가게 된 거지요. 그후 인터뷰와 분향소 지킴이 활동, 100일 시민추모대회 등에 참여하려고 많이 노력했어요.

나중에는 희생자 형제자매 모임에도 들어갔어요. 희생자분들 대부분이 20대이다보니 부모님들이 연세가 좀 있으셔서 언론이나 매스컴에 대응하기 위해 젊은 친구들이 필요했던 것 같아요. 마침 젊은 형제자매들도 조금씩 나서고 있었고요. 근데 많지는 않아요. 이런 형제자매 모임이 있는지 모르시는 분들도 있고 생계를 유지해야 하니 참여가 어려운 분들도 계셔서요.

같은 아픔을 겪은 사람들이다보니 그때 당시에는 친구들보다 형제자매분들한테 얘기하는 게 더 공감받고 위로가 됐어요. 지금도 그렇고요. 아무리 친한 친구들한테 얘기를 해도 그들에게는 남의 일이었어요. 저 역시 이야기를 하다가도 듣는 사람이 불편할 수도 있겠다는 생각이 들면서 보이지 않는 벽이 생겼던 것 같아요. 그런데 형제자매분들 만나면 나이 차이도 얼마 안 나니까 대화도 잘되고 마음이 편했어요.

그렇지만 형제자매분들 모두 예민할 수밖에 없잖아요. 저는 동생을 잃었고, 누구는 언니를, 오빠를 잃으셨는데 얼마나 애틋한 사이였는지 얼마나 소중한 사람이었는지는 아무도 짐작할 수 없고, 또 형제자매 입장만이 아닌 부모님의 생각이나 다른 희생자 유가족들과의 관계도 세심하게 고려해야 하잖아요. 그래서 해결점을 찾아야 할 때 이건 이렇게 하자고 먼저 말하기가 조심스러워요. 상황이 다 다르니 서로 맞추기가 쉽지 않고 경우의 수도 많고요.

내가 이래도 되나 하는 죄책감

시간이 많이 지났지만 저는 지금도 유가족이라는 사실이 안 믿겨요. 세월호 참사가 저 대학교 입학할 때였는데, 참사 직후 MT 같은 행사들이 다 취소됐었거든요. 뉴스 보면서 되게 많이 울었어요. 근데 이제는 제가 똑같은 아픔을 겪고 있는 유가족이 되었어요. 꿈에도 생각할 수 없는 일이 어느날 갑자기 닥친 거예요.

그런데 문득 사람들의 시선을 의식하고 있는 제 자신을 보았어요. '유가족은 응당 이래야 한다'라고 정해진 게 아닌데, 친구들 앞에서 어떤 행동을 하거나 카톡에 평범한 사진을 올릴 때도 신경 쓰이는 거예요. 내가 행복해 보이면 어떡하지? 유가족이니 행동을 조심해야 하나? 대체 유가족이란 어떤 거지? 어떻게 해야 하지? 심지어 남들이 다 보는 공간에서는 동생에 대한 애도도 뭔가 조심스러워지는 것 같았어요.

지인과 대화를 나누다가 참사 관련 이야기가 나올 때가 있어요. 그러면 저를 동정하는 시선으로 바라보기도 하고, 그렇게 조심스러워하지 않아도 되는데 제 눈치를 보시는 분도 있어요. 이럴 때 어떻게 해야 할지 모르겠어요. 그러다보니 평소에 즐겼던 취미생활을 하고 있다가도 문득 '내가 이렇게 살아도 되나?' 하며 위축되고, 좋은 것을 먹거나 볼 때도 나만 이렇게 행복해도 되나 하는 죄책감에 빠져요. '행복'이란 말 자체도 참사 이후 써본 적이 없어요. 이게 결국 제가 유가족이라서 그런 거겠지요.

가장 절망적인 것은 정치적으로 몰아가는 시선이었어요

가장 절망적인 것은 참사와 유가족에 대해 정치적으로 바라보는 사람들의 시선이었어요. 애초에 정치라는 게 갈등을 만들어내는 것이라고도 하지만, 정치인들은 참사 문제를 대할 때 서로 대립을 만들고 자기네 쪽에 유리하게 여론을 몰아가는 것 같아요. 유가족들은 약자이다보니 조금이라도 저희 의견을 내세워줄 수 있는 사람들의 손을 잡아야 했어요. 그게 어느 당이냐는 중요하지 않아요. 저희에게 씌워진 어쩔 수 없는 굴레인데 사람들이 "너네 어느 당이랑 손잡았으니 어느 당 사람들이다"하면서 정치적으로 몰아가는 게 정말 답답했어요. 동생의 죽음에 대해서 정치적으로 뭘 하려는 것이 아니라 단지 진상규명을 위한 법이 필요할 뿐이었는데요.

어떻게든 저희를 도와주려는 분들께 의지하는 게 당연한 건데 그 상황에 대해 정치적인 프레임을 씌워 빨갱이네 뭐네 하는 말도 많이 듣고 하다못해 분향소에서는 시체팔이 한다는 막말도 들었어요. 한번은 유튜브 하시는 분과 막 다투다 누군가 그분에게 너는 자식 없느냐고 물으니 그분이 "내 딸은 그런 데 안 가. 교육 잘 시켜서"라고 하시는 거예요. 너무 화가 났어요. 저보다 어른이시고 누군가의 엄마이니 자식 잃은 슬픔이 어떤지 알 텐데도 함부로 말을 하니까요.

20~30대인 분들이 이태원 참사를 좋지 않은 시선으로 바라보

는 것도 받아들이기가 어려웠어요. 악성 댓글을 다는 젊은 분들도 그렇고요. 진실을 제대로 파악하지 않고 부정적으로만 바라보려는 것 같았어요. 이 참사에 대해 그냥 남 일이라 여기고 문제점을 깊이 생각하려고는 하지 않는 듯해요. 어느 국가에서든 절대 일어나서는 안 될 참사이고, 누가 봐도 억울하고 슬픈 일인데 금방 잊고 마는 것 같아요.

정치인을 비롯해 많은 사람들이 분향소에 왔다 가는 모습을 봤어요. 그러나 거기까지인 것 같아요. 이런 참사에 대해 진상규명조차 안 되니까 유가족들은 법을 통해서라도 해보려고 거리에 나와 있잖아요. 그런데 슬퍼는 하면서 왜 끝까지 함께해주지 않는지, 왜 동정만 하고 공감은 안 하는지. '너네 불쌍하다. 너네 많이 아프겠다. 끝.' 그뿐인 것 같아요. 일부 정치인들은 해결은커녕 왜 이렇게 됐는지도 관심 없고 오히려 숨기기 바빴고요.

누구든 찾아올 수 있는 밝고 트인 곳

서울시에서 추모 공간으로 녹사평역 지하 4층을 제시했을 때 왜 정부는 자꾸 참사에 관해 숨기기에 급급하고 안으로 박아두려고 하나 화가 났어요. 추모 공간을 만드는 게 당연한 건데 왜 이렇게 꼭꼭 숨겨놓으려는지 이해가 안 됐어요. 이번 참사의 희생자분들은 대다수가 젊은 분들이잖아요. 그분들이 살아 있었으면 자기 자리에서 제 역할을 다 열심히 하셨을 거고 앞으로 창창하게 우리 사회를 이끌어갈 사람들이었을 텐데…. 추모 공간은 지하나 외진 곳이 아닌 밝고 트인 곳이었으면 좋겠어요. 많은 사람들이 쉽게 찾아올 수 있게요.

서울시청 앞으로 분향소를 옮긴 후 많은 부모님들은 집에 있는 것보다 분향소 오는 게 훨씬 마음이 편하다고 하세요. 그 말이 무슨 뜻인지 알겠더라고요. 진짜 마음이 많이 편해져요. 처음 분향소 갔을 때는 동생 사진을 보자마자 계속 울었는데 이제는 동생이 여기 있는 것 같아요. 집은 공허한데 여기 오면 저도 동생 옆에 있는 기분이 들어 신기해요.

녹사평에서는 이런 생각이 안 들었어요. 녹사평 분향소는 신자유연대가 바로 앞에서 유가족들 비방하는 것도 그렇고, 사람들이 찾아가기도 힘든 좁고 구석진 곳에 있으니 미안했어요. 아이들이 너무 답답하겠다 싶었는데 시청 앞 넓은 데로 오니까 정말 좋아요. 시민들이 오가며 찾아와주시기도 하고 서울광장에서 열리는 행사에 방문하신 가족들도 분향소에 많이 오세요. 지킴이 설 때 많은 분들이 위로해주시고 따뜻한 말도 건네주셨어요. 서울시장이 계고장을 날려서 늘 불안하지만 부모님들이 지켜주고 계시니 마음이 놓여요.

이태원역 1번 출구는 아직 가지 못했어요. 참사가 일어나기 전에는 자주는 아니라도 이태원 놀러 갔을 때 아무 생각 없이 지나던 골목이었지요. 동생이 마지막 있던 곳이라 한번이라도 가야 되지 않나 싶으면서도 못 가겠더라고요. 쳐다도 못 보겠어요.

동생 생일이 참사 2주 전이에요. 작년 생일날 동생이 유독 무슨 일 있나 싶게 우울해하고 침대에만 누워 있었어요. 생일이라고 따뜻한 말 한마디 없이 돈만 보내주었는데 지금까지도 후회되고 미안해요. 곧 돌아올 1주기는 생각해본 적 없어요. 너무 마음이 아플 것 같아서요. 1주기보다는 생일날 동생이 좋아하던 음식싸들고 동생 보러 가고 싶어요.

영주 누나 꿈 꿨어?

저는 동생이 쓰던 다이어리에 매일은 아니지만 일기처럼 동생한테 편지를 쓰고 있어요. 참사가 있기 3~4일 전에 동생들이랑저랑 셋이서 회사 근처에서 밥을 먹었어요. 동생이 먼저 밥 먹자고 연락이 와서 기분 좋았던 게 생각나요. 저녁 10시 정도에 퇴근하고 같이 밥 먹은 건데, 생각해보면 저 일하는 곳 주변에서 만나같이 밥 먹은 건 처음이었던 것 같아요. 그때가 처음이자 마지막이었는데 더 좋은 거 먹여주고 더 예쁘고 좋은 데로 갈걸… 마음이 많이 아파요.

맏이다보니 마치 엄마 입장에서 동생을 가르치려고 했던 것도참 미안해요. 매일 바쁘다는 핑계로 다정하고 살갑게 못 해줬어요. 저는 첫째 딸이라는 이유로 해외 유학도 다녀왔고 셋째는 늦둥이 아들이라 챙겨주는 사람도 많았는데 둘째였던 영주는 많이 외로웠을 것 같단 생각이 동생이 떠나고 나서야 들더라고요.

언젠가 막냇동생이랑 얘기하다 "영주 누나 꿈 꾼 적 있어?" 하고 물어본 적이 있는데 꿨어도 얘기하고 싶지 않은 건지 막내가 대답을 피하더라고요. 누나 얘기하는 걸 어려워하는 것 같아요. 어린 나이에 빈소에서 상주 역할을 하면서 한번도 눈물을 보이지 않았는데 친구들과 담임선생님이 오셨을 때 처음으로 많이 울었어요. 막냇동생도 많이 힘들고 견뎌내기 힘든 시간이었을 텐데 제가 잘 보듬어주지 못해 미안해요.

자려고 침대에 누워 있을 때가 제일 힘들어요. 영주 생각이 많이 나서요. 무심코 영주가 누웠던 쪽으로 도는 순간 영주의 빈자리에 울컥해요. 집안일 할 때도 생각이 많이 나고요. 영주는 늘 바쁜 부모님과 저를 대신해 집안일도 불평 없이 잘했어요. 옷도 하나하나 다 개켜 차곡차곡 넣어두었던 아이라 요즘 문득 옷장 문을 열었을 때 영주가 있었으면 더 깨끗하게 정리됐겠지 해요.

영주는 일주일에 한두번은 꼭 먹을 정도로 떡볶이와 초밥을 좋아했어요. 퇴근하자마자 주문하고 씻고 나와서 막냇동생과 같이 맛있게 먹곤 했죠. 저도 덕분에 다양한 종류의 떡볶이를 먹어봤어요. 동생 친구들이 그러는데 동생은 저랑 나이 차이가 있어서인지 저를 무서운 언니라고 했대요. 그래서인가 같이 쌓아온 추억도 많지 않은 것 같네요. 하루하루 열심히 살아가며, 한끼를 먹어도 늘 맛있게 챙겨 먹고, 가족들을 잘 챙겨주던, 혼자서도 멋지게 잘 살아갈 것 같은 동생이었는데… 너무 보고 싶어요.

남 일처럼만 여기지 않았으면 좋겠어요

처음에 압사라는 말을 들었을 때 내가 알고 있는 그 단어가 맞나 했어요. 길 걷다가 압사를 당한다는 게 이해가 안 되었으니까요. '대한민국이 진짜 길을 걷다가도 죽을 수 있는 나라구나'라는 생각을 하게 됐어요.

답답했던 건, 코로나19 때문에 재난문자를 지겹도록 받았잖아요. 오죽하면 저는 알림을 꺼놨어요. 그런데 참사가 발생하기 한참 전인 오후 6시 34분에 최초 신고가 들어갔단 말이죠. 경찰이 신고 접수 후 현장에 나가서 상황 파악을 했다면 '이거 위험할 수도 있겠다'라는 것을 금방 알 수 있고, 경보를 올릴 수도 있었다고 생각해요. 제 동생도 출발 전 집 근처에서 사진 찍은 시간이 저녁 7시 34분쯤이에요. 그러면 이태원에는 8시 1~2분 정도에 도착했을 거란 말이에요. 제 동생이 경고 문자라도 한통 받았으면 위험을 인지했을 텐데, 그런 게 전혀 없었으니까 아무것도 모른 채 막연히 이태원에는 사람이 많겠다고만 알고 갔겠지요. 핼러윈은 항상 그랬을 테니까요. 사고 발생 한참 전부터 한차례도 아니고 여러차례 신고가 들어왔다고 하는데 관련 기관들은 왜 가만히 있었을까? 그때 대응을 했다면 159명의 희생자가 안 나왔을 텐데, 아무리 생각해봐도 이해가 안 되고 답답해요. 초기 대응을 하지 않은 것, 명백히 국가 책임이라고 할 수 있지요. 제대로 하지 않았고, 하지도 못했고.

지난 3주간 많은 사건들이 있었잖아요.* 오송 지하차도 참사, 실종자 수색 작업을 하던 해병대원의 사망, 초등학교 교사의 죽음, 묻지마 칼부림 사건 등등…. 희생자는 대부분 청년이었고요. 예전에는 이런 죽음 소식을 접해도 잠깐 안타까워하다 무심히 지나갔어요. 저와는 상관없는 일이라고 생각했으니까요. 근데 지금은 너무 감정이입이 돼요. 종일 기사를 찾아보고, 얼마나 힘들고 아팠을까 하는 생각도 들고.

이런 소식을 접하면 삶에 대한 회의감이 많이 들어요. 이렇게 열심히 살아도 내가 사라지는 건 정말 한순간이구나. 어떤 일로 어떤 시간에 어떻게 될지 모르는구나. 정말 삶이라는 게 이런 건가 하는 생각이 많이 들어요. 이게 다 3주, 3주 안에 일어났던 일인 거잖아요. 일어나는 모든 사건들이 다 내 일이라고 할 수는 없겠지만 너무 남 일처럼만 여기지 않았으면 좋겠어요. 모두가 내 일이라고 관심을 가지면 가질수록 그만큼 슬픈 소식은 덜 발생할 거라고 생각해요. 정말 남의 일이 아니었어요. 이번에 동생을 그렇게 보내고 나니 나도 언제 어떻게 될지 모르는데 어찌 남의 일인가 하는 생각을 많이 했어요.

● 송지은씨와의 이 인터뷰는 2023년 7월 23일에 진행되었다.

어떻게든 조금이라도 더 열심히 살아가야겠다는 생각이 올라와야 하는데 모르겠어요. 잘 안 돼요. 하지만 언제까지 이럴 수는 없으니 어떻게든 다시 끌어올려야겠지요. 또 유가족으로서 언제가 될지 모르겠지만 진상규명이 이루어지도록 끝까지 함께해야 하지 않을까 해요. 그래야 영주를, 아니 백쉰아홉분의 영혼을 편히 보내드릴 수 있을 것 같아요.

스물셋 내 삶과
유가족의 자리

진세은씨의 언니
진세빈씨 이야기

"흔들리지 않고 피는 꽃이 어디 있으랴." 꽃과 사랑 모두 흔들리며 피어 난다고, 그러니 힘내라고 도종환 시인은 말한다. 하지만 꽃이나 사랑처럼 아름다운 것들만 그러할까? 나는 슬픔도 고통도 흔들리며 핀다는 것을 이 번 인터뷰를 통해 알게 되었다.

세상에서 가장 사랑하는 사람이었던 동생을 앞서 보낸 세빈씨는, 이 충 격적인 상황을 꺼내어 봐야 할지 그냥 덮어만 둬야 할지 고민하고 있었다. 다른 사람에 비해 감정의 진폭이 큰 탓에 슬픔에 반발짝만 가까워져도 빠져 나올 수 없게 될 거라는 두려움이 그에게서 비쳐 보였다. 그래서 온몸의 뼈 가 부서질 것 같은 슬픔을 들추고 싶지 않아 참사 당일의 사진이나 영상을 일부러 찾아보지 않는다고 했다. 일상의 소소한 행복들로 덮고 지내다가 슬 픔이 너무 쌓이면 학교 상담실로 달려가 숨도 못 쉴 만큼 울고 나오기도 했단다.

딱 부러진 말투와 단정한 태도 속에서 세빈씨의 흔들리는 마음을 눈치채기는 사실 어려웠다. 오히려 슬픔을 극복하고 이전의 일상을 많이 회복한 사람으로 보이기도 했다. 유가족으로서의 행보와 자기 삶의 밸런스를 어떻게 맞춰나가야 할지 잘 모르겠다며 그가 조심스레 말을 꺼내기 전까지는.

유난히 친했던 동생과 단란한 가족들 사이에서 대학 졸업학기를 앞둔 시기에 참사 유가족이 된 세빈씨. 어쩌면 이건 그의 말처럼 평생에 걸쳐 안고 갈 수밖에 없는 아픔일지 모른다. 그의 나이 스물셋. 진로, 취업, 결혼 등 앞으로 펼쳐질 찬란한 인생의 밑그림을 그리기 위해 해야 할 일도, 하고 싶은 일도 많을 나이. 한번도 상상해본 적 없던 동생의 억울한 죽음 앞에 이제 겨우 스물셋인 그가 자신의 삶과 유가족으로서의 자리를 힘겹게 찾아가고 있는 중이다. 얼마나 힘든 시간일지 가늠조차 되지 않아 다음 말을 잇지 못하고 있었는데, 자기 말이 좀 애매하게 들리지 않느냐며 되레 세빈씨가 나의 생각을 살폈다. 유가족을 대하는 사람들의 시선에 대한 조심스러움이리라. 혼란스러운 속내조차 편히 드러내지 못하는 그 모습이 속상했다.

정작 책임질 자들은 따로 있는 이 참사의 고통이 왜 유가족의 몫이 되어야 한단 말인가.

작가기록단 **정인식**

제가 가장 많이 운 데가 아마 지하철일 거예요. 학교 오가는 지하철 안에서 주로 집으로 돌아가는 늦은 시간에 많이 울었어요. 그땐 지하철에 사람도 별로 없고, 아무도 저한테 관심이 없는 공간이라서요. 요새 지하철에서 보면 다들 핸드폰 하고 이어폰 꽂고 있느라 앞에 연예인이 와도 잘 모르기도 하잖아요. 설령 그 사람들이 우는 저를 이상하게 본다고 해도 어차피 모르는 사람들이니까 별 신경 안 쓰여요.

저는 가족들도 그렇고 저를 아는 사람들이나 저를 좋아하는 사람들 앞에서는 잘 못 울겠더라고요. 눈물이 거의 안 나요. 그래서 이런 얘기를 할 때도 친구들은 우는데 저 혼자 눈물을 흘리지 않고 있어요. 그게 흔히 말하는 'K-장녀'의 특징인 건지 아니면 제 성격이 그런 건지는 잘 모르겠지만 여하튼 저는 그렇더라고요.

그런데 약간은 그런 마음도 있어요. 눈물을 흘리는 순간조차도 이 슬픔이 가벼워 보이지 않았으면 하는 마음. 친구들 앞이나 흔한 자리에서 울 정도로 가벼운 무게가 아니고, 그 정도로는 표출도 안 되는 무거운 감정이니까요.

장례식장에서도 되도록 울지 않았어요. 엄마는 아예 일어나질 못해서 장례식장 안쪽 방에서 안 나오셨고, 아빠도 세은이 영정 사진 못 보겠다고 거의 밖에 계셔서 저 혼자 상주 노릇을 했거든요. 계속 손님들을 맞이해야 했고, 친구들을 봐야 했고, 조문 오시는 분들에게 인사해야 했고….

지금 생각하면 많이 후회되죠. 친구들 와서 다 울 때 나는 왜 울지 않았을까? 너무너무 후회돼요. 다시 그 시간으로 돌아간다면 친구들 들어올 때마다 한명씩 한명씩 붙잡고 계속 울고 있을 것 같아요. 그때 못 풀어낸 슬픔들이 응어리진 건지 동생이 없다는 사실을 되게 오랫동안 받아들이지 못하고 있거든요.

세은이는 나를 살렸는데 나는 그러지 못했어요

세은이는 워낙에 밝고 착해서 언니가 저 아닌 누구였어도 좋은 자매가 될 수 있었겠지만, 저는 많이 예민해서 세은이가 아니면 이렇게 행복한 자매 사이는 될 수 없었을 거예요. 저희는 한살 차이인데도 닮은 구석이 이렇게까지 없을 수 있나 싶을 정도로 아예 달랐어요. 제가 거의 부모님의 동생 같은 느낌이라면 세은이는 완전 막내딸 같은 느낌? 그런데도 진짜 친한 사이였어요.

집에 들어갈 때 꼭 세은이랑 통화를 하거든요, 나 지금 어디까지 왔다고. 저희 본가가 12층인데 어디쯤 지나면 저희 집 창문이 보여요. 그럼 세은이가 꼭 플래시를 손에 들고 흔들고 있어요, "언니 나 보여?" 하면서. 힘든 일 있어도 세은이한테 얘기하기보다는 맛있는 걸 사 가서 세은이 먹는 모습 보는 것으로 힐링을 해요. "뭐 재밌는 일 없었어?"라고 물어보기도 하면서요.

방에 이제는 저 혼자서 자는, 진짜 좁은 침대가 하나 있어요. 2층 침대 중의 아래에 있는 침대라서 더 좁아요. 근데 둘이 맨날 굳이 군이 넓은 데 놔두고 그 안에 꼭 끼어 들어가서 옴짝달싹 못 하는 채로 같이 누워 수다 떨고 뒤에서 막 끌어안고 핸드폰 하고 그랬어요. 그 침대 위에서 제가 처음이자 마지막으로 세은이 붙잡고 엄청 울었던 날이 있어요. 재작년에 우울증 때문에 진짜 죽고 싶은 마음이 오래 지속되면서 힘들어한 적이 있었거든요. 가족이나 친구들도 제 성격을 아니까 아무도 얘기를 못 꺼내고 있었는데, 그때 제가 먼저 저녁 시간에 세은이 붙잡고 울면서 얘기했어요. "내가 요즘 너무 힘들고 계속 죽고 싶은 마음이 든다"라고. 그러니까 오히려 세은이가 더 엉엉 울면서 나 언니 없이는 못 산다고…. 지금 부모님이 유일하게 살아가는 이유가 제게 있듯 그때 저를 유일하게 살게 하는 사람은 바로 세은이었어요. 세은이가 해준 말, 언니 없이는 못 산다는 그 말 한마디가 그 어떤 것보다도 저를 살고 싶게 했어요.

그렇게 세은이는 저를 살렸는데… 저는 그래주지 못했어요….

무릎 꿇고 빌었어요, 하루만 시간을 달라고

그날 저도 친구들이랑 이태원에 가기로 했었는데 사람이 너무 많을 것 같았어요. 주변 친구들이 다 이태원에 간다고 했거든요. 저는 이태원 핼러윈 축제에 가본 적이 없어서 잘은 모르지만 그렇게 사람이 많으면 재밌을까 하는 생각에 군이 가고 싶지 않아져서 홍대로 갔어요. 세은이는 코로나19 이전까지 고등학생이라 한번도 간 적이 없었으니까 이태원에 간다고 했고요. 근데 그 전주에 세은이가 저랑 산책하면서 이태원에 사람 많을 것 같다고, 이태원에 있다가 늦기 전에 강남으로 넘어간다고 했거든요.

친구들이랑 홍대에 있는데 자꾸 부모님한테 전화가 오더라고요. "세은이가 지금 연락이 안 된다. 근데 그런 뉴스가 뜬다." 그래서 저는 "세은이 강남 가는 중일 거야. 사람 많아서 연락 안 될 수도 있지" 했어요. 그러고 나서 택시를 타고 집에 가는데 뉴스를 보니까 이태원 사상자가 백몇명 이렇게 뜨더라고요. 그때도 사실 저는 걱정하기보다는 남의 일이라고 생각했어요. 그런데 대문을 열자마자 엄마 아빠가 신발 신고 막 나오고 계신 거예요. 병원에서 전화 왔으니까 가야 된다고요. 그 길로 셋이 택시 불러서 국립중앙의료원으로 갔어요. 그때가 새벽 1시 좀 넘은 시간이었어요.

도착해서 3층 외상센터 가는 엘리베이터를 기다리고 있는데 세은이가 지나가는 거예요. 근데 참 가족이란 그런 건지, 얼굴도 안 보이고 발만 내밀어져 있었거든요. 발 보자마자 엄마가 세은이라고…. 애가 눈을 감고 되게 부은 상태로 있었어요. 옷은 벗겨져 있고 몸에는 수술 자국들이 있고. 가족 동의를 받을 여유조차 없을 만큼 위급한 상황이라 긴급수술을 두차례 받았다고 했어요.

처음에는 세은이에게 의식이 있었대요. 세은이가 자기 이름 얘기하고 엄마 전화번호도 얘기해서 병원에서 집으로 연락 온 거였어요. 자기 생년월일 얘기하다가 의식을 잃었다고 했던 것 같아요. 그렇게 도착한 저희보고 첫날 병원에서 세은이가 더 못 산다며 준비하라고 했는데, 기적에 기적이 반복되면서 세은이는 3일을 살았어요.

세은이 있던 곳이 중환자들만 있는 외상센터라 수혈하는 분이 들락날락할 때만 문이 열렸어요. 그때 잠깐이라도 세은이 보려고 저는 계속 출입문 앞에 서 있었고요. 온종일 있었어요. 출입문 틈새로 세은이 얼굴은 안 보이고 팔다리만 보였는데, 세은이를 향해 계속 소리 질렀어요. "세은아! 언니 여기 있고 너무 사랑해. 너도 많이 걱정되지?" 그리고 계속해서 빌었어요 그냥. 1초라도 내가 기도를 끊으면, 내가 기도를 안 한 그 잠깐 동안 잘못될 것만 같아서 주술 외듯이 주문 외우듯이 무릎 꿇고 계속 빌었어요. 처음에는 중환자실 출입문 앞에 있었는데, 세은이랑 조금 더 가까이 있으면 내 생각이 더 들리지 않을까 해서 비상계단 쪽으로 옮겨 가 무릎 꿇고 계속 빌었어요. '제가 무슨 일이든 할 테니까 제발…. 지금 저 자리에 제가 있을 테니까 제발….' 단 하루만이라도 시간을 주셔서 제발 세은이와 마지막 인사라도 할 수 있게 해달라고, 정말 시간을 조금이라도 달라고 빌었어요. 그런데 가끔은 제가 그때 너무 짧은 시간만 달라고 빌었던 게 아닌가 후회하기도 해요.

조금 억울해요. 왜 하필 우리였을까

　저희 가족은 세월호를 기억하는 사람들이었어요. 제가 중학생이었을 때 학원 끝나고 휴대폰을 보는데 세월호 사건이 나와서 되게 놀랐던 기억이 아직도 뇌리에 강하게 남아 있어요. 고등학생 때부터 스물두살까지 거의 한 4~5년 정도 카카오톡 프로필 메시지가 늘 노란 리본 하나였고요. 저는 세월호 참사를 계속 기억하는 게 중요하다고 생각했어요. 저도 저지만 세월호 리본이나 키링 같은 장식들은 오히려 세은이가 더 잘하고 다녔어요. 최근에도 갑자기 방에서 세은이가 우는 거예요. 세월호 가족들 인터뷰하는 영상을 보고서 울고 있었다고…. 세월호 유가족에 대해서 나쁘게 얘기하는 사람이 주변에 있었다면 고민할 거 없이 바로 단호하게 아니라고 얘기할 만큼 최근까지도 저희는 세월호를 계속 잊지 않고 있었어요.

　이게 좋은 마음이 아니란 건 알지만, 조금… 억울해요. 세월호를 외면하지 않고 계속 관심 가지고 있었고, 그래도 좋은 세상을 후손에게 물려주기 위해 나름대로 노력하고 있는 사람인데, 우리 가족 모두가 그런데…. 우리가 왜 그다음 희생자가 되어야 하지?

　원래 작년 12월에 세은이랑 같이 유럽에 가기로 했었어요. 저는 토목공학 전공에 대한 마음이 워낙 확고하고 전공과 잘 맞는다고 느껴 인턴 경험도 했는데, 세은이는 평소에 자기 전공에 대한 고민이 있었어요. 공무원이 되고 싶다는 말도 많이 했고, 엄마처럼 사회복지 일을 하고 싶다고도 했고, 아기들을 좋아해서 유치원 선생님이 되고 싶다고도 했거든요. 제가 세은이한테, 코로나 시국이라 사회를 많이 경험해보지 못했으니까 더 넓은 세계를 느껴보면 좋겠다고 했어요. 세은이는 작년에 대학교 3학년 2학기를 마치고 올해 1년 휴학하기로 한 상태였고요. 그래서 제가 비행기 티켓이랑 숙소까지 다 예약해뒀거든요. 계획대로면 12월에는 폴란드에서 함께 크리스마스를 보내야 했어요. 세은이가 눈오리 만드는 걸 좋아해서 아파트 입구에 몇백마리를 만들어놓기도 했는데, 폴란드 가서도 눈오리 만들자고 이야기했었어요. 그 좋아하는 것도 못 해보고, 살아가면서 해보면 좋을 경험들을 못 해보고 일찍 가버린 게 너무 많이 안타까워요. 너무 어리잖아요.

'말이 안 되는 상황'이 당연한 사회

녹사평 분향소에 처음 갔던 게 12월 중순이었는데 제 기준에서는 늦게 간 거예요. 분향소가 있다는 것도 알고 사람들이 지속적으로 온다는 것도 아는데 혼자는 못 가겠더라고요. 그래서 친구들이랑 그 근처에 약속 있어서 만났다가 친구들한테 같이 가줄 수 있느냐고 부탁해서 함께 잠깐 가서 울고 바로 나왔어요. 공간이 주는 분위기라는 게 있잖아요. 차들이 쌩쌩 달리고 있고 사람의 온기가 좀체 느껴지지 않는 추운 곳에서 동생을 봐야 된다는 게 무서웠어요. 유가족 활동을 반대하는 현수막도 너무 공격적이고 아픈 것들이 많았고요. 경찰들도 표면적으로는 저희를 보호한다고 서 있는데, 저희한테 등을 보이고 밖을 향해 서 있는게 아니라 등을 다른 사람에게 보이고 우리를 향해 경계를 서고 있더라고요. 저분들이 지키고자 하는 게 대체 누군지….

올해 2월 4일 녹사평 분향소를 시청 앞으로 옮기던 날도 잊히지가 않아요. 갑자기 진행된 상황이라 제가 마침 앞에 있던 경찰들이랑 몸으로 대치하게 됐는데, 아 정말 압박감이, 물리적인 압박감이 너무 공포스러운 거예요. 우리 희생자들은 다 그렇게 희생된 사람들인데 우리 가족들도 같은 상황에 놓여 있다는 사실이요. 유가족들은 비키라고 소리 지르면서 밀고 나가고, 경찰들은 계속해서 막고 있고, 나는 중간에 끼여 있고…. 그렇게 한시간가량을 몸으로 밀고 대치하다보니 너무 힘들어서 제가 밖으로 빠져나왔는데, 밖에 나오니까 다 보이더라고요. 기동대 몇천명이 몰려오는 상황이요. 이 사람들이 얼마나 많이 오고 있고 얼마나 개미떼같이 줄지어 있는지. 다 하나같이 무장하고 있고 방패를 들고 있고…. 경찰 몇명은 앞에서 소화기를 들고 있다가 아무도 못 보게 방패로 숨겨놓더라고요. 우연히 그 광경들을 다 봤어요.

그날 오후 시청 앞에 분향소가 차려지고 나서도 서울시에서 계고장 날아간다고 하고 다 부숴버린다고 확성기로 쉼 없이 방송을 하니까 유가족들이랑 도와주러 오신 분들 다 같이 밤새 집도 못 가고 분향소를 지켰어요.

시청 분향소를 둘러싼 경찰들 참사 발생 99일째 되던 2023년 2월 4일 유가족협의회와 시민대책회의가 시청 앞 서울광장에 시민분향소를 설치하자 경찰은 곧장 기동대 병력 3,000여명을 투입해 분향소를 겹겹이 에워쌌다. 99일 전 이태원에서는 찾아볼 수 없던 '신속한 대처'였다.

나는 피해자인데, 누구보다 지금 이 나라에서 가장 큰 피해자 같은데 내가 왜 범죄자처럼 이런 취급을 받아야 하지? 국민들을 지키는 일에는 기동대 한명도 배치하지 않았던 사람들이 어떻게 자신의 뜻에 불응하는 곳에는 몇천 몇백명을 이렇게 쉽게 배치하고 쓰는 거지? 이 사람들은 지금도 끝까지 책임을 회피하고 있고, 결국에는 헌법재판소도 이 사람들의 편을 들어줬고,● 우리는 계속해서 외로운 싸움을 해나가고 있고. 이런 '말이 안 되는 상황'들이 벌어지는데 왜 이런 '말이 안 되는 상황'을 다들 당연하다는 듯 여기는 거지? 경찰이나 공직자가 각자 위치에서 자기가 해야 할 일을 하지 않고 그로 인해 참사가 일어났다면 진심으로 사과하고 기꺼이 그 자리에서 내려와야 하는 게 당연하잖아요. 너무나도 당연한 것들이 지켜지지 않는 사회에서 지금 우리가 살아가고 있다는 게 안타까워요.

저는 이 사람들이 참 오래오래 사셨으면 좋겠어요. 오랫동안 그 수백명의 청년들 무게를 느끼면서 사셨으면 좋겠어요. 어떻게든 본인이 감당하기 힘들 정도로 느꼈으면 좋겠어요. 지금의 기득권이 세상에 존재하지 않게 될 때에도 저희는 존재한다는 걸 꼭 잊지 않으셨으면 좋겠어요. 미래가 어떻게 될지는 그 사람들

● 이태원 참사 부실 대응의 책임을 물어 더불어민주당·정의당·기본소득당이 제출한 이상민 행정안전부 장관에 대한 탄핵소추안이 2023년 2월 8일 국회를 통과했지만, 헌법재판소는 7월 25일 재판관(9인) 전원일치 의견으로 이상민 장관에 대한 탄핵심판 청구를 기각했다.

손에 있는 게 아니라 어떻게 보면 저희 손에 달려 있을 수도 있으니까요.

슬픔을 꺼내고 싶지 않아요

저는 감정의 동요가 한번 일어나면 그 폭이 남들보다 굉장히 커요. 감정에 압도되는 사람이에요. 그래서 감정을 조절하려고 많이 노력하는데 그 방법 중에 하나가 정말 얄디얕은 행복으로 슬픔을 덮어놓고 애써 생각 안 하는 거거든요. 지금도 세은이 사진을 잘 못 봐요. 영상은 당연히 못 보고, 그 당시 사진, 영상, 글 아무것도 안 봐서 그때 상황이 어땠는지 사실 저는 잘 몰라요. 그런데 지금도 알고 싶지 않아요. 얼마나 고통스러웠는지를 알고 싶지 않고 상상하는 것만으로도 제 온몸의 뼈가 부서지는 느낌이에요. 그 슬픔을 구태여 꺼내고 싶지 않아요. 추모 배지나 스티커도 다른 사람이 한 걸 보면 진짜 고마운데 오히려 저는 잘 안 하게 되더라고요. 일상생활 할 때 최대한 생각을 안 하려고 노력하는 거예요. 댓글도 안 보고 무시하려고 하고. 그런 식으로 계속 슬픔을 덮어놔요.

그러다가 매주 화요일마다 학교 상담실에 가면 딱 그 시간에만 제 마음속에 생각났던 것, 슬픈 것, 힘든 것을 차곡차곡 담아놓은 상자에서 다 꺼내 정말 숨도 못 쉴 만큼 울고 나와요. 그렇게 제 감정을 추스르고 다시 어떻게든 웃으면서 살아가려고 노력했던 거 같아요.

저는 자격증 시험 보고 합격하고 이런 성취도 되게 중요하게 여기는 사람인데 그 억울한 감정과 분노와 그리운 마음에만 사로잡혀 있다보니까 제가 살아가야 할 방향을 잡기가 힘들었던 것 같아요. 제가 앞으로 계속 살아가려면 준비해야 할 미래가 있고 지금의 삶도 소중하게 보내야 되잖아요. 그리고 '어, 내가 마음이 힘들어서 진짜 정신 나간 사람처럼 일부러 더 열심히 사는 건가?' 라고 느꼈던 게, 이번에 제가 4학년 2학기를 마쳤는데 모든 학기 성적 중에 이번이 제일 좋더라고요. '아, 내가 진짜 어떻게든 견뎌보려고 무슨 초인적인 힘이 나왔나?' 하는 생각이 들었어요.

제가 현실을 직면하지 않는다고는 한번도 생각해보지 않았어요. 계속 직면하고 있어요. 단지 지금 너무 힘드니까 어떻게든 버텨나가려고 노력하는 거예요.

데우다 만 밥에 된장찌개 하나 덩그러니

2~3주 전에 공부를 하다가 감정적으로 너무 힘들고 혼자 있으면 안 되겠다 싶어서 그냥 말 안 하고 부모님 집에 갔던 날이 있어요. 문을 열었는데 엄마 아빠가 울고 계셨더라고요. 그때가 저녁 8시 반 정도 되는 시간이었는데 밥도 아직 안 드시고 있고…. 들

어보니까 한 두시간 내내 둘이서 울기만 하셨대요. 저는 살면서 그런 저녁상을 본 게 거의 손에 꼽아요. 데우다 만 밥에 된장찌개 하나 덩그러니 놓여 있는 상인데, 그조차 먹지도 않고 그냥 내버려둔 채로.

제가 올해 초 자취를 시작하면서 누구 눈치 안 보고 편히 울 수도 있고, 시간 여유가 생겨 친구들도 더 만나며 괜찮아지는 동안 우리 엄마 아빠는 몇배로 힘든 시간을 보내셨겠구나 하는 생각이 드니까 아빠가 유가족협의회 활동을 하시는 걸 말리지 못하겠더라고요. 아빠는 거기 가 있어야 슬픔이 풀린다 하셨는데 저는 아빠 건강이 걱정됐거든요. 거기에 가면 아빠는 눈물 나온다고 사람들 연설하는 것도 못 보고 계속 담배만 피워서 하루에 두갑씩 피우실 때도 있어요. 반나절만 있어도 너무 힘들어하고 눈에 보일 정도로 수척해지셔서 제가 적당히 하셔야 되지 않겠느냐고 자주 그랬었는데…. 지금은 한번 더 생각해보게 되는 거 같아요. 내가 나아지는 동안 아빠가 하고 싶은 일을 나 때문에 못 해서 많이 힘드셨을까. 그렇다면 내 눈에 그렇게 보인다고 해서 내 잣대로 아빠의 건강을 판단할 수 있는 건가.

계속 애매한 말 이해하기 힘드시죠?

저도 지금 겉으로는 멀쩡하고 감정적 동요가 없는 것처럼 보이지만 속은 다 문드러지고 있어요. 누가 뭐 재밌는 얘기할 때 얼굴은 웃고 있지만 속으로는 정말 너무나도 가슴이 미어지는데 이런 걸 남들은 모르는구나, 친구들도 내 슬픔이 어떤 정도인지 상상을 잘 못 하는구나, 그런 괴리감이 굉장히 힘들거든요. 제 상황을 아는 친구들이 제 앞에서 "나 오늘 동생이랑 뭐 했어" "나 오늘 언니랑 뭐 했어" 하는 얘기를 듣는 것도 너무 힘이 들어요. 그런 얘기를 좀 안 했으면 좋겠는데, 얘가 지금 당연히 괜찮지 않을 거라고 생각해주면 좋겠는데….

그런데 만약 제가 회사에 입사한다거나 저를 잘 모르는 집단에 갔을 때는 정말 저를 아무 일도 없는 사람처럼 봐주면 좋을 것 같아요. 굳이 선택하라면, 차라리 그런 얘기를 아무렇지 않게 하는 게 더 나아요. 저라는 사람을 입체적으로 봐줬으면 좋겠는데, 제가 유가족이란 걸 밝혀버리면 액자 속의 사진처럼 2D로만 저를 볼 것 같아서요. 법이 제정되고 결국에는 관련자들이 처벌받는다 하더라도, 이번 참사의 진상이 드러난다 해도 가족을 잃은 이 아픔을 해결할 수는 없어요. 이건 각자 평생 가져가야 하는 아픔일 텐데, 늘 고통스럽고 늘 슬픈 이미지 속에 사람들이 저를 가두지 않으면 좋겠어요.

저는 앞으로 전세계를 다 여행해보고 싶고 평상시에는 접하지 못하는 문화들이나 사람들을 좀 알고 싶어요. 책으로 읽는 것 말고 직접이요. 그래서 이번 여름에 호주 갔다 와서부터 알바를 시작해서 12월 종강하고 미국이랑 북유럽 쪽에 가려고 해요. 사람들이 유가족이라는 이미지로 저를 바라보게 되면 저도 계속 슬퍼해야 되고 계속 싸워야 되잖아요. 물론 저조차도 '유가족'을 어떤 정형화된 틀로 보게 된다는 걸 아는데 그 생각이 쉽게 바뀌지 않더라고요.

처음 만난 사람들이랑 자연스럽게 물어볼 때 있잖아요. "나는 동생 있는데, 세빈씨는 형제자매 있어요?" 그럴 때는 처음 만난 자리에서 밝히고 싶지도 않을뿐더러 그냥 세은이가 내 동생이니까 "저 동생 있어요. 사이 되게 좋아요" 하고 넘어가는 거 같아요.

어떻게 생각하면 이해하기 힘드시죠? 제가 계속 이렇게 좀 어중간하고 애매한 말들만 하고 있는데, 사실 저도 잘 모르겠어요…. 저도 확실한 답을 아직 내리지 못했거든요.

일반 시민들이 유가족 간담회에 방청하러 오시는 걸 볼 때마다 이 일에 관심을 가져주시는구나 하고 느껴서 정말 큰 힘이 됐어요. 오시는 분들도 어떤 특정한 집단이 아니라 나이대도 직업도 너무 다양하고 학생들도 오고 그랬거든요. 한번은 맨 앞줄에 교복 입은 학생이 와 있는 거예요. 분명 희생자들도 다 저런 시절을 지내온 사람들이고 저 아이가 그렇듯 모두가 찬란한 미래를 가지고 있는 사람들이었는데. 저 아이가 가진 지금 저 맑은 눈빛이 사라지지 않았으면 좋겠다는 마음이 갑자기 너무 크게 올라와서 단상 위에서 눈물을 흘린 적이 있어요. 그때 사람들이 "함께할게요" "같이 싸울게요" 했던 말이 기억나는데, 유독 "힘내세요"라는 말은 너무 싫었어요. 간담회라는 특성상 당연히 나오는 말이기도 하고, 그분들이 어떤 마음에서 그런 말씀을 하셨는지도 다 알겠는데 제가 그런 안쓰러움을 받고 싶지 않거든요.

제 삶과 이런 유가족으로서의 행보 사이에 적당한 선을 지키려면 어떻게 살아야 하는 건지, 이에 대한 고민은 현재진행형이에요. 내가 너무나도 힘이 든다면 정말 내가 활동을 아예 안 하고 사는 게 맞는 건지, 그런 날이 실제로 오게 될지도 저는 잘 모르겠고요.

하지만 적어도 앞으로의 세상이 지금보다는 더 나은 세상이길, 살아가는 모든 사람에게 보다 안전한 세상이길 바라요. 사람들의 하굣길, 퇴근길, 친구와 놀러 나가는 길이 안전했으면 좋겠어요. 그 사람이 어떤 삶을 어떻게 살았건 간에 생명을 앗을 명분이란 건 그 어디에도 없는 거잖아요. 그래서 저에게는 제 삶과 유가족으로서의 행동 모두 포기할 수 없이 중요한 일이에요. 그 사이에서 어느 정도의 밸런스를 맞춰야 하는 건지는 제가 앞으로 풀어가야 할 숙제이겠지요.

누군가 꼭 너를 지켜줄 거라고
말하고 싶어요

양희준씨의 누나
양진아씨 이야기

양진아씨는 삼남매 중 큰딸이다. 단란한 가정에서 자라며 늘 서로에게 다정한 부모님의 모습이 좋아서 일찍 결혼했다. 의지가 되는 남편과 사랑스러운 아이들을 낳고 자신의 가정을 일궜다. 결혼하고도 둘째 여동생 가족이나 막냇동생, 친정 부모님과 자주 왕래를 했다. 여덟살 차이가 나는 막냇동생 희준씨는 매형을 잘 따랐고, 몸으로 놀아주며 어린 조카들을 즐겁게 해주는 다정한 삼촌이었다. 진아씨는 나이 차이가 많이 나는 동생을 "아들"이라고 부르기도 하면서 보호자 역할을 자처했지만 나이가 들수록 동생은 오히려 진아씨에게 의지가 되는 든든한 버팀목이 되었다.

그렇게 행복하고 안전하다 생각했던 진아씨의 세계는 2022년 10월 29일 밤 무너졌다. 세상에서 나를 지켜줄 한 사람이 사라졌다는 생각에 모든 것이 무서워졌다. 진아씨는 앞으로 두 아이와 살아가야 할 세상이 두렵다. 어린 두 자녀에게 아무도 너희를 지켜주지 않을지도 모르니 스스로를 지켜야 한다고 말해주게 되었다는 그에게 나는 아무 말도 해줄 수 없었다. 이태원 참사 이후 나 역시 세상이 무서워졌기 때문이다. 세월호 참사 이후 그래도 많은 것이 달라졌다고, 조금은 나아졌다고 생각했던 때도 있었다. 그런데 이태원 참사 이후 국가의 대처를 지켜보며 아무것도 달라지지 않았다는 무력감마저 들었다. 그래도 우리가 다시 서로를 믿고 서로 도우며 살아가야 한다고, 그래야 한다고 말할 수 있으려면 무엇이 필요할지 생각하며 진아씨의 말들을 몇번이고 다시 읽었다.

진아씨는 더이상 자신을 반겨줄 동생이 없는 닫힌 방문 너머로 '누나는 잘 있다'고 말하기 위해 자신의 블로그(blog.naver.com/yang_jina)에 이태원 참사 유가족임을 밝히고 글을 쓰기 시작했다. 한 사람이라도 진실을 알아주기를 바라며, 자신의 이야기를 들어줄 사람이 있다고 믿으며, 아무도 제대로 답해주지 않는 질문들에 스스로 답을 찾아가고 있다.

작가기록단 **박내현**

그 일 이후로 사람 만나는 게 무서웠어요. 그냥 어디 집 밖에 나가는 것 자체가 무서웠어요. 5분만 버스를 타도 속이 울렁거려서 버스도 못 타던 때가 있었는데 그때 희준이가 제 꿈에 나왔어요.

제가 뭔가에 쫓기고 있는데 누군가 저를 보고 경찰차를 타래요. 그래서 차 문을 열었더니 희준이가 팔을 활짝 펴고는 보고 싶어서 왔다고 하는 거예요. 첫마디가 그거였어요. 보고 싶어서 잠깐 왔다고. 꿈속에서 둘이 정말 많이 울었어요. 한참 울다가 희준이가 저희한테 편지를 남기고 갔는데 저희가 못 찾아서 자기가 다시 써 왔다면서 쪽지를 펴더니 하나씩 읽어주더라고요. 일단 누가 밥 먹자고 하면 제발 나가래요. 왜? 그랬더니 자기가 그 사람한테 가서 우리 누나 밥 좀 사주라고 그런 거니까 제발 나가라고 하더라고요. 그래서 알았다고 했어요. 그다음에는 자기가 조카들한테 주려고 토끼를 샀대요. 근데 못 전해주고 갔으니까 길 가다가 토끼를 보면 삼촌이 보내준 거라고 얘기를 해달래요. 그리고 마지막으로 주변에 불쌍한 사람이 있거나 안쓰러운 사람이 있다면 꼭 도와주래요. 자기가 할 일을 다 못 하고 왔으니까 그냥 지나치지 말고 도와주래요. "알았어"라고 대답하는 순간 꿈에서 깨버렸어요.

그날 처음으로 밖에 나가서 맛있는 밥을 먹었어요. 주변에서 저에게 신경을 많이 써주거든요. 어떻게든 바깥바람 좀 쐬게 해주려고, 밥이라도 먹이려고 연락하는 언니가 있는데 저는 늘 나가고 싶지 않다고 거절했었어요. 그런데 그날은 꼭 나가야 할 것 같았어요. 밥이 이렇게 맛있는 거였구나 생각하면서 식사를 했어요.

운동도 다시 시작했어요. 동생이 덩치가 많이 커요. 근데 꿈에서는 살이 쏙 빠져서 왔더라고요. 아파서 쏙 야윈 모습이 아니라 건강하게 살이 빠진 모습으로. 그래서 제가 운동을 하게 된 거예요. 나도 건강해지게 운동하라는 건가 싶어서. 그날 이후로 계속 밖으로 나올 수 있게 된 것 같아요.

모든 것이 바뀌었던 그날

희준이는 1996년생이에요. 희준이랑 친구들은 경기도 광주에서 주로 나고 자랐어요. 여긴 놀 만한 곳이 많지 않은데 주변에서 핼러윈 때 이태원에 가서 재미있게 놀았던 얘기를 듣기도 하고 인터넷에도 핼러윈 축제가 자주 나오잖아요. 걔네들한테는 크리스마스 같은 이벤트라고 하더라고요. 요즘에는 어린이집이나 유치원에서도 핼러윈이 되면 코스튬을 준비해서 파티하고 그러거든요. 그래서 저도 핼러윈이 막 어색하거나 새롭지는 않았어요. 아무튼 궁금하기도 하고 마침 외국인 친구를 만나게 되어서 이태원에 식사를 하러 갔대요.

희준이까지 고등학교 동창 세명에 외국인 친구 한명 이렇게 넷이 식사를 하고 나왔는데 사람이 정말 많았대요. 오래 못 있겠다 싶었고 근처에서 구경만 좀 하다가 가려고 했는데 사람이 점점 몰리면서 둘씩 흩어졌다고 해요. 희준이가 덩치가 큰 편이라서 같이 간 친구 한명이 희준이 뒤에 서 있었대요. 그 친구는 희준이만 꼭 붙잡고 갔다고 해요. 그러다가 점점 사람이 더 많아지고 앞은 막히고 뒤에서는 미니까 난간을 붙잡고 있다가 희준이를 놓친 모양이에요. 본인도 숨을 쉬기 힘들다는 생각이 들어서 이러다 큰일나겠다 싶었는데 10분, 15분 정도 갇혀 있다가 구조대가 오기 시작해서 간신히 빠져나왔대요. 그런데 나와보니 희준이가 안 보여서 좀 찾다가 사람들이 빠져나오기 힘들어서 사람들 구조하는 걸 도왔다고 해요. 희준이도 어디선가 자기처럼 사람들을 돕고 있을 거라고 생각했대요, 그런 애들이니까. 그런데 그 뒤로 아무리 찾아도 희준이가 없어서 마지막에 같이 있던 자리로 가봤는데 희준이 옷과 핸드폰이 떨어져 있었나봐요. 그걸로 저희에게 연락을 해준 거예요.

그 친구도 되게 많이 돌아다녔대요. 병원도 가보고 참사 현장에서도 찾아봤는데 현장에서는 병원으로 갔을 거라고 하고, 병원에서는 알려줄 수 없다고 들여보내주지도 않아서 한참 헤매고 다녔다더라고요. 그 친구가 저희 엄마 아빠한테 연락을 해서 두분은 먼저 가고 저랑 남편은 아침에 연락을 받았어요. 제가 원래 잠을 잘 못 자거든요. 일찍 자야 새벽 3~4시에 자는데 그날따라 애들 재우면서 밤 10시쯤 잠이 든 거예요. 자더라도 평소에는 자다 깨다를 반복하는데 그날따라 진짜 푹 잤어요. 그런데 아침에 일어나보니까 메시지가 와 있더라고요. 희준이 누나 되시느냐고. 확인하고 연락을 했는데 답장이 없어서 무슨 일인가 싶어 텔레비전을 틀어봤더니 뉴스가 엄청 많이 뜨더라고요. 전부 다 그 뉴스. 희준이한테 전화를 했는데 엄마가 받으시는 거예요. 왜 엄마가 받으시냐고 했더니 "엄마 이태원이야" 이러시더라고요. 엄마한테 놀란 기색을 감추고 "알겠어, 끊어봐" 하고 끊었는데 뭘 어떻게 해야 될지 모르겠더라고요. 저 대신 남편이 통화를 하더니 이태원에 다녀온다고 나갔어요. 그다음 연락받기까지 시간이 너무 길었어요. 시간이 어떻게 흘러가는지도 모르고 동동거리고 있는데 희준이랑 이태원에 같이 갔던 친구한테 연락이 왔어요. 노원을지대학교병원에서 연락이 왔다고.

잘못된 연락이길 바라면서 택시를 타고 가서 확인해보니까 희준이가 맞더라고요. 저는 죽은 사람을 처음 봤어요. 할아버지, 외할머니, 외할아버지 다 돌아가셨는데 한번도 시신을 본 적은 없거든요. 동생이 너무 아무렇지도 않게, 항상 자던 모습 그대로 누워 있는 거예요. 아무리 흔들어도 일어나지 않더라고요.

저는 그런 사건이 일어나면 경찰이나 구급대원 들이 이러저러한 일이 일어나서 이렇게 옮겨졌다고 얘기해주는 줄 알았어요. 그런 거 없더라고요. "확인하셨죠?" 이러고는 제가 맞다는데도 정확한 사인을 밝히기 위해서 부검을 해야 된대요. 그게 제일 충격이었던 것 같아요. 압사라고 이미 얘기를 했으면서 왜 부검을 해야 되느냐고요. 경찰과 한참을 싸우고 기운이 빠져서 저는 거의 쓰러지다시피 계속 그냥 누워만 있었어요.

아무도 아무것도 알려주지 않았어요

그냥 처음부터 끝까지, 지금까지 아무것도 이해되는 건 없어요. 아무것도 밝혀진 게 없는데 위로금이 먼저 나와버렸잖아요.● 그 바람에 다들 사건이 끝났다고 생각하는 것 같아요. 그게 제일 억울해요. 저희가 받고 싶어서 받은 건 아니잖아요. 저희는 위로금이나 장례지원금 같은 게 나온다는 것도 몰랐어요. 장례식장에 있는데 경찰이고 국회의원이고 시청 직원이고 공무원 들을 그렇게 많이 본 건 처음이었어요. 어떤 사람이 자기가 광주시청 직원이라고 하면서 서류를 하나 들고 와서 서명을 좀 해달래요. 제가 큰딸이다보니 챙길 게 많아서 정신이 하나도 없었어요. 엄마 아빠는 하실 수가 없으니까 저도 기운이 없지만 정신을 차려보려고 했어요. 다들 병원에 좀 다녀오라고 할 정도로 정신이 없는 상태였는데 누가 "누나분 되시죠? 이거 하나 서명만 해주세요" 하는 거예요. 일단 서명을 해야 된다고 해서 서명을 했어요. 문서를 제대로 읽어보지를 못해서 사진을 찍어놓고 장례 다 치른 후에 봤어요. 장례지원금, 그거 때문에 그 와중에 서명을 하라 그런 거였더라고요.

더 억울하고 화가 났던 거는 지원금이 나오기 전까지는 전화가 정말 많이 왔었어요. 자기가 담당 경찰이고 시청 담당 공무원

● 2022년 10월 31일 정부는 이태원 참사 희생자에게 위로금 2,000만원, 장례비 최대 1,500만원을 지급하겠다고 발표했다.

이고 도와줄 수 있는 데라고 하면서 여기저기서 연락이 많이 왔단 말이에요. 그래서 '그래도 이렇게 신경 써주는 분들이 많구나' 하고 생각했는데 지원금이 딱 들어오고 나니까 아무도 연락이 안 되는 거예요. 제가 서류에 서명을 했기 때문에 관련된 서류 처리도 해야 했거든요. 그러면 저는 여기 포천에서 광주까지 가야 됐어요. 그래도 하루라도 빨리 처리를 해줘야지, 그 사람들도 제 동생 일만 있는 게 아니니까 빨리 도와드려야겠다는 생각으로 바쁜 남편을 재촉해서 광주에 가야 된다고 그랬었거든요. 근데 진짜 아무 일 없던 것처럼 지원금 받은 이후로는 어떤 연락도 안 왔어요. 적어도 한번쯤은 연락을 해주실 줄 알았어요. 한달도 안 돼서 다 끝났던 것 같아요. 너무 억울하더라고요.

처음에는 다른 건 관심 없었어요. 알고 싶었던 건 그냥 딱 하나였어요. 희준이가 그 자리에서 사망한 건지 아니면 이동 과정에서 사망한 건지 병원에 가서 사망한 건지, 그거 하나만 알고 싶었어요. 근데 시간이 지나면 지날수록 알고 싶은 게 너무 많아지는 거예요. 제가 처음 뉴스를 봤을 때는 경찰들, 구급대원들이 나와서 수습을 하고 있던 상황이었기 때문에 인력이 좀 모자라서 그렇지 다 하고 계셨구나 이렇게 생각했거든요. 그후로도 뉴스를 많이 못 봐서 그래도 이분들이 많이 노력을 하셨다고만 생각했어요. 그런데 시간이 지나면 지날수록 수면 위로 올라오는 사실들이 많았잖아요. 그러면서 처음부터 끝까지 일이 어떻게 된 건지 알고 싶어지더라고요. 일단은 희준이의 정확한 사망 장소가 제일 알고 싶고 신고가 들어갔음에도 불구하고 왜 대처가 이뤄지지 않았나, 왜 잘못한 사람이 없다고 하는 건가, 왜 아무도 책임을 지지 않으려고 하는 건가… 점점 더 많은 게 궁금해요.

아무도 알려주지 않았어요. 사망자 명단도 없었고 희준이가 어느 병원에 있는지 알려주는 사람도 없었어요. 애가 어느 병원 갔는지도 모르니까 저희가 직접 알아보는 수밖에 없다고 생각해서, 그래도 일말의 희망을 갖고 희준이가 살아 있을 거라는 그 생각 하나만으로 병원마다 연락을 했어요. 희준이는 팔다리에 타투가 있고 덩치가 컸기 때문에 그것만 이야기해도 알 수 있지 않을까 싶었죠. 병원 명단에 있는 곳에 모두 전화를 했어요. 근데 전부 똑같은 답만 했어요. "없어요." 아니면 "아직 확인 안 됐어요."

저희가 알고 싶은 건 그날 무슨 일이 있었는지예요. 왜 어디서도 대처를 안 했나, 동생은 어디에 있었을까, 왜 병원을 계속 옮겨다녔을까, 왜 아무도 가족들한테 연락 한번을 해주지 않았을까… 알고 싶은 건 너무 많은데 알려주는 사람이 없어요.

다정했던 사람, 그를 그리워하는 사람들

저는 희준이가 친구가 없을 줄 알았어요. 왜냐면 가족들이랑 함께하는 시간이 정말 많았거든요. 희준이를 광주로 옮겨서 장례식장을 고르면서도 큰 거 빌릴 필요가 있나 했는데 친구들이 정말 많이 와줬어요. 제 기억으로는 학교 선생님들도 오셨었어요. 희준이가 졸업하고 선생님들도 찾아뵀었대요. 친구들이라고 해봤자 저희가 한두번 본 친구들이 전부일 거라 생각했는데 모르는 친구들도 많았어요. 의외였던 것 같아요. 아빠 손님들만 오시겠지 했는데⋯ 시골 동네다보니까 제 친구들이 다 희준이의 아는 형 누나 들이라 제 친구들도 많이 와줬어요. 친구 중 하나가 희준이를 무척 예뻐했거든요. 희준이랑 중학교 때부터 친했던 친구들, 고등학교 때 친했던 친구들이 내내 찾아와줬어요. 친구들 말로는 희준이가 월화수목금, 일주일 내내 약속이 차 있을 만큼 친구들이 많았다고 하더라고요. 바보 같을 정도로 착한 친구였다고, 학교에 적응하지 못하거나 낯설어하는 자기에게 희준이가 먼저 말을 걸고 챙겨줘서 친구가 됐다고 얘기해줬어요.

희준이 있는 산이 되게 높아요. 그런데도 친구들이 종종 찾아오는 것 같아요. 지난번에 갔었을 때도 저희가 먼저 가 있는데 차가 서더니 사람들이 올라오더라고요. 보니까 희준이 회사 동료하고 친구하고 같이 왔더라고요. 다른 친구들 중에는 둘째 통해서 위치를 알려달라고 하는 친구들도 있고 우리 동네 친구들은 저희 엄마 아빠랑 같이 산에 갔다 오기도 하고요. 한겨울에도 저희는 눈이 많이 와서 못 올라가고 있었거든요. 근데 가보니까 빗자루 두개가 있는 거예요. 나중에 알고 보니까 친구들이 눈길을 쓸면서 올라갔더라고요. 이렇게 눈이 왔는데도 널 보러 오는 친구들이 있구나, 희준이 잘 살았네, 싶었어요. 아직 희준이 핸드폰을 제가 갖고 있는데 친구들이 문자를 보내요. 문득 생각이 났다고, 보고 싶다고.

저희 애들도 희준이를 무척 보고 싶어해요. 희준이가 조카들이랑 잘 놀아줬거든요. 덩치가 커서 금방 땀을 흘리면서도 애들이랑 몸으로 막 놀아줬어요. 인터뷰 준비하면서 기사들을 다시 찾아서 읽어보는데 희준이 사진이 나오잖아요. 그걸 본 아이가 "엄마, 우리는 삼촌 언제 만날 수 있어?" 이러는 거예요. 이제 만날 수 없다고, 삼촌 보려면 산에 가야 된다고 얘기해줬어요. 희준이 발인하는 날 애들이 제가 우는 거 보고 충격이 컸나봐요. 삼촌이 떠났다는 걸 대충은 이해했는지 아이들도 삼촌 얘기를 한동안은 안 했어요. 근데 얼마 전에 첫째 생일 파티를 하고 집에 가는 길에 아이가 하늘을 보더니 엄청 큰 구름이 있다고, 삼촌이 자기가 너무 보고 싶어서 자기 생일 파티 보러 왔다고 그러더라고요. 저희 애들은 삼촌이 하늘나라에 갔기 때문에 삼촌이 큰 구름으로 나타난다고 얘기를 하거든요. 그날따라 큰 구름이 두개가 있었는데 삼촌이 친구도 같이 데리고 왔다고 그렇게 얘기를 하더라고요. 희준이랑 희준이 친구가 같이 떠났거든요. 아직 어려서 아무것도 모를 거라 생각했는데 자기들 나름대로 이해하는 것 같아요. 저희가 자주 보는 사이라서 이렇게 오랫동안 안 만난 적이 없었거든요. 길어야 2~3주였는데 지금 몇달이 지났잖아요. 애들이 가끔 그렇게 삼촌 얘기를 할 때마다 더 보고 싶고 애들에게도 고맙고 그래요.

희준이랑 저랑 여덟살 차이고 남편이랑 저도 또 나이 차가 있어서 남편이 희준이를 정말 아꼈어요. 희준이도 남편을 어렸을 때부터 봐서 참 잘 따르고 저한테는 안 하는 얘기도 매형들한테는 하고 그랬더라고요. 근데 아직 남편 꿈에는 한번도 안 나와서⋯ 남편이 자기가 희준이에게 뭘 잘못했을까, 보고 싶다고 하더라고요.

결혼하고도 늘상 가던 부모님 집에 못 갔었어요. 맨날 있던 동생이 없으니까. 없다는 거를 너무 인정하기 싫은 거예요. 조금만 기다리면 동생이 "누나, 나 왔어" 하면서 들어올 것 같고. 예전에는 그래도 방에 동생 냄새가 남아 있어서 그래도 아직은 얘가 남아 있구나, 그런 생각으로 갔는데 이제는 냄새가 안 나요. 동생 사진만 있는 방이 되어버려서 그 방문을 열기조차 힘들더라고요. 그래서 계속 못 가다가 지난주에 친정에 오랜만에 갔어요. 계속 몸이 안 좋고 너무 힘들더라고요. 그래서 남편한테도 "미안한데 내가 너무 힘들다"고 얘기했어요. 가서 놀다 오고 희준이한테 인사하고 그랬더니 좀 마음이 놓인다고 해야 되나, 너무 힘들고 뭔가 해결되지 않는 느낌이 있었는데 방문 열고 그냥 "잘 있었어? 잘 지냈어? 누나 잘 보고 있어?" 얘기하고 나니까 이거였구나 하는 생각이 들었어요. 마음이 많이 놓이더라고요.

다행이다, 기억해도 되는구나

처음에는 우리한테 도움을 주는 사람이 하나도 없다고 생각했어요. 그리고 그냥 빨리 다 끝났으면 좋겠다고도 생각했어요. 알고 싶다고 해서 노력한대도 우리가 다 들을 수 있을까, 그때 상황을 알 수 있을까, 계속 끌고 가봤자 오히려 상처가 되지 않을까 하는 마음이 컸어요. 둘째 동생한테도 그렇게 말한 적이 있어요. 전기운이 없어서 아무것도 못 하는데 둘째가 유가족협의회를 어떻게 찾아냈더라고요. 가서 유가족들을 만나고 사람들을 만나면서 "언니, 그래도 우리 편이 있는 것 같아"라고 하더라고요. 저도 그 얘기를 들으니까 그러면 적어도 열개 중에 하나 정도는 진실을 알 수 있지 않을까 싶었어요. 한번 그런 생각이 드니까 그때부터 조금씩 마음이 바뀌긴 하더라고요. 둘째가 활동하면서 알아낸 것들을 알려주니까 그래도 조금의 희망은 있는 것 같아서 알아낼 수 있을 만큼은 알아내보자, 그렇게 되더라고요.

엄마는 처음에 희준이 영정 사진을 녹사평 분향소에 두는 걸 너무 싫어하셨어요. 그곳에 사진을 갖다 두는 게 희준이가 떠났다는 걸 인정하는 것 같아서…. 그리고 처음에는 일들이 되게 많았잖아요. 분향소 주변에서 싸움도 많이 나고 해서 혹시 사진이라도 다칠까봐 두기 싫은 것도 있었어요. 저희가 가까운 거리면 한번쯤은 가서 지켜주고 할 텐데 부모님 사시는 곳은 멀기도 하고 저는 또 애들을 돌봐야 해서 가기가 어렵더라고요. 우리는 가보지도 못하는데 사진만 있는 게 불안하기도 하고요. 그런데도 사진을 갖다 놓은 건 그래도 한 사람이라도, 사진 하나라도 더 있으면 우리가 원하는 대답을 들을 수 있지 않을까, 누군가가 도와주지 않을까 싶어서예요. 처음 녹사평 분향소에 가서 국화를 들고 서 있는데 진짜 그거 하나를 못 내려두겠더라고요. 이거를 내려놓으면 진짜 희준이가 떠났다는 걸 인정하는 것 같아서 그 앞에서 계속 꽃을 들고 울고만 있었어요. 이걸 내려놔야 돼, 말아야 돼 했는데… 희준이가 아니라 다른 분들을 위해 내려놓자 하는 마음으로 꽃을 내려놓았어요. 희준이를 위해서는 아직 아무것도 내려놓지 못하겠다, 하지만 다른 사람들이 있으니까 다른 분들을 위해 내려놔보자, 이렇게 용기를 냈어요.

저는 그 일 있고 몸이 많이 안 좋아져서 분향소에도 자주 못 가요. 집 밖에 나오는 것도 힘들었고 버스 타는 것도 너무 힘들었어요. 원래 있던 녹사평 분향소까지 버스 타고 지하철 타고 가면 한 시간 반이 걸리는데 너무 힘들고 중간에 토하고 하느라 네시간 걸려서 갔어요. 그러고 나니까 한번 가볼까 하다가도 겁부터 나요. 그렇게 다녀오고 나면 며칠을 앓아눕는데 그럼 아이들은 누가 챙겨줘요. 그래서 마음은 늘 가고 싶은데 겁이 나요. 만약 나한테 이런 일이 일어났다면 희준이는 결혼해서 가족이 있든, 몸이 아프든 무슨 일이 있어도 나보다 훨씬 열심히 이것저것 했을 텐데 생각하면 너무 속상하고 미안해요.

그래서 블로그에 글을 쓰기 시작했어요. 참사 일어난 후에 희준이를 한번 더, 마지막 모습이라도 볼 수 있지 않을까 하고 동영상이랑 뉴스를 많이 찾아봤었어요. 찾아봤는데 악플이 너무 많은 거예요. 겪어보지 않은 사람은 다 이런 생각을 하는 건가 싶고. 그래도 내 글을 읽는 사람들은 그렇게 생각하지 않았으면 좋겠다, 조금이라도 진실을 알면 그렇게 얘기하지 않겠지 하는 생각이 들어서 직접 글을 쓰기 시작했어요. 저희를 싫어하시는 분들도 한번 읽고서 그래도 가족들이 이렇게 힘들어하는구나, 이런 생각을 하고 있구나, 헤아려줬으면 좋겠다는 생각이었어요. 그리고 써놓지 않으면 저조차도 기억하지 못하니까. 자꾸 까먹게 되더라고요. 기억이 안 나는 게 점점 많아지더라고요. 요즘에는 그렇게 써놓은 글을 나중에 읽어보면서 이때 이런 생각을 하고 있었구나, 한 번씩 다시 생각해요. 굳이 악플을 다는 사람이 있을 수도 있지만, 그건 어쩔 수 없이 받아들여야 된다는 생각을 하면서 글을 쓴 것 같아요. 그런데 다행히 아직은 그런 사람이 없었어요. 많지는 않아도 한두분씩 읽고 나서 댓글 써주시는 거 보면 오히려 제가 위로를 더 많이 받게 되더라고요. 사람들도 우리를 응원하고 위로하고 있구나 하는 생각도 들고. 어떤 분이 자기는 이 상황을 겪지 않아서 잘 모르지만 그래도 이렇게라도 글을 써서 알려줘서 고맙다고 댓글을 단 적이 있어요. 그 댓글을 보고 쓰기를 잘했다는 생각이 많이 들었어요. 이제 그만 보내줘라, 얼른 잊고 털어내라, 이런 말 하는 사람들은 한명도 없었어요. 그래도 잊으라는 사람은 없어서 다행이다, 아직은 기억해도 되는구나….

자유롭게, 어디서라도 더 자유롭게

유품을 정리하면서 희준이가 적어둔 버킷리스트를 발견했어요. 희준이가 남긴 물건들을 정리하면서 희준이를 좀더 알게 된것 같아요. 얘가 이런 생각을 하고 있었구나, 이런 생각이나 계획을 갖고 있는 애였구나, 생각을 많이 하게 됐어요.

저는 20대 때 통금 시간이 있었어요. 그래서 일부러 기숙사 있는 학교를 갔거든요. 친구들은 다른 친구 집에 가서 자고 그런다는데 그게 저는 안 됐어서 일부러 기숙사 있는 학교를 갔죠. 근데 희준이는 통금이 없더라고요. 엄마도 이제 20대가 성인이라는 걸 인정하는 건지 아니면 아들이라서 조금 안심이 된다는 건지 모르겠어요.

저랑 여덟살밖에 차이가 안 나는데 저의 20대는 진짜 옛날 20대 같고 희준이는 되게 자유로운 느낌이었어요. 저는 여행 같은 것도 한번 가려면 큰 결심을 해야 했고 하고 싶은 게 있으면 일을 해야지, 이런 생각을 했는데 희준이는 여행도 많이 다녔고 돈이 필요하면 알바 잠깐 해서 모으고 그러더라고요. 자유로워 보여서 참 부러웠어요. 난 못 해본 걸 다 해보는 거 같아서. 어떻게 보면 저는 되게 틀에 박힌 사람이었던 거죠. 희준이는 남에게 폐 끼치지 않는 선에서는 할 수 있는 건 다 하고 살았어요. 희준이가 일하면서 연애도 하고 잠깐 하루이틀 연차 내서 여행도 다니고 그런 거 보면서 나도 이렇게 해도 되는 거였나 이런 생각도 들고 그랬어요. 저는 직장 다닐 때도 일만 해야 되는 건 줄 알았는데 희준이는 직장을 다니면서도 취미생활도 하고 이직도 생각을 하더라고요. 저는 다른 데로 옮기면 처음부터 시작해야 되는 게 싫어서 이직이라는 걸 생각해본 적이 별로 없었어요. 희준이는 이것도 배우고 저것도 배우고, 이 일도 해보고 싶고 저 일도 해보고 싶고 그런 사람이었어요.

희준이는 일하면서도 다른 걸 계속 하고 싶어했어요. 타투도 배우러 다니고 노래도 배우고. 저도 잘 몰랐는데 평소에 남편에게 했던 얘기를 들어보니까 꿈이 많았던 것 같더라고요. 그중에 마지막에 배우려고 했던 게 타투인데 떠난 친구랑 같이 배우러 다녔어요. 옛날에는 시선이 별로 좋지 않았는데 지금은 막 나쁘지 않잖아요. 희준이가 자기 몸에도 하나둘씩 새기는 거 보고는 할 수 있을 때 해보라고, 배울 수 있을 때 배우라고 했었죠. 희준이 보고 저도 이렇게 하나둘씩 손에 새기다보니까 좋더라고요. 뭐랄까, 자기 만족이 되는 게 있어요. 희준이가 타투 배우면 연습 삼아 저한테 한번 해주지 않을까 생각했는데….

희준이는 그렇게 자유로운 사람이었어요. 그래서 버킷리스트를 보면서 생각했어요. 그곳에서라도 하고 싶었던 거 꼭 다 하라고, 더 자유롭게 살라고.

스스로 지켜야 하는 사회

제가 1988년생이에요. 저는 진짜 생각 없이 살았던 것 같아요. 솔직히 말하면 저는 투표를 해본 적이 없어요. 저는 평범하게 사는 사람이라고만 생각했지 특별히 의미를 생각했던 적은 없었어요. 그냥 내가 투표하면 뭐가 달라질까? 내가 투표를 한다고 내가 원하는 사람이 될까? 이런 생각을 자주 했어요. 근데 나 같은 사람들 때문에 이렇게 됐나 싶어서 후회가 돼요. 원래부터 국가에 대한 기대가 별로 없었어요. 이태원 참사 전에도 이런저런 사건이 있었잖아요. 그때 내가 투표를 해서 뽑은 사람이 똑같은 짓을 한다면 그게 더 후회되지 않을까 생각을 한 적도 있어요. 그런데 지금은 내가 투표하지 않아서 이런 상황이 왔구나, 그런 생각이 들죠.

아이들이 마침 119, 112, 경찰관, 소방관 이런 거에 대해서 배우던 때였어요. 아이들한테 우리는 지켜줄 사람이 있으니까 그래도 괜찮은 나라에 살고 있다는 얘기를 한 적이 있었어요. 희준이 소식을 대강 알고 나서 아이들이 묻더라고요. "엄마, 119랑 112에 전화하면 되잖아. 그럼 지켜주잖아. 안 했대?" 할 말이 없었어요. 지금은 아이들한테 자기 자신은 스스로가 지켜야 된다고 얘기를 해요. 혹시라도 무슨 일이 일어났을 때, 누가 도와주면 좋겠지만 그러지 않을 수도 있으니까 위험한 일이 일어나지 않게 너희가 조심하라고. 그 조그만 아이들한테 그렇게 항상 얘기해요. 조심해라. 하지 말아라. 집에 있어라. 너는 네가 지켜야 돼. 청년들한테

이기적이고 개인주의적이라고 얘기들 하는데, 청년들 탓이 아니라 그냥 사회가 그렇게 가르치는 것 같아요.

우리가 이 나라에서 안전하지 않구나, 나도 언제든지 길을 가다가 아니면 버스를 타고 가다가 그렇게 될 수도 있구나, 생각하면서 점점 불안해지는 거잖아요. 근데 아무도 설명을 제대로 해주지 않으니까 더 불안한 것도 있다고 생각해요. 도대체 그날 무슨 일이 있었고 왜 그렇게 된 건지를 모르니까. 내가 납득할 수 있는 설명을 들으면 '그래, 안 좋은 일이지만 그랬을 수도 있겠다. 최선을 다해도 안 좋은 일이 생길 수 있지' 생각할 텐데 지금은 납득이 안 가는 상황인 거잖아요. 의문점 열가지 중에 하나라도 답을 들으면 '그래, 국가가 그래도 우리를 위해 신경 쓰고 있구나. 많이 노력했구나' 이렇게 생각할 텐데 아무 설명도 없잖아요. 제가 원하는 대답은 하나도 못 들은 것 같아서 그냥 우리는 이렇게 버려지는 건가 싶기도 하고. 그냥 내가 이렇게 있다가 죽어도 그냥 한 사람이 죽었다, 이런 얘기만 나오겠구나 싶고요.

희준이도 그런 사고가 일어날 거라고 생각도 못 한 지점, 그냥 길 한복판에서 사람이 많다는 이유로 세상을 떠난 거잖아요. 그게 저한테도 일어나지 않을 거라는 보장이 없다는 생각이 드는 거예요. 이태원, 그래도 서울에서 알아주는 곳이잖아요. 그런 큰 곳에서도 일이 벌어졌는데 우리 동네라고 그런 일이 안 일어날까요. 어떻게 보면 집이 제일 안전하다는 생각이 들었죠.

원래 애들한테 핸드폰 안 사주려 했는데, 다 사주고 핸드폰에

못 지켜줘서 미안해 이태원역 1번 출구 앞에 마련된 추모 공간에 다음과 같은 메시지가 붙었다.
"사랑하는 아들딸 어른들이 못 지켜줘서 미안해 하늘나라에서 잘 지내 미안해"

안전 앱을 깔았어요. 학교 끝날 시간 되면 앱으로 아이 동선을 봐요. 잘 가고 있구나. 근데 가다가 한군데 멈추면 바로 전화를 하게 되더라고요. 너 거기 서서 뭐 해? 왜 학원 안 가? 점점 심해지는 것 같아서 하지 말아야지 하면서도 계속 보게 되더라고요. 큰애 둘은 학교랑 어린이집에서 행사도 많거든요. 선생님들은 모두 참여해주길 바라시는데 저는 불안해요. 갔다가 무슨 일이 일어나지 않을까.

끝나지 않은 이야기

아직 끝난 게 아니라는 걸 사람들이 기억해주면 좋겠어요. 그냥 다른 거 없어요. 슬퍼할 시간을 줬으면 좋겠어요. 이제 끝나지 않았느냐, 괜찮지 않느냐, 이제 됐지 않느냐 이런 얘기 하지 말았으면 좋겠어요. 그리고 결과가 빨리 나왔으면 좋겠어요. 잘못을 했다면 잘못했다 인정하는 게 그렇게 어려운가요. 잘못했으면 일단 사과해달라고 말하고 싶었어요. 처벌은 나중에 하더라도요. 그래야 우리도 조금 달라질 수 있겠다고 생각하지 않겠어요? 우리 주변에도 누군가 분명 우리를 도와줄 사람이 있다고 아이들에게 말할 수 있었으면 좋겠어요. "엄마, 우리는 이제 누가 지켜줘?"라고 묻는 아이들에게 누군가 꼭 너를 지켜줄 거라고, 걱정하지 말라고 말해주고 싶어요.

몸이 좀 좋아지면 희준이가 연습하던 타투를 하러 가려고요. 희준이가 배우던 선생님께 문의드렸어요. 도안집을 보니까 꽃이 하나 있더라고요. 희준이가 연습하던 거라니까 하나 남기고 싶어요. 그리고 희준이가 노래를 정말 좋아했거든요. 희준이 핸드폰을 보니까 노래 부르는 영상이 많아요. 그중에 하나를 제가 부른 다음에 편집해서 희준이랑 듀엣으로 부른 것처럼 만들어보고 싶어서 연습하고 있어요. 희준이 버킷리스트처럼 저도 하나씩 하나씩 해보려고요.

3부

도시에
울려 퍼질
골목 이야기

이태원에 있을 때
가장 나다워져요

이태원 주민
윤보영씨 이야기

녹취록을 만들다 여러차례 '아차' 싶었다. 사전 정보 없이 이태원 주민으로만 윤보영씨를 알고 만났기에 좀더 세심하게 그의 마음과 경험을 묻거나 알아차리지 못한 게 녹음파일에서 고스란히 드러났다. 식은땀이 났다. 녹취록을 정리한 뒤 미안하다고 연락하자 즐거웠다는 회신이 도착했다. 생각해보니 그는 인터뷰 요청을 받았을 때도, 인터뷰를 마쳤을 때도 몇차례나 고맙다고 말했다. 이태원 참사에 대해 이야기를 나누고 싶었으나 나눌 사람이 없었던 외로움과 보탬이 되지 못하는 미안함이 이 인터뷰에 깃든 듯 보였다.

대학원에서 미술치료를 전공 중인 그를 처음 만난 건 공동체라디오 용산 FM이 이태원 주민들이 경험한 이태원 참사를 기록하기 위해 마련한 워크숍에서였다. 그는 자신을 이태원 주민이라 소개하며 이태원에 거주하는 외국인들의 참사 경험을 기록으로 남기고 싶다고 말했다. 나는 그의 아이디어가 너무 인상적이어서 그에게 따로 만남을 청했고, 그 만남이 인터뷰로 이어졌다.

그와 이야기를 나누면서 내가 정말 이태원과 핼러윈데이에 대해 무지했음을 깨달았다. 그를 통해 알게 된 이태원과 핼러윈데이는 새롭고도 신기해서 한번쯤 가봤어야 했는데 하는 아쉬움을 남겼다. 참사의 현장을 일상으로 살아내고 있을 지역주민들과 상인들의 모습도 떠올랐다. 안다고 여겼으나 전혀 알지 못했던 세계들이 지금도 닿지 못한 시선 밖에 있음에 문득 마음이 무겁고 미안해졌다.

'다시 놀고 싶다, 이태원.' 그를 만난 용산FM의 이태원 참사 기록단 모집 웹자보에 적힌 슬로건이다. 나는 처음부터 이 슬로건이 너무 좋았다. 슬픔에 갇힌 애도와 추모가 너무 무거워 사람들이 이태원 참사에서 너무 빨리 멀어져버릴까 걱정스러웠기 때문이다. 추모와 애도조차 이태원에 스미고, 핼러윈데이의 흥겨운 축제의 일부가 될 수 있길 바랐기 때문이다. 보영씨는 이태원을 위해, 그리고 피해자들을 위해 왜 이태원에서 애도와 축제가 만나야 하는지를 이야기해주는 사람 같았다. 그리고 그와 만나는 동안 그것이 가능할 수 있다는 희망이 내 안에서 꿈틀거리기 시작했다.

작가기록단 유해정

엄마 아빠가 옛날부터 이태원을 너무 좋아하셨어요. 제가 아주 어릴 때부터 외식을 하거나 놀러 이태원에 자주 데리고 가셨어요. 초등학생 때 엄마 아빠랑 놀러 간 건 아직도 좋은 기억으로 남아 있어요. 이태원 지하상가에서 청바지랑 옷을 사주셨는데 친구들이 가진 옷이랑 좀 달랐거든요. 유행하는 옷은 아니지만 친구들이 보영이는 예쁘고 멋있는 옷을 입는다고 해서 되게 우쭐했던 기억이 나요. 엄마 아빠가 이태원에서 자유롭게 다니던 모습이 기억에 예쁘게 남아 있어요. 그런 긍정적인 기억 덕분에 저도 친구들이랑 자주 이태원에 놀러 갔던 것 같아요. 2017년 10월에는 가족이 이태원으로 이사를 왔어요. 거주비가 만만치 않아서 지금도 계속 여기에 살아야 되나 싶은데, 우리가 좋아하는 데서 살면 좋은 일들이 많이 일어나지 않을까? 이런 마음에서 가족들 모두 이태원에서 지금도 살고 있어요.

제가 이태원을 정말 좋아하게 된 건 고등학교 이후부터였던 것 같아요. 고등학교 때 친한 친구가 커밍아웃을 했어요. 그후로 성소수자 문화에 관심이 많이 생겼고 저의 성 정체성에 대해서도 고민을 많이 했어요. 남자와 여자만 사랑할 수 있는 게 아닌데 나는 극히 일부분만 알았던 거구나 하면서 성 정체성에 대해 엄청 공부했어요. 다양한 성 정체성과 성적 지향을 나타내는 많은 용어들을 처음 접하니 너무 어려워서 일일이 필기해가며 공부했던 것 같아요. 이태원에 게이바나 성소수자 커뮤니티가 많다는 것도 알게 됐어요. 이태원에서 우연히 외국인 게이 친구를 사귀게 됐는데 그 친구에게서 터키에서 성소수자들이 어떠한 대우를 받고 있는지 듣고 충격을 받기도 했어요. 그러면서 제 친구가 일상적으로 경험하고 있는 그리고 앞으로 경험하게 될 차별에 대해 엄청 신경이 쓰이더라고요. 청소년기에 이태원은 저를 일깨워주는 공간이었죠.

이태원에 도착하면 숨통이 탁 트여요

중고등학교 때 많이 뚱뚱한 것도 아니었는데 놀림을 많이 받았어요. 뚱뚱한 사람에 대한 편견이 있잖아요? 착해야 하고, 자신의 외모를 스스로 유머로 소비해야 하고, 차별적 언어에도 대수롭지 않은 척 웃어넘기면서 맞장구쳐야 하고…. 그럴 때 해방구 중 하나가 이태원이었어요. 고등학교 때 친구들이 "너 어디서 놀아"라고 물으면 저는 이태원이라고 답했어요. 제가 서초동에서 학교를 다녔는데, 보통 강남에서 강북으로는 잘 안 넘어가니까 이태원에 놀러 간다고 하면 궁금해하는 친구들이 있었어요. 애들을 데리고 와서 제가 좋아하는 신발 가게, 옷 가게, 소품 가게 이런 데 데리고 가고 그랬어요. 사실 그냥 이태원 길만 걸어도 제가 어떤 사람인지 보여줄 수 있는 것 같았죠.

대학 졸업 후 회사를 다니는데도 거래처 사람이 저한테 살을 빼라고 하더라고요. 그 거래처는 제가 다니고 있는 회사와 계약을 하고 싶어하는 상황이었고 다분히 공적인 자리였는데도 갑자기 저를 뚫어져라 보더니 "팀장님 살 빼셔야죠" 이러는 거예요. 전 그 사람 행동이 잘못됐단 걸 알면서도 위축됐어요. 이 사회에서는 뚱뚱한 게 죄가 되는구나. 그리고 뚱뚱하지 않은 사람들은 뚱뚱한 사람들을 아무렇지 않게 깎아내려도 면죄부가 주어지는구나. 업무차 강남, 신사, 압구정, 종로에 미팅을 하러 갈 때면 저도 모르게 스스로를 검열했어요. 제가 심한 곱슬머리인데, 거울을 보면서 생각했어요. 곱슬기가 심한데 머리 안 감은 것처럼 보이나? 너무 살쪄서 전문성이 떨어져 보이나? 너무 추레한 거 아냐? 평소에는 저의 개성이라고 여기면서 생각도 안 하던 것에 대한 강박이 미팅할 때면 생기는 거예요. 왜냐면 새로운 사람은 나의 외모를 보고 나의 전부를 판단하니까요. 나의 능력이 어떤지, 나의 성격, 나의 가치관은 어떠한지 모두 무시하고 그저 외모만으로 그들이 생각하기에 격려랍시고 차별적 발언을 하죠. 그러다가 이태원에 딱 도착하는 순간 숨통이 탁 트이는 거예요.

오피스타운인 강남역 주변을 걸을 때랑 이태원을 걸을 때랑 되게 다르잖아요? 신촌에서 받는 시선과 이태원에서의 시선도 체감온도가 너무 달랐기 때문에, 저한테 이태원은 포용적인 공간이라고 해야 할까요? 전 이태원에 있는 시간에 가장 저답게 있을 수 있어요. 남들의 기준에 따라서 꾸미지 않아도 되고, 아무도 제가 무슨 옷을 입든 상관하지 않고, 제가 어떻게 하든 차별적인 시선으로 쳐다보지 않아요. 그런 이태원에서 살다보니 저 또한 타인을 있는 그대로 존중하는 방법을 배웠어요. 외국인들을 봐도 낯설다는 생각이 들지 않았어요. 그들은 태어난 곳이 다를 뿐이지 지금은 나와 함께 이 지역에서 살아가는 같은 지역공동체의 일원인 거죠. 인종과 세대가 복합적이어서 다양성이 존중되는 공간이었던 것 같아요. 제가 세상을 살아가는 데 더 넓은 시각을 갖게 해준 곳이기도 하고요.

핼러윈으로 이태원이 다시 살아나기를 바랐어요

하지만 지금은 의문이 들어요. 코로나가 제일 심할 때 제가 지방에서 직장을 다녔어요. 그래서 일주일에 한번씩 이태원에 있는 본가로 올라오면 진짜 거리에 사람이 하나도 없어요. 밤에 보면 아무도 없는 영화 세트장 같은 느낌? 코로나 시작되고 클럽이 다 문을 닫았으니까 거리가 완전 조용해졌어요. '이태원 진짜 망했나?' 이런 생각이 들 정도였죠. 이태원 거리의 수많은 상점들이 코로나 때 정말 많이 폐업했어요. 해밀톤호텔 앞 삼거리 주변에 있던, 이태원의 고유성을 나타내는 랜드마크 같은 곳들이 문을 닫는 걸 보면서 저뿐 아니라 우리 가족 모두 상실감을 많이 느꼈어요. 그 자리에 헌팅포차가 들어서고, 감성주점이 생기고, 프랜차이즈 고깃집이 문을 여는 걸 보면서 이태원을 좋아하는 사람들한테는 용납이 안 되는 변화이지 않았을까 생각했어요. 이태원이

한껏 자신을 꾸미고 그 모습을 누구한테 인정받기 위해 가는 밤 중의 건대, 홍대, 강남처럼 변해가면서 다양성을 잃는다는 생각이 들더라고요.

상권이 변하면 오가는 사람들도 변해요. 술 마시러 오는 사람들이 달라졌죠. 사실 주민 입장에서 이태원의 금요일 밤을 진짜 싫어했어요. 시끄럽고 노상방뇨 하고…. 그럼에도 다양함은 여전했어요. 저희 엄마 아빠가 갈 수 있는 공간도 있고, 젊은이들이 놀러 오는 공간도 있고, 외국인들이 노는 바도 있고… 연령과 성별, 사용하는 언어와 상관없이 모든 사람이 즐길 수 있는 콘텐츠가 다양했어요. 하지만 이젠 저희 엄마 아빠 같은 중장년층이 갈 수 있는 데가 점점 없어지는 거죠. 가려면 가는데 환영받는 분위기는 아니잖아요. 그러다보니 부모님도 새로운 곳을 방문하고 즐기는 것을 부담스러워하시죠. 상권의 변화로 이태원을 즐길 수 있는 사람은 더 적어지더라고요.

사람들이 말하는 이태원도 이태원동, 한남동 근처, 녹사평 근처, 앤티크가구 거리, 그 옆의 보광동, 동빙고 이렇게 나눠져요. 이태원은 젊은 사람들밖에 없을 거라고 생각하지만 메인거리만 조금 벗어나도 이곳에 오래 거주한 다세대 가족과 나이 든 주민들이 엄청 많았어요. 그분들 덕분에 다양성이 더 보장되어왔던 것 같은데, 최근에 보광동이 재개발되면서 그곳에 오래 사셨던 원주민들이 많이 이사를 갔어요. 재개발로 밀려난 거죠. 그리고 이태원 주변 한남동이 뜨면서 한남동에 갈 법한 사람들이 이태원에 많이 오기 시작했어요. 대학교 때 친구랑 이태원의 24시간 카페에 앉아 창밖에서 재즈 버스킹을 하는 모습을 같이 구경했던 기억이 나요. 그때 '그래, 이게 이태원이지'라는 생각을 했어요. 하지만 요즘에는 그런 무대가 가능할까요? 그때는 자연스러웠던 문화였는데 이제는 정말 인위적으로 기획해야만 가능한 무대가 됐어요.

예전에는 동네가 시끄럽다고 불평했는데 코로나 이후에는 동네가 조용하면 불안했어요. 작년에 거리두기가 해제되고 핼러윈 축제가 열린다고 하길래 핼러윈이 너무너무 소중해서 이태원이 다시 살아났으면 좋겠다, 사람들이 많이 와서 상인들도 돈을 많이 벌었으면 좋겠다, 이런 생각을 간절히 했던 것 같아요.

핼러윈데이, 개성과 포용성의 카니발

핼러윈데이는 이태원이 줄 수 있는 해방감의 극치인 것 같아요. 한국에서는 남의 시선이 너무 중요한데 사람들이 그것을 잠깐 단절시키고 자기의 개성을 드러내고 보여주면서 참가할 수 있는 축제랄까요. 익명성이 기반에 깔리면 즐거움은 극대화되는 것 같아요. 가면무도회처럼 코스튬이 줄 수 있는 익명성을 무료로 즐길 수 있는 엄청 큰 규모의 축제죠.

대학생 때 핼러윈 축제에 가려고 친구들이랑 옷을 제작했던 적이 있었어요. 선배들이 너무 멋있게 코스튬을 만든 거예요. 저도 하고 싶다는 마음에 핼러윈데이가 되면 매년 우리 뭐 할까 하며 한달 전부터 회의를 했어요. 제가 미술 전공이고 옷을 제작해본 경험이 있으니 '나도 저런 거 만들 줄 아는데' '내가 더 재밌을 수 있는데' 이런 경쟁심도 있었고요.

핼러윈데이 때 강남이냐 명동이냐 이태원이냐 하면 무조건 이태원이죠. 사람들이 스스로를 성적 대상화하는 그런 코스튬이 아니라 진심으로 코스튬 그 자체에 충실한 코스튬을 하니까. 외국인 코스튬에 기죽지 않으려는 한국인들의 기발한 창의성이 드러나고 그걸 즐기는 공간이 이태원인 거죠. 그래서 보는 사람들도 더 재밌어요. 대단한 코스튬을 하고 온 사람들이 있으면 같이 사진 찍고 어떻게 만들었는지 물어보고. 사람들 구경하면서 코스튬의 창의성을 평가하기도 하고요. 좀 재미있으려고 애썼네 하지만 아쉽다, 약간 재미없네, 대단하다, 저런 걸 생각했다고? 별의별 사람들이 다 와요. 말 타고 오고, 경운기 끌고 오고… 정말 대단하다 싶은 거죠.

다 같이 즐길 수 있는 분위기도 좋아요. 좀 예쁘게 입더라도 참여를 하는 거고, 엄청 기발하지 않더라도 머리띠 하나 하고 재밌는 안경만 써도 같이 즐기고자 하는 거잖아요. 참여에 제한도 두지 않으니 경계선도 좀 희미해지는 것 같아요. 참여 제한이 없으니까 소수자든 나이가 많든 다 같이 놀 수 있는 분위기가 좋았어요. 사실 요즘 놀이문화는 20대 초중반에 한정돼 있는데, 이태원의 핼러윈데이는 10대들부터 노년층까지도 즐길 수 있는 문화예요. 저희 부모님도 곧 60대이신데 엄청 좋아하시거든요. 그래서 사람들이 더 가고 싶은 그런 축제가 아니었을까요?

나는 왜 나서지 못했을까요

그날 저는 이태원에 있지 않았어요. 이태원 주민의 여유랄까? 나는 언제든 갈 수 있다, 사람 없을 때 간다, 이런 마음이었죠. 다른 곳에 있다가 친구가 차로 집에 데려다준다고 해서 이태원을 한바퀴 드라이브하자고 했죠. 사람들 구경하면서 코스튬 점수 매기자며 한바퀴 쭉 돌고 들어오는데 이태원역 2번 출구 조금 뒤 편의점 부근부터 차가 안 가는 거예요. 주변 차들도 다 멈춰 있고요. 교통상황을 알아보려고 핸드폰 내비게이션을 켰는데 와이파이가 안 잡히고, 3G도 접속이 안 되더라고요. 핸드폰이 너무 오래됐나 하고 기다리는데 소방차가 한대씩 오기 시작했어요. 이태원은 원래 매주 금·토·일 주말에는 소방차와 경찰차가 정말 많이 오가기 때문에 사이렌이 울리면 자정인가보다 그러거든요. 또 어디서 누가 싸웠겠지. 소방차 세대가 지나갈 때까지 대수롭지 않게 여겼어요. 친구가 "왜 이래?" 묻는데도 "이태원 주말은 원래 이래. 아무것도 아니야" 그랬어요. 그런데 소방차들이 줄지어서 계속 오는데 소방차 뒤에 지역이 표기돼 있잖아요. 용산이 아니라 서초,

노원… 이렇게 오니까 그때 비로소 심각함을 느꼈어요. 뭐가 잘 못됐나? 그런데 잘못될 게 뭐가 있지? 찾아보려고 하는데 인터넷 접속이 안 돼서 아무 정보도 얻을 수가 없고, 옆의 운전자들이랑 이야기를 나누면서 앞에 뭐냐고 묻는데 다들 모른다고 하더라고 요. 그즈음 경찰이 와서 도로 통제를 했어요.

경찰한테 이곳 주민이라 여길 지나야 집에 갈 수 있는데 가면 안 되느냐고 물었더니 안 된대요. 전 아무것도 모르는데 가지 말 라고만 하니까 너무 화가 났죠. 내려서 걸어갈까 싶었는데 도로 한복판이어서 내릴 수도 없는 거예요. 그러다 사태의 심각성을 알게 된 건 소방차들이 쭉 줄지어 서면서 소방차 벽이 생기고 소 방관들이 들것을 메고 뛸 때부터였어요. 그때부터 좀 무서웠어요. 얼마나 큰일이지? 불이 났나? 소방차가 왔으니까 가장 쉽게 할 수 있는 생각이 그거였죠. 그때 한쪽 차선은 통제가 됐고 반대 방 향 차선은 다 비어 있는 상태였는데, 그 길에 사람들이, 저보다 조 금 어린 여성들이 계속 들것에 실려오는 거예요. 제가 탄 차 옆으 로 지나가는 분의 모습을 봤는데 딱 봐도 혈색이 없는, 피부가 A4 용지처럼 창백한 거예요. 아무것도 모르는 상태에서도 즉각적으 로 '저 사람은 살아 있지 않구나' 이런 생각이 들었어요. 그때까 지도 인터넷은 연결이 안 됐고, 도로가 통제된 상태라 차에서 내 릴 수도 차를 돌릴 수도 없어 그냥 차 안에 갇혀 있었어요. 그 뒤 로도 들것에 계속 사람들이 실려오는 전쟁 같은 상황이었는데 인 도에서는 사람들이 여전히 클럽에서 흘러나오는 「섹스 온 더 비치」 노래에 맞춰서 춤을 추고 있었어요. 뭐라고 표현해야 할지 모르겠는데, 디스토피아? 전혀 다른 양쪽 사이에서 저는 판단이 좀체 안 되는 상태였어요. 이게 도대체 뭐지? 왜 이런 거지? 그때는 무섭다기보다는 비현실적이었고, 막연하게 '어떡하지' 싶었어요.

창문 밖으로 상황을 보는데 인파 속에서 마약 어쩌고저쩌고 막 그런 소리가 들리길래, 한동안 마약 단속한다고 뉴스에 나왔잖아요? 그런 뉴스를 주기적으로 들었던 터라 마약이란 단어를 듣는 순간 친구랑 마약 문제일 수도 있겠다고 생각했어요. 그런데 이렇게 많은 사람들이 갑자기 마약 때문에 쓰러지나? 소방차가 이렇게 올 정도로? 그럴 리 없는데… 하고 있는데 그 순간 인터넷이 연결됐어요. 인터넷이 원활하진 않아서 카톡 채팅방까지는 연결이 안 되고 상단에 알림만 보이는데, '너 괜찮아?'라는 친구들 카톡이 쏟아지는 거예요. 이태원 해밀톤호텔 앞에서 사고가 났다는 것까지는 이제 알게 된 거죠. 그런데 이게 얼마나 큰 사건인지는 아직 몰랐어요.

그러다 차 앞쪽으로 바닥에 쓰러진 사람들이 보이기 시작했어요. 아니, 쓰러진 게 아니라 다른 사람들이 들고 와서 바닥에 나란히 뉘어놓은 게 보였어요. 너무 충격을 받았어요. 진짜 돌아가셨는지는 모르겠는데 제가 보기에는 시체 같은 거예요. 사고가 정지됐고 계속 보고 있기가 너무 힘들고 무서워서 경찰한테 사정을 했어요. 제발 차를 돌리게 해달라, 나 주민이고 이 동네 산다, 사정사정을 해서 겨우 차를 돌렸는데 이태원의 골목이 다 좁잖아요. 그러니까 차가 못 가는 거예요. 친구한테 우리 집까지 가면 너 못 돌아갈 것 같다고, 미안한데 나 먼저 내린다고 하고 저는 내렸어요. 걸어서 집으로 가는데 좁은 골목이 차들로 꽉 막혀서 사람이 지나갈 수도 없는 거예요. 다시 돌아 대로로 갔는데 중앙 도로는 다 비워져 있고, 사람들이 통제선 밖에서 울거나 걱정하면서 도로를 보고 있었어요. 제가 인파를 피해 집으로 걸어가는데 "심폐소생술 가능하신 분 있으세요?" 이런 소리를 얼핏 들었어요. 근데 제가 고등학교 때 심폐소생술 대회에 나갔었단 말이에요. 그래서 머릿속은 '나 할 줄 알았는데, 할 줄 알았는데' 하고 있는데, 걸음은 계속 집으로 가고 있는 거예요.

원래 제 성격이었다면 바로 손들고 나섰을 텐데 공포스러웠던 것 같아요. 아직까지 그런 마음도 있어요. '했다가 잘못되면?' '고등학교 때 일주일 배운 게 전부고 자격증도 없는데, 만약에 하다가 사람이 죽으면 살인자가 되는 건가?' 싶었고요. 사실 그런 생각 안 하고 그냥 가서 물어보면 되는데 그때는 너무 공포스럽고 혼란스러워서 판단을 제대로 못 했던 것 같아요.

집에 도착해서 텔레비전을 보고 나서야 무슨 일인지 알았어요. 그날 밤에 잠을 못 잤어요. 사이렌 소리가 새벽까지 계속 났고, 현장에서 사람들이 지르는 소리가 다 들렸거든요. 또 눈을 감으면 자꾸 사람들이 누워 있는 모습이 떠올라서, 들것에 실려가는 사람의 축 늘어진 팔이 생각나서… 아직도 들것에 실려가는 사람들을 그릴 수 있을 정도로, 그분들이 무슨 옷을 입었는지까지 기억날 정도로 눈앞에 생생해요. 다음 날 아침에 마음을 터놓을 수 있는 선생님이 전화를 주셔서 괜찮냐고 물어보시는데 그 말을 듣고 갑자기 엄청 울었어요. 그때 든 마음은, 원망이었던 것 같아요. 하지만 그때는 원망의 대상이 없었어요. 사람들이 너무 많이 죽었다는 사실과 내가 한시간 넘게 앉아서 그 상황을 볼 수밖에 없었다는 사실, 그리고 왜 이런 일이 이태원에서 일어났을까, 왜 이렇게 많은 사람들이 죽어야 하나, 그런 생각에 그냥 세상이 원망스러웠어요. 죄책감도 들었고요. 그리고 얼마 뒤 참사의 실체를 알게 되고서는 원망의 대상도, 분노의 대상도 명확해졌죠.

그저 우리 중 하나, one of them

그날부터 1~2주 정도 집 밖에 아예 안 나간 것 같아요. 못 나가겠더라고요. 저희 집이 한남동주민센터 바로 건너편이거든요. 당시 실종자 가족들이 주민센터로 가야 했잖아요. 진짜 소리가 들렸을 수도 있겠지만 묘하게 계속 실종자 가족들의 소리가 들리는 것 같은 거예요. 길에 내걸린 현수막을 쳐다보기도 싫었고. 또 외출을 해서 이태원을 벗어나려면 어떻게 가도 이태원역 앞을 지나가야 하거든요. 당시에 이태원역 1번 출구 앞에 추모 공간이 차려져 있었는데 그걸 볼 자신도 없었어요. 그 거리를 걷기가 싫었어요. 괴롭고, 끔찍하고. 시각적 충격과 참담함이 되게 오래갔어요.

인터넷을 찾아보지도 않았어요. 무서운 건 아닌데, 고통스러워서. 참사와 희생자, 피해자를 향한 혐오 표현이 너무 많아서 안 봤어요. 진짜 너무 화가 많이 나는 거예요. 친구들이 걱정하는 마음에 "너도 여기 있었어?" 하면서 참사 당일 현장 영상을 보내줬는데 영상은 보지 않았어요. 근데도 알고리즘이 이태원 참사와 연관된 댓글이나 커뮤니티 글 같은 걸 자꾸 띄웠어요. 시신이라고 추정되는 사람들이 옷이 거의 벗겨진 상태로 도로 위에 누워 있는 사진들이 올라와 있었는데 댓글에 여성혐오와 외국인혐오를 결합한, 정말 입에 담을 수도 없는 성적인 욕설들이 수두룩한 거예요. 제일 화났던 말들은 자기들이 놀러 가서 죽었는데 "누굴 탓해"였어요. "놀러 갔는데 누구한테 책임 떠넘기냐?" 같은 말들이 정말 속상했어요. 좀 놀면 어때? 왜 이렇게 못살게 굴지? 왜 죽어서까지도 못살게 굴지? 이런 생각을 했어요. 너무 진저리가 나서 그냥 있으면 안 되겠다는 생각이 많이 들었어요. 그래서 그런 댓글을 보는 족족 신고, 신고….

그런데 이태원에 사는 주민들은 그런 말 못 했을 거예요. 자기가 사는 지역에서 일어난 일이기 때문에 이 참사를 자신과 분리시킬 수 없다고 생각해요. 이태원 문화는 주민들한테 일상의 한 부분이거든요. 이태원의 클럽들을 유흥시설이라고 손가락질할 수도 있지만 그것 또한 이미 주민들 생활에 포함된 큰 요소예요. 사실 저는 핼러윈 축제를 매우 좋아하지만 주민이 되고 나서는 핼러윈데이만 되면 너무 큰 스트레스를 받았어요. 사람들이 이태원 클럽에 가겠다고 저희 집 정문까지 줄을 서고, 제가 지나가면 줄 선 사람들이 새치기하는 줄 알고 쳐다보고 가드가 와서 어디 가시느냐고 물어보고…. 그 인파를 뚫고 집에 가는 게 너무 힘들 거든요. 또 집 옆에 흡연 공간이 있는데 그곳은 완전 오줌 파티에 배변까지…. 주민이 된 뒤부터는 매년 핼러윈데이 때 직장에 반 차나 연차를 낼 정도였어요. 매주 금요일 그리고 클럽과 이태원 에 인파가 많이 몰리는 날들이 너무 싫었지만, 이태원이나 클럽 에 이상한 사람들이 오는 게 아니잖아요? 평범한 사람이 단지 흥 을 내려고, 혹은 누군가를 만나기 위해 오는 건데요. 오가면서 한 번씩은 얼굴을 봤을 거 아니에요? 다음 날 그냥 길에 쓰러져 있는 얼굴만 봐도 악마화할 수 없는 대상임을 너무 쉽게 알지 않았을 까요? 얼굴을 보면 내 친구고, 누군가의 딸 아들이고, 그냥 옆집 애고요. 이렇게 그들도 그냥 우리 중에 하나, 'one of them'이라는 걸 아마 알지 않을까요?

세월호의 기억, 이태원의 경험

제가 13학번인데 대학교 2학년 때 세월호 참사가 났어요. 뉴스 에 '전원 구조'라고 뜨기에 큰 사고 아니라서 다행이다, 전원 구 조했다니 대단하다 생각했죠. 동기 중에 한명이 단원고 졸업생이 라서 "야, 너 큰일 날 뻔했다" 이야기도 하고요. 근데 다음 날 뉴스를 보니까 그게 아닌 거예요. 그때가 중간고사 기간이었는데 뭘 하나도 못 했어요. 사건 자체도 너무 충격적이고, 계속 송출되는 영상도 저를 너무 불안하게 만들었고, 제가 전날 한 말도 후회되고… 숨이 안 쉬어지는 거예요. 한 일주일 동안 거의 패닉, 공황 상태였어요.

일주일쯤 후에 희생자 장례식장 봉사자를 구한다는 학교 단체 카톡 공지를 보고 신청해서 친구랑 같이 안산에 갔어요. 제가 배정받은 빈소는 아들이 희생자였는데 유가족이 아버지 한분밖에 안 계셨어요. 좁은 빈소였는데도 조문객이 없었어요. 맞은편 빈소는 사람이 너무 많아서 주체가 안 될 정도였는데 말이죠. 다 같은 죽음인데 더 아픈 사람이 있네, 이런 생각을 했어요. 내가 도와줄 순 없나? 내가 할 수 있는 건 뭐지? 내 역할에 대해서 생각을 하게 된 것 같아요. 아무것도 할 수 없다는 데서 오는 무력함이 괴롭더라고요. 또 무기력해지니 우울해지잖아요. 당시에 너무 우울했는데 왜 우울한지도 몰랐고, 내가 이렇게 슬퍼도 되는 건가? 내가 뭔데 이렇게 슬퍼하지? 이런 생각만 했어요. 저는 유가족도 아니고 친구도 아니고 그냥 시민인데 이렇게 슬퍼하는 제가 스스로 정체성이 불분명하다고 생각했던 것 같아요.

내가 할 수 있는 일이 뭘까를 계속 생각했는데 집회 나가기, 그거 하나밖에 못 찾았어요. 그래서 집회에 엄청 열심히 나갔고 그때부터 제가 좀 달라졌죠. 사회문제에 관심을 갖게 되면서 학교에서 학생자치 활동도 많이 했어요. 참사나 비극이 일어날 때 뭐라도 할 수 있는 사람이 되고 싶다는 생각을 하다보니 전문성과 역량을 갖는 게 중요하겠다 싶어 진로도 미술치료로 선택했어요. 저는 미술치료를 단순히 미술도구를 사용하는 상담이 아니라 최전방의 상담이라고 생각해요. 큰 정신적 충격을 받은 재난 피해자들은 물론 의사소통이 어렵거나 원활하지 않은 이들에게 미술치료가 다정하고 조심스럽게 다가가는 방법이라고 생각해요. 특히 세월호 참사 때 피해자들에게 가해지던 2차 가해, 사이버불링(cyberbullying)이 이태원 참사에서 똑같이 반복되는 걸 경험하면서 도움이 되고 싶은 마음에서 미술치료에 대한 확신이 더 생겼던 것 같아요. 제게 세월호 참사가 출발점이었다면 이태원 참사의 목격자이자 지역주민으로서의 경험이 제 인생을 정말 바꾼 거죠.

요즘은 불안하고 무기력해요. 이태원 참사도 미궁으로 빠진 다른 참사들의 전철을 밟는 것처럼 보이니까요. 이런 세상에서 내가 뭘 바라? 이런 생각이 드는 제 자신이 실망스러운 거예요. 세월호 참사가 벌써 10년 전인데, 그동안 저는 20대를 지나 30대가 됐는데, 신분도 위치도 바뀌었는데 세월호 때 느낀 무력감을 지금도 똑같이 느끼고 있다는 게…. 그때는 대학생이라 활동이 좀더 자유로웠다면 지금은 사회인으로서 특정한 소속도 없이 활동하는 게 오히려 더 큰 장벽처럼 느껴져서 마음이 더 힘든 것 같아요.

기억하고 위로하는 축제

시간이 지나면서 이태원을 방문하는 사람들이 점차 늘어나고 있지만 아직도 제겐 이태원 거리가 공동묘지 같아요. 이제 더이상 이태원이 마냥 즐거움만 있는 장소가 아니라는 게 착잡하죠.

그래도 이태원은 계속되어야 하니까, 또 슬프지만 매년 기억을 해야 하니까, 다 잊을 수는 없는 거니까 추모제가 하나의 축제로 자리잡으면 어떨까 생각해요. 2022년 추모제 때 가수 하림이 왔었거든요. 하림이 부르는 노래가 너무 위로가 많이 됐어요. 물론 노래를 잘 부르기도 했지만 그보다는 문화의 힘, 예술의 힘을 실감했어요. 구체적으로 말하지 않아도 아우르는 힘이 있잖아요. 문화로, 예술로 추모하고 기억하는 자리가 이태원에 마련되어 사람들이 모이면 좋겠다는 생각을 엄청 많이 해요. 사람들이 모여서 슬픔이 머무르는 이 자리에 사랑을 심는다면 좋겠어요. 슬픔만이 동력이 되는 추모제가 아니라, 그 이후에 이태원이 원래 가지고 있던 에너지가 다시 자리잡아 모두가 저마다의 방식으로 추모를 하는 그런 축제가 되었으면 해요.

사람들이 이태원을, 이태원 참사를 잊지 않고 타임캡슐처럼 마음에 잘 담아뒀으면 좋겠어요. 우리가 해야 할 일들이, 풀리지 않는 과제들이 많을 테니 아무것도 하지 못했던 이 무력감을 잘 담아두고 할 수 있는 일을 앞으로 같이 했으면 좋겠어요.

저에게 부끄러움이라는
감정이 있는 것 같아요

**이태원 노동자
심나연씨 이야기**

학업, 졸업, 아르바이트, 자격증, 취업 등 '어른'들이 만들어놓은 시스템 속 어딘가에서 분주하게 움직이는 청년들이 도심 한복판에서 참사를 당했다. 10·29 이태원 참사 희생자의 66.7퍼센트가 20대였다.[•] 1998년생 심나연씨는 이태원 참사의 소용돌이를 옆에서 지켜봐야 했던 또다른 20대 청년이다. 그의 첫 직장 생활과 첫 독립이 시작된 이태원은 어느날 참사의 현장이 되어버렸다.

나연씨와 이태원 참사에 관해 이야기하면서 희생자, 생존자, 유가족, 구조자 외에 참사의 배경을 이루고 있는 사람들을 입체적으로 볼 수 있게 되었다. 참사 현장을 지켜볼 수밖에 없었던 이태원 골목의 목격자, 참사 현장

● 「[이태원 참사] 희생자 중 20대가 66.7% … 평균연령은 27.1세」, 『오마이뉴스』 2022. 11. 16.

주변에서 일했던 노동자, 현장 지원을 나간 공무원, 성소수자, 다국적 사람들, 상인들, 그리고 누군가의 친구나 이웃이라고 불리는 사람들… 참사에 대해 생각할수록 누군가를 지칭하는 몇개의 명사들이 수십명의 사람으로 확장되었다. 그 수십명의 사람은 다시 수백, 수천명의 관계된 사람들로 연결되었다. 이태원 참사는 단순히 희생자의 숫자로 설명될 수 없었고, 이태원 참사를 통해 우리는 생각보다 서로 긴밀하게 연결되어 있다는 감각을 배웠다.

꿈을 이루기 위해 어떻게 살아야 할지 아직 모르겠다는 나연씨에게 이태원 참사는 답을 알 수 없는 질문들을 남겼다. 그래서 그는 참사의 '주변인'에서 참사의 흔적을 기록하는 적극적인 '행위자'가 되었다.

인터뷰 자리에서 나연씨는 자신이 참사의 당사자가 아닌데도 왜 이토록 마음이 힘든지 물었다. 그 질문은 나에게도 유효했다. 생각해보면 사회적 참사는 그런 것이었다. '타인의 죽음'이라는 말로 선을 긋고 '그런 일이 있었다'로 끝낼 수 없는 것이었다. 나연씨처럼 이태원 참사의 당사자가 아님에도 아파하고, 눈물 흘리고, 질문하고, 답을 찾으려 하는 수많은 청년이 지금 이 순간에도 우리 곳곳에 흩어져 있을 것이라는 생각이 들었다. 그들도 혼자 슬퍼하고 혼자 질문하다 혼자 지쳐 있을까 자문했다. '왜'로 시작하는 문장들을 가슴에 품고 있을 그들을 생각하며 이 글을 시작한다.

작가기록단 **권은비**

저는 2년 동안 이태원에 있는 레스토랑에서 디자이너로 일했어요. 용산구 후암동으로 이사 온 지는 1년 정도 됐고요. 제가 2017년에 대학에 들어갔는데 예술대학에서 공간연출을 전공했어요. 학교 친구들이 노는 걸 좋아해서 거의 주말마다 이태원에 와서 클럽을 다녔고, 한 1년 정도 그렇게 이태원을 자주 찾았죠. 2018년에 여행을 다니면서 조금씩 이태원에 올 일이 없어졌다가 이쪽에 취직하면서 다시 이태원과 가까워졌던 것 같아요. 전공을 살려 디자인툴을 쓸 수 있는 회사를 찾다보니 이태원에 있는 회사에 취직하게 됐어요. 2021년 5월에 이태원에 있는 레스토랑으로 취직을 했어요. 처음에는 계약직으로 들어갔다가 정규직으로 전환돼서 2023년 여름까지 2년 동안 일했어요. 그곳이 저의 첫 풀타임 직장이었어요.

이태원의 핼러윈, 정신없이 바쁜 날

이태원 쪽에서 일하고 살게 된 후부터 핼러윈은 제게 정신없고 바쁜 날이었던 것 같아요. 제가 일했던 매장도 핼러윈에는 엄청 사람이 많아서 그야말로 매출이 보장되는 날이었죠.

참사 전년도인 2021년에 핼러윈 축제 구경을 가본 적이 있어요. 그날 회사에서 단체로 독감 예방접종을 맞으라고 했는데 시간이 좀 떠서 저도 '내일이 핼러윈데이니까 구경이나 하러 가자' 싶어 갔었던 거죠. 밤 9시쯤 세계음식거리에 갔는데 사람이 너무 많아서 거의 헤엄치듯이 빠져나왔어요. 그해는 코로나 상황이 안 좋았는데도 이태원 거리가 엄청 시끄럽고 사람들이 들떠 있었어요. 이태원역 근처는 사람이 너무 많아서 횡단보도도 일행들이 나뉘어서 건너야 했어요. 길거리에서 둘째 동생을 기다리는데 사람이 너무 많아서 도저히 동생을 찾을 수가 없더라고요. 겨우 만나서는 코로나인데 사람이 왜 이렇게 많냐고 불평했던 기억이 있어요. 그냥 사람이 밀리면 밀리는 대로 가고, 뭔가 막히면 막히는 대로 가고 그랬던 것 같아요.

이런 생각을 하는 게 좀 그렇지만 둘째 동생이 캐나다로 워킹홀리데이를 갔다가 올해 3월에 다시 들어왔거든요. 근데 동생이 캐나다를 안 갔으면 아마 걔도 2022년 핼러윈 축제 때 이태원에 갔을 거고, 저도 같이 갔을지도 몰라요. 그런 생각이 드니까 좀 어질어질했어요.

오보라고, 말도 안 된다고 생각했어요

참사가 일어난 토요일은 제가 회사 근무랑 미대 입시를 병행하고 있어서 하루 종일 미술학원에 있던 날이었어요. 밤 10시쯤에 학원 끝나고 같이 일하는 언니랑 노래방에 가서 노래를 막 부르고 있는데, 언니가 핸드폰을 보다가 갑자기 "이태원에서 지금 사람이 열다섯명 죽었다는데?" 이러는 거예요. 저는 말도 안 되는 소리 하지 말라고, 오보라고 했어요. 거기에서 사람이 그렇게 죽는 게 말도 안 된다고 생각했었어요. 그런데 희생자 수가 계속 늘어났고, 관련 기사를 보는데 '압사 사고'라는 거예요. 이태원은 항상 사람들이 재밌게 노는 지역이라고만 여겨왔는데 그곳에서 그런 참사가 일어난다는 게 말이 안 된다고 생각했어요.

초기에는 검열 안 된 사진들이 인터넷에 돌아다녔잖아요. 회사 직원들 단체 카톡방에 들어가봤더니 현장 사진 같은 것들이 막 올라와 있고, 퇴근하고서 축제에 놀러 간 직원들이 "이게 무슨 일이냐" "지금 사람들이 도미노처럼 쓰러졌다" "눈물이 줄줄 난다" "나 지금 CPR(심폐소생술) 하고 있다"는 얘기를 하고 있더라고요. 전화를 걸어서 괜찮으시냐고 물어보고 그랬어요.

저도 참사 당일 안부 연락을 엄청 많이 받았죠. 친구한테 바로 전화 오고, 막냇동생한테 연락 오고, 계속 여기저기서 연락이 왔어요. 저도 이태원에 자주 갈 만한 주변 친구들한테 연락하고요. 다음 날 아침에 일어나서 가족들한테 연락 안 했다고 혼났어요.

비현실적인 참사의 풍경

참사가 일어난 날, 뭔가 엄청 강렬하게 남은 기억들이 있어요. 귀갓길에 순천향대학교병원 정류장에서 버스를 갈아타는데 구급차가 너무 많은 거예요. 그래서 진짜 사고가 났구나, 생각하면서 이태원을 지나가는 버스로 갈아탔어요. 버스 안에 핼러윈 코스튬 입은 사람들이 엄청 많았어요. 외국인들도 있었고요. 너무 이상하다고 생각했었어요. 지금 보면 그때 버스 안 자체가 되게 비현실적인 상황 같아요. 그 버스 안에 있는 사람들이 다 즐거워 보였거든요. 웃고 있는 외국인들도 많았고 엄청 무거운 분위기는 아니었어요. 저는 참사 소식을 접한 지 두시간도 안 된 상황이라서 '이게 무슨 일이지' '도대체 내가 지금 어디 있는 거지?' 싶었고, 사람들이 충격을 받았을 거라고 생각했는데 전혀 아닌 것 같아 보였어요. 그래서 '저 사람들 저래도 되는 건가' 떠올렸던 기억이 나요.

핼러윈 차림을 한 사람들이 보성여중 정거장에서 싹 다 내리더라고요. 거기가 해방촌 쪽이고, 술집들이 있으니까요. 전 남산도서관 정류장에 내렸는데 그곳에 좀비 분장을 한 히스패닉 한분이 약간 얼빠진 표정으로 앉아 있는 거예요. 그분이 유독 괴로워 보여서 걱정되기도 했어요. 좀비 분장을 하고 있으니 다친 건지 어떤지 분간이 잘 안 가기도 했고요. 그래서 얘기를 나눴는데 자기가 핸드폰으로 찍은 영상을 보여주더라고요. 참사 거리 근처에 앰뷸런스가 많이 와 있는 영상이었어요. '이 사람이 거기서 빠져나왔구나' 싶어서 몸 잘 챙기라고 인사하고 헤어졌어요. 그 사람도 '한동안 트라우마에 시달리겠구나'라고 생각하면서 헤어진 기억이 나요.

우리가 이렇게 공감할 수 있구나

참사 현장은 제가 자주 지나다니던 곳이었어요. 이태원역 1번 출구 쪽에 추모 공간이 생긴 지 얼마 안 됐을 때 대로변에 국화꽃들이 엄청 많이 쌓여 있었거든요. 이태원역 쪽으로 가는데 어디에선가 목탁 소리가 계속 들리는 거예요. 소리를 따라가니까 많은 사람이 골목에 모여 있었어요. 국화꽃과 초가 놓여 있고, 희생자들의 사진과 희생자 지인들이랑 유가족들이 쓴 편지들이 붙어 있었어요. 누군가는 담배를 올리고 있고, 누구는 술을 올리고⋯. 희생자들은 대부분 저랑 비슷한 나이 또래였어요. 그저 하루 놀러 나왔던 건데⋯.

그곳에서 한시간을 넘게⋯ 그냥 있었어요. 계속 눈물이 나는 거예요. 엉엉 울다가 그날 퇴근하면서 저녁으로 먹으려고 싸 왔던 음식을 올리고, 담배도 한대 올리고⋯ 계속 울고 있는데 옆에서 한 외국인 언니가 같이 울더라고요. 그래서 혹시 아는 사람이 돌아가셨냐고 물어봤는데 아니래요. 근데 저도 아니었거든요. 우리가 이렇게 공감할 수 있구나 싶어서 그곳에서 둘이 부둥켜안고 울었던 기억이 나요.

정부가 마련한 합동분향소●처럼 사진은 없고 제단만 있는 분향소에 갔을 때는 죽음이 숫자로만 감각되잖아요. 나중에 녹사평 분향소에 가서 희생자의 사진을 보니까 다들 제 또래고, 주변 친구들 같은 사람이었어요. '그냥 사고가 났네' 하고 넘어갈 수 있는 일은 아니라고, 처음부터 그렇게 느꼈었어요.

내가 왜 그렇게 거기에서 울었을까 생각해봤어요. 그때가 회사에서 일한 지 1년 6개월 정도, 이사 온 지도 반년 정도 되면서 '여기 살기 너무 좋다, 이 동네 자체가 너무 좋다' 하며 동네에 정이 붙고 있던 시기였어요. 그래서 지역에 대한 애정이 이태원 참사에 대한 여러 마음으로 이어진 게 아니었을까 생각해요.

설명할 수 없는 두가지 마음

제가 일하는 레스토랑은 아예 창가 좌석의 예약금을 더 받을 정도로 창가 자리 뷰가 특징인 곳이에요. 녹사평역 광장이랑 미군기지 부지까지 다 내려다보여요. 레스토랑 위층이 사무실이라 사무실 뷰도 엄청 좋죠. 그래서 저는 내심 '사람들이 돈 내고 보

● 10·29 이태원 참사 발생 직후 정부는 국가애도기간을 선포하고 이어 유가족 동의 없이 영정도, 위패도 없는 '합동분향소'를 설치해 논란을 빚었다.

는 뷰를 난 일을 하면서 보네' 하며 만족스럽게 일하고 있었는데 어느날 회사 앞이 장례식장이 되어버린 거죠. 참사 후에 출근하면서 회사 창문 밖을 내다보니 흰색 무언가가 설치돼 있더라고요. 녹사평 분향소였어요.

회사에서는 참사에 대해 이야기를 안 하는 분위기였어요. 회사에서 분향소가 완전히 내다보이는데도 아무도 참사를 언급하지 않았어요. 얘기를 꺼낼 수 있는 분위기도 아니긴 했어요. 제가 주변의 다른 분들이랑 참사 관련해서 대화를 시도한 적이 있는데 다들 뭔가 더이상 대화를 이어나가기 어렵게 답을 하더라고요. 이태원 상인분들도 말을 아끼는 분위기이긴 했어요. 담배 피우다 보면 주변 상인들과도 말을 섞게 되거든요. "요즘 좀 어떠세요?" 하면 "뭐 다 똑같죠" 그냥 이 정도로 이야기했어요. 그래도 "참사 때문에 장사가 안 된다" 이렇게 말하는 사람은 제 기억에는 거의 없었어요.

참사 날 제가 전화를 해서 괜찮냐고 물었던, 참사 현장에서 구조 활동을 한 직원분과 한번 이야기를 했는데, 제가 "참사가 일어났는데도 매출이 그래도 좀 나오네요"라고 했더니 그분이 "어떻게 지금 이태원에서 밥을 먹는지 모르겠다"고 하셨어요. 이해가 안 간다고. 그러고 나서는 그분과도 참사에 대해서 얘기를 거의 안 했어요.

참사 이후에 지역미디어인 용산FM에서 이태원 참사에 대한 구술기록 작업을 시작했어요. 저도 우연히 그 기록 작업의 참여자 모집 공고를 보고 신청해서 활동에 참여하게 됐죠. 나중에 구조 활동을 했던 동료에게 제가 활동하고 있는 구술 인터뷰를 하겠느냐고 물어봤는데 단칼에 거절하더라고요. 생각도 하기 싫은 것 같았어요. 근데 이해가 가요. 지금도 미안해 죽겠어요. 괜히 물어봐서…. 그 친구는 다른 지점으로 이동해서 일하다가 퇴사했어요. 참사 이후에 녹사평 분향소 앞에 심리상담 지원센터가 있었는데 거기서 그 친구가 명함을 받아와 상담을 몇번 했던 걸로 기억해요.

제가 일하는 사무실 창문에서 녹사평 분향소와 신자유연대 현수막이 잘 보였거든요. 그래서 제가 "저 현수막들 언제 치워지나" 이런 얘기를 하면 같이 일하는 실장님은 바로 다른 주제로 넘어가거나 별로 이야기하고 싶지 않아하는 것 같았어요. 분향소랑 현수막이 옮겨지기 전까지 내내 블라인드를 치고서 일했어요. 분향소가 이전했을 때, 솔직히 말하면, 정말 솔직히 말하면… 좋았어요. 분향소가 아니라 그 신자유연대 현수막들이 없어지길 너무 원했거든요. 제가 현수막에 대해서 민원도 엄청 많이 넣고, 구청 게시판에 글도 올렸어요. 사장님이 그러라고 지시하기도 했고요. 누가 분향소 세우는 걸 뭐라 하겠어요. 다 그 현수막들 때문이지…. 구청에서는 현수막 자체는 신고되어 있으면 표현의 자유가 있고 헌법에 명시된 권리이기 때문에 철거하라고 할 수 없다고 하더라고요. 신자유연대는 매일 집회 신고를 연장하고 있었고요. 분향소가 없어지지 않는 이상은 신자유연대도 계속 집회 신고를 할 거라는 얘길 듣고 난 다음에는 저도 너무 고민이 됐던 거죠.

저는 그 현수막이 없어지길 바라는데 현수막이 없어지려면, 저 분향소도 철거되어야 하고. 근데 사실 신자유연대 쪽에서 원하는 게 바로 그거잖아요. 그래서 결국 분향소가 서울시청으로 옮겼을 때 복합적인 감정이 한꺼번에 들었던 것 같아요. 한편으로는 저 현수막들 안 봐도 되겠구나 하는 안도감이 들기도 했어요.

마치 참사는 없었다는 듯이

제가 일하던 레스토랑은 9~10월이 가장 성수기예요. 2022년 9월은 제가 일하던 기간 중에서는 역대 최고 매출을 기록했고, 10월도 9월 매출에 육박하는 상황이었어요. 근데 10월 29일에 참사가 벌어진 거죠. 그다음 날 저녁부터 레스토랑 예약이 다 취소됐어요. 제 업무가 고객 리뷰와 예약 시스템 관리여서 매출 변화 추이가 눈에 보였어요. 그걸 기록하는 표가 따로 있었거든요. 참사 이후에 매출이 많이 떨어졌죠.

제가 2023년 여름에 퇴사했는데, 매출은 거의 회복됐어요. 요즘에 이태원 가보면 전과 그렇게 크게 다를 바 없는 것 같아요. 그 해밀톤호텔 옆 골목만 빼면요. 정부에서도 '이태원 회식 챌린지' 캠페인 같은 여러가지 활성화 사업을 펼쳤어요. 저희도 많이 애쓰긴 했어요. 스페셜 메뉴 같은 거 원래 안 하는데 그런 것도 기획

해서 하고, 예약 시스템도 많이 손보고, 그렇게 조금씩 조금씩이요. 그래서 이태원 상인분들의 마음은 너무 이해가 가죠.

근데 참사가 일어난 적이 없었다는 듯한 이태원 활성화 캠페인이나 갑자기 축제를 여는 식의 사업들은 아쉬움이 있어요. 이태원을 활성화하고 회복하는 것이 그냥 경제적인 문제만으로 그쳐서는 안 된다고 생각해요. 물론 상인들에게 이태원은 삶의 터전이고, 그분들은 여기가 아니면 마땅히 경제활동을 할 수 있는 데가 많지 않아요. 당연히 이태원을 활성화하는 게 중요하다고 생각하는데 그 과정에서 참사를 그냥 없었던 일처럼 덮어버리고 아예 기억할 수 있는 수단도 남겨두지 않는 방향은 아니어야 하는 거죠. 그래서 어떻게 참사를 더 기억할 수 있게 할 것이냐, 이에 관해 충분히 이야기하면서 회복이 이루어져야 한다고 생각해요. 그런데 지금 그런 방향은 아닌 것 같거든요.

제가 왜 이렇게 이태원 참사에 대해서 계속 생각하는지 저도 정확히는 모르겠어요. 이태원과 후암동이라는 동네에 대한 애정과 참사 이후 이태원을 오고 가면서 경험했던 공간에 대한 기억 때문에 이번 참사에 대해 제가 계속 마음을 쓰고 있는 게 아닌가 싶어요. 분향소가 보이는 사무실에서 일하면서 회사 매출을 걱정하고, 참사에 대한 제 안의 알 수 없는 이상한 감정도 처리해야 하고… 그런 것들이 복합적으로 맞물려서 이태원 참사가 제 마음을 떠나지 않는 것 같아요.

이태원 참사는 소외된 죽음인 것 같아요

개인적으로 참사 후 몇달 동안 힘들었던 것 같아요. 그 길을 지나갈 일이 있어도 일부러 피해 다녔어요. 얼마 전에 친구들이랑 그쪽을 지나가다가 제가 참사 현장 쪽을 곁눈질하는데 같이 있던 언니가 "내가 여기를 그냥 아무렇지 않게 지나갈 수가 있을 줄이야"라고 말했어요. 공감이 가더라고요. 이렇게 얘기해도 될지 모르겠는데 일단 그 길을 밟는 게 힘들어요. 참사가 저한테는 어떻게 감각되느냐면… 사람들이 길에서 층층이 깔려 사망한 사고인데 그 길을 제 무게를 실어서 밟는 거잖아요. 제가 그렇게 생각하려 하지 않아도 그냥 자동으로 그렇게 계속 감각되는데 그게 너무…. 스스로 이렇게 생각하고 있다는 것 자체도 불편하고 그 감각도 좀 끔찍한 감각이고, 그런 게 있죠.

맨 처음에는 이태원 참사가 저에게 너무 슬픈 일이었거든요. 내 거주지, 활동지인 동네에서 엄청 많은 사람이 죽었어요. 심지어 이 동네 상인들의 대목인 핼러윈 축제 때. 이 동네가 완전히 죽어버릴 수 있겠다는 생각도 했어요. 동시에 희생자들에 대한 슬픔이 너무 컸던 상태였어요. 그러다가 나중에는 이 참사가 너무 이상하다고 여기게 됐어요. 참사 초기에 정부나 행정기관 말고 다른 데서 책임을 찾는 각종 음모론이 있었잖아요. 해밀턴호텔 옆에 벽 세워둔 거를 탓했다가, 그다음에는 토끼 머리띠 쓴 사람을 찾다가…. 그게 제일 이상했어요, 토끼 머리띠 찾는 거. 너무 미친 짓이라고 생각했어요. 왜 저런 말도 안 되는 거를 경찰에서 얘기하고, 언론에서 얘기하지? 한명이 밀었다고 이런 참사가 일어날 리 없잖아요. 그런 것들을 보면서 '뭔가 이상하다' 생각했어요.

시간이 갈수록 이 참사가 어디에 머물지를 못하는, 소외된 죽음이라는 생각이 들었어요. 이태원에서 오래 산 사람들은 "거기 그 세계음식거리는 이태원 자주 가는 사람들은 가지도 않아" 이런 식으로 얘기해요. 특히나 핼러윈 축제같이 사람 많을 때는 그쪽으로 잘 안 가거든요. 그러니까 이태원에 자주 오는 사람들도 아니고, 그냥 한번 놀러 왔던 사람들이 죽은 거예요. 그렇다보니까 지역상인들 사이에서도 이태원이라는 장소성 외에는 죽음에 대해 어떤 유대감을 느끼지 못하고 있는 것 같아요. 그리고 다양한 지역의 내국인들과 외국인들이 한꺼번에 희생됐는데 그 사람들은 그날 거기에 있었다는 것 외에는 아무 공통점이 없잖아요. 저는 참사가 이다지도 슬픈데, 참사에 대해 얘기하고 싶으면 도대체 누구랑 어떤 얘기를 해야 할지 모르겠어요.

내가 이태원 참사를 기억하는 이유

음, 죄책감이 맞는 표현인지 모르겠는데, 부끄러움… 저에게 부끄러움이라는 감정이 있는 것 같아요. 사고가 난 골목에 108힙합클럽이라는 클럽이 하나 있어요. 참사가 일어나고 한 3개월 정도 후에 제 친구가 잠깐 한국에 놀러 온 적이 있는데 약속 장소가 하필이면 그 클럽이었어요. 일단 놀려고 온 거니까 춤을 춰야 하잖아요. 다들 노는데 '나는 아직 힘들다' '도대체 약속 장소를 왜 여기로 정한 거야' 이런 생각이 들었어요. 알고 보니 그 클럽이 친구가 아는 사람이 운영하는 데였더라고요. 죄책감보다 부끄러움… 내가 여기서 춤을 추고 있는 것에 대한 부끄러움이 계속 있었던 것 같아요. 그때처럼 어쩔 수 없이 간 게 아니라면 이제는 안 갈 것 같아요.

제가 이 참사에 마음이 많이 쓰이고 너무 슬프면서도 그 이유가 뭘까, 내가 이태원에 오래 산 것도 아니고 참사에 직접적으로 연관이 있는 사람도 아닌데 슬픔을 느끼는 내 감정이 진짜일까 하는 생각, 불편한 감정이 계속 들었어요. 지금도 이렇게 이야기를 하는 게 힘들고 괴로워요.

아까 죽음 자체가 소외된 것처럼 느껴진다고 말씀드렸잖아요. 그 감각이 이태원이라는 지역이라서 더 크게 느껴지는 것 같아요. 이태원은 오래전부터 세상으로부터 소외된 사람들이 주로 활동하는 곳이었고, 이태원에 오면 누구든 간에 소수자화되는 듯해요. 죽음이 소외된 것처럼 느껴진다고 말씀드린 것도 같은 맥락이에요. 이태원이라는 장소성 때문에 이 참사가 더 갈 곳 없는 사고가 되는 것 같아요.

돌아오는 핼러윈에는

핼러윈 축제가 다시 이태원에서 열린다면 저도 한번 가볼 것 같긴 해요. 근데 놀러 가진 않을 거예요. 막상 마음 놓고 놀 수 있을 것 같진 않아요. 이유는 신나지 않아서가 아니라… '마음에 걸린다' 정도일 것 같고요. '뭔가 머릿속에라도 기록을 해두는 게 더 중요하지 않을까' 하는 생각도 들고요.

그 고민을 진지하게 해봤던 것 같아요. 사실 어떤 사회적 참사에 관해 당사자성을 가지지 않고 창작하는 창작자들에 대해서 참사를 이용한다고 생각한 것까지는 아니더라도 그렇게 가깝게 느끼지는 않았거든요. 제가 그런 활동을 할 거라고 생각하지도 않았고요. 그런데 저도 이태원 참사 후에는 제가 직접적으로 관련된 사람이 아닌데도 뭐라도 하고 싶다고 생각했고, 용산FM에서 이태원 참사 기록 활동을 하면서 더욱 고민하게 된 거죠. 공동체 차원에서 이 참사를 기록하면 내 개인적 경험을 넘어서 사람들과 함께 이야기하는 것이고, 그 자체가 어떤 당위성을 갖지 않을까 기대했어요.

제가 인터뷰했던 분 중에 드래그 퀸(drag queen)인 햇빛님이라고 계세요. 그분 집에 갔는데, 마침 그때 햇빛님이랑 같이 룸메이트로 지내고 있던 언니가 제가 일한 곳 근처에 매장을 하나 열었다고 하더라고요. 언니 친구 중 한분이 참사 현장에서 돌아가셨대요. 그 언니랑은 참사 관련해서 얘기를 많이 나눴어요. "언니, 저 현수막 민원 넣었어요, 언니는요?" 이런 식으로요. 그 언니가 인터뷰이 찾는 중이면 용산구 자살예방센터(정신건강복지센터) 핫라인에 연락을 해보라고 하더라고요. 그쪽에 이태원 참사 난 후에 자살 관련한 상담 전화가 엄청 많이 왔고, 언니도 그리로 전화를 걸었다고 했어요. 그 얘기를 듣는데 막상 제가 언니에게 해줄 수 있는 말이 없더라고요. 그런데 이런 기록 활동을 또 할지는 모르겠어요. 아마 안 할 것 같아요. 그래도 계속 이태원 참사가 생각이 날 거예요.

유가족분들을 떠올리며 '참 마음 둘 데가 없으시겠다' 이런 생각을 했어요. 정말 많이 외로우실 것 같아요. 유가족분들이 모여서 이야기를 하는 자리가 있나요? 있다면 정말 다행이네요. 세월호 참사 같은 경우에는 중심적인 지역이 있었고 유가족들의 연대가 계속 보도됐잖아요. 그런데 이태원 참사는 다양한 유가족분들이 어떻게 지내시는지를 알 수가 없더라고요. 그래서 제가 뭔가 메시지를 전한다면 이런 이야기를 하고 싶어요. 지금 이태원의 사람들을 보면 다들 잘 지내는 것 같아 보이거든요. 그런데 거기에서 놀고 있는 사람들 중에서도, 음악 틀고 춤추는 사람들 중에서도 이태원 참사를 잊지 못하고 있는 사람들이 많은 것 같아요. 다들 입 밖으로 말은 안 꺼내지만 저랑 어느정도는 생각이 비슷할 거라고 느껴요. 머릿속으로는 '여기에서 그런 일이 있었지' 하면서 이태원 참사를 항상 기억하고 있고, 생각하고 있다고 말해주고 싶어요. 다들 잊은 것 같아 보이지만 여전히 마음 아파하

고 있다고요. 그래서 기억할 수 있는 공간이 이태원에 어서 생겼
으면 좋겠어요.

분향소에 이름을
올리지 못한 내 친구에게

**희생자의 친구
누리씨 이야기**

'친구'라는 이름으로 이 사람을 소개해도 될지 망설였다. 서로의 장례식에 상주로 서기를 약속했던 두 사람이다. 연인도, 서류상으로 묶인 가족도 아니지만 그 누구보다 편안한 서로의 의지처였다. 각기 다른 지역에서 성장한 두 여성 청년은 20대에 서울로 함께 이주했다. 경계를 넘나드는 여행자의 삶을 사랑했지만, 그것은 이방인으로 사는 일이기도 했다. 외로움과 두려움이 서늘히 몸을 타고 내릴 때, 두 사람은 온기를 나눠주며 서로를 일으켰다. 서울은 탄탄한 사회적 자본이 없는 사람에게 가혹한 곳이었다. 얼굴을 맞댈 사람이 있을 때 그 가혹함도 때로는 우스갯소리로 바뀔 수 있었다. 그러나 이 부정의한 세상이 내가 바라볼 얼굴마저 지워버리고 말았을 때, 누리는 무너졌다.

가족의 뜻에 따라, 누리의 친구는 이태원 참사 희생자 합동분향소에 이름과 영정을 올리지 못했다. 유가족과 시민 들이 함께 추모제를 올리던 겨울의 어느날, 희생자의 이름이 하나하나 불릴 때 누리는 차디찬 광장 한편에서 울음을 터뜨렸다. 여기, 이름조차 불릴 수 없는 사람이 있다. 국화꽃으로만 남아서는 안 될 사람들의 이야기로 가는 문을 연다.

작가기록단 **박희정**

언니는 신원이 확인된 바로 다음 날 발인이 이루어졌어요. 언니의 가족이 장례를 치르지 않고 언니를 보내기로 하셨거든요. 언니 이름과 영정을 분향소에 올리는 것도 하지 않기로 하셨어요. 제가 언니와 워낙 가까운 사이였다는 걸 아시니까 언니를 보내는 과정에 제가 참여하게는 해주셨어요. 그래도 최종 결정은 가족이 하는 거였죠.

청년을 중심으로 이태원 참사를 기록한다는 얘기를 들었을 때 고민이 깊었어요. 나는 그 현장에 있지도 않았고 법적 가족도 아닌 사람인데, 나서서 말을 해도 될까? 초반에는 오히려 이런 고민을 하지 않았어요. 언니는 제가 정말 사랑하는 친구였고 서로에게 삶을 의지하기로 한 가족이기도 했으니까. 상실을 경험한 뒤 어떻게 남은 삶을 살아가야 할지 모르겠어요. 일상생활에 되게 어려움이 많아요.

인터넷에서 심한 말이 쓰인 댓글 같은 걸 보면 처음에 '뭐 저런 것들이 다 있어? 진짜 정신 못 차린다'라고 생각했거든요. 그런데 조금씩 조금씩 그 말들이 저에게 스며드는 거예요. 낯모르는 타인의 말에만 상처받는 게 아니에요. 한번은 친구를 만나 제 마음을 털어놓으려고 했어요. "내가 친한 친구를 잃었어. 너도 그 언니 알잖아?" 그랬더니 "누리야, 너랑 나랑 정치적인 얘기는 하지 말자"라고 답하더라고요. 나는 상실과 아픔에 대해 말하는데 정치적인 이야기는 하지 말자니, 내가 이상한 건가?

언니의 주변 사람들이나 참사 현장에 같이 있었던 오빠들도 이일을 더이상 말하고 싶지 않아하는 것처럼 느껴요. 나만 이렇게 계속 뭐라도 하려는 게, 정말 내가 이상해서는 아닐까? 혼란이 오기 시작했어요. 그런 일들을 겪으며 서서히 우울과 무기력으로 침잠되었던 것 같아요.

인터뷰를 하러 왔으니 저에게 질문을 주실 거잖아요? 그 질문으로 제가 겪고 있는 혼란에 대한 답을 찾을 수 있지 않을까 하는 생각으로 왔어요.

언니, 나의 가족

언니랑 저는 10년 전 여행 중에 만났어요. 저는 20대 초반이고 언니는 20대 중반. 초가을 어느 도시의 강변에 앉아서 해 지는 걸 보고 있는데 언니가 일행과 다가왔어요.

"한국 사람이세요?"

제가 그때 노란 머리에 화장을 진하게 하고 있었거든요. 현지인들이 많이 입는 전통 복장까지 입고 있어서 한국에서 온 여행자들은 다들 제가 외국인이라고 생각했는지 말을 잘 걸지 않았어요.

'이상한 사람이네.'

언니는 제가 한국에서 만났다면 절대 같이 안 놀았을 것 같은 스타일의 사람이었어요. 작고 마른 몸에 순진한 시골 사람 같은 분위기를 풍겼죠. 펑퍼짐한 쑥색 알라딘 바지에 위에는 면으로 된 흰색 셔츠를 입었어요.

여행 가서 누굴 만나는 걸 좋아하지 않는데 언니는 달랐어요. 처음으로 편안하게 느껴진 사람이었어요. 함께 열흘 정도 같이 지냈어요. 매일 호숫가에 앉아 수다 떨다 산책하고 돌아오는 게 일과의 전부였어요. 둘 다 커피를 너무 좋아하는데, 여행 와서 처음으로 에스프레소 머신이 있는 카페를 찾은 거예요. 매일 그곳에 들러 커피를 마셨어요. 저녁에는 루프톱 있는 식당에서 빙고도 하고. 그냥 시답잖은 옛날얘기를 하면서 친해졌어요.

그렇게 여행지에서 언니와 절친한 사이가 되었고, 한국에 귀국한 뒤 서울에 방을 얻어 같이 살기 시작했어요. 언니와 저는 둘 다 서울에서 멀리 떨어진 지방도시에서 자랐어요. 저는 충청도에서 대학을 나왔는데, 어릴 때부터 서울에 사는 게 꿈이었어요. 지방에서 젊은 여성이 할 수 있는 일은 제한적이거든요. 그중에 내가 하고 싶은 일이 있으면 다행이지만, 그렇지 않으면 서울행을 택할 수밖에 없어요. 마침 언니도 서울에서 일해보고 싶어했어요.

막상 같이 살아보니 서로 너무 안 맞았어요. 생활 리듬부터 달랐죠. 저는 야행성이고 언니는 아침형 인간이니까. 그때는 제가 아직 학생일 때라 언니와 사는 방식도 달랐어요. 저는 노는 걸 좋아했고 술도 많이 마셨거든요. 언니는 그런 제 모습이 보기 싫었나봐요. 게다가 제가 경제관념이 너무 없었거든요. 반면에 언니는 꼼꼼하게 돈을 쓰는 사람이었죠. 둘이 월셋집을 얻을 때 보증금이 1,000만원이라 둘이 500만원씩 냈어요. 저는 아버지 회사에서 대학 등록금이 지원된 덕에 돈을 조금 모을 수 있었어요. 장학금도 받았거든요. 언니는 그 돈이 어디에서 났을까 잘 모르겠네요. 맨날 돈이 없다 없다 하지만 그래도 항상 모아둔 돈이 있는 사람이었어요. 신용등급 점수가 998점이더라고요. 999점이 만점이에요. 엄청나게 계획적으로 살던 사람이죠. 저는 엄청나게 무계획적이에요. 아이러니하게도 그런 언니가 스스로 '하루살이'라는 별명을 붙였어요. 하루만 생각하고 산다는 뜻으로. 저는 엄청나게 계획하고 살아가는 것처럼 사람들한테 떠벌리고.

언니는 도전정신이 강했어요. 언니한테 제가 이런저런 삶의 걱정들을 얘기하잖아요? 그때마다 언니는 "그건 그때 가서 생각해"라는 말을 해줬어요. 그렇다고 무책임하게 사는 게 아니라 자기 삶의 원칙이 분명했어요. 약속 시간에는 절대 지각하지 않았고,

정해진 마감 시간도 늘 지켰어요. 지나간 일에 대해서는 후회하지 않고, 그야말로 하루하루 충실하게 사는 사람이었어요.

서로 도움도 많이 주고받았지만 충돌도 많으니 같이 살기 어렵겠다는 결론을 내렸어요. 그렇다고 사이가 깨진 건 아니었어요. 같은 동네에서 살되 집은 분리하기로 한 거죠. 언니는 일하는 틈틈이 여행을 다녔어요. 워킹홀리데이 비자를 받아서 외국에 다녀오기도 하고요. 저는 대학원에 다니고 직장 생활을 하느라 바쁘게 지냈어요. 여행을 꿈꾸지만 가지 못한 채 언니가 여행자의 삶을 사는 걸 부러워하는 사람으로 지냈던 것 같아요.

외국에 길게 가 있던 언니는 코로나 때 한국에 돌아왔어요. 자가격리를 해야 하니 제가 사는 집을 비워줬어요. 필요할 때 서로에게 집을 내어주는 게 저희에겐 지극히 당연한 일이었어요. 양해를 구하고 말고 할 것도 없어요. 저도 갑자기 도움이 필요할 때면 늘 언니한테 부탁했고요. 서로 자주 연락하지 않더라도 끈끈한, 그냥 진짜 가족이었죠.

새로운 세계

언니가 외국에 있는 동안 저는 장애인성폭력상담소에서 일했어요. 평소에 관심이 있던 미술치료를 공부하다가 그쪽을 더 깊이 공부하려고 대학원에 갔고, 학비를 벌기 위해 성폭력상담소에 들어갔는데 너무 새롭고 재미있는 세계가 열리더라고요. 이 세상을 해석할 언어가 저에게 주어진 느낌이었어요. 장애인성폭력상담소에 들어가 페미니즘을 접하면서 제가 겪은 고통이나 불편함이 어디에서 온 것인지 이해하게 되더라고요.

3년 전쯤까지 상담소 활동을 이어오다가 그만두고 프리랜서로 전국 이곳저곳 성평등 교육을 하러 다녔어요. 일상 속 성평등한 문화를 만들어나가기 위한 사회적 활동도 병행했고요. 그런데 이번 정부가 들어서면서 페미니즘 활동에 대한 압박이 굉장히 심해졌잖아요. 이에 맞서 목소리를 내는 활동을 했는데, 스트레스가 컸어요. 9월쯤 제가 너무 피폐해진 걸 보고 언니가 여행을 다녀오라고 권했어요. 더 늦기 전에 가야 한다면서 항공권을 끊어주더라고요.

"언니, 나 여행 갈 곳 알아보는 거 너무 귀찮아. 그럴 힘 없어."

"나 방콕 갔을 때 여기서 잤어. 이 게스트하우스 괜찮더라."

그렇게 언니 덕에 숙소 예약도 하고 항공권도 끊었어요. 언니도 일을 잠시 쉬고 제가 있을 곳으로 여행 오기로 했어요. 그렇게 다시 여행지에서 만날 날을 계획하다가 언니에게 그 사고가 일어난 거죠.

원효로다목적체육관

그날 대구에서 강의가 있었어요. 1박 2일로 다녀온 거라 너무 피곤했어요. 집에 돌아오니까 밤 10시 정도 됐더라고요. 바로 뻗어서 잠들었다가 새벽 2시쯤 전화를 받았어요. 남동생이었어요.

"누나, ○○ 누나가 사고가 난 거 같아. △△ 형이 인스타그램 메시지 좀 확인해달래."

언니는 그날 밤 친구 셋과 이태원에 있었어요. 주말마다 만나서 노는 찐친들인데, 그날은 숙대 쪽에서 저녁을 먹었고, 배가 불러 지하철역까지 좀 걷기로 했대요. 도중에 효창공원인가 용산 전쟁기념관인가에서 뭘 한다는 글을 인터넷에서 봤나봐요. 그래서 그쪽으로 걸어갔는데 도착해보니 특별히 볼 게 없었던 거죠. 배도 부르니 이태원역까지 걸어가서 거기서 지하철 타고 헤어지기로 했대요. 그러다 사고에 휘말린 거죠. 언니와 같이 있던 오빠들이 제 연락처를 모르니 인스타그램으로 메시지를 보냈나봐요. 제가 자느라 답을 못 했잖아요. 그러니까 다시 인스타 팔로워 리스트에서 제 남동생을 발견해 연락한 거였더라고요.

자정이 넘어서 그 오빠들과 통화가 됐어요. "누나가 죽은 거 같아"라고 얘기하더라고요. 자기네가 심폐소생술을 했고, 구급차를 타고 갔다고도 하고, 뭔가 라벨을 달았다고도 말했어요. 정보들이 정신없이 막 들어오는 상황이었어요. 여하튼 언니를 빨리 찾으려면 언니 신분증이 필요한데 지갑이 없어졌다, 그러니까 저더러 언니 집에 가서 신분증 대신할 것을 가져와달라고 하더라고요. 언니 집 비밀번호를 알고 있는 사람이 저밖에 없었어요. 언니랑 저랑 집 비밀번호를 똑같이 맞춰놨거든요. 무슨 일 생기면 서로 왔다 갔다 해야 되니까. 부랴부랴 언니 집에 가서 여권을 챙기고 뉴스를 찾아보니 사망자들이 원효로다목적체육관으로 옮겨졌다고 해서 그쪽으로 일단 갔어요.

저는 위기 상황에서 굉장히 냉철해지는 사람이에요. 언니 사고 소식을 듣고 눈물이 철철 흐르는데 뇌는 막 돌고 있었어요. 살면서 큰일을 많이 겪어왔거든요. '나는 상담소에서 일하면서 공무원들이랑도 소통해봤어. 그러니까 이런 것들을 처리하는 방법을 아는 사람이야. 잘할 수 있을 거야.' 그런 생각을 머릿속에서 되뇌었어요. 다른 사람들을 챙겨야 된다는 마음이 컸어요.

다목적체육관에 도착했을 때 경찰들이 체육관 입구 주변을 둘러싸고 있었어요. 입구에는 사복을 입은 사람들이 쫙 서 있었고요. 사람들을 못 들어가게 막더라고요. 지금 들어갈 수 있는 상황이 아니다 하길래 실랑이를 벌였죠. 사고당한 사람 신분증도 내가 가지고 있는데 왜 못 들어가느냐고요. 결국 못 들어갔어요. 주위에는 기자들이 많았는데, 계속 저희 사진을 찍고 인터뷰를 요청했어요.

그때 어떤 분이 포스트잇이랑 펜을 건네주시는 거예요. 여기에 언니 인상착의를 적어서 사람들에게 나눠주면 좀더 빨리 확인할 수 있을 거라고 하셨어요. 그래서 거기 적었죠. 이름, 키, 옷차림,

헤어스타일, 그리고 제 전화번호도요. 그걸 수없이 적었어요. 경찰이나 공무원 같은 사람이 보이면 계속 전해줬어요.

기자들이 오더니 제가 포스트잇에 쓴 내용을 보여달라고 했어요. 기자들에게 부상자나 희생자가 어느 병원으로 이송되고 있는지 물었어요. 한 기자가 기자 단체 카톡방에 떠도는 리스트를 보여주더라고요. 그 리스트를 기자한테 받아서 연락을 돌렸어요. 그때 제게 광기가 어렸던 것 같아요. 너무 충격이었던 거예요. 희생자들이 어느 병원으로 가고 있는지 아무도 모르고 있다는 게.

한남동주민센터 실종자접수처

그렇게 30분에서 한시간 정도 흘렀나, 앰뷸런스가 한대씩 체육관 밖으로 나가더라고요. 나가는 사람들 중에 언니가 있는지 보려는데 사람들에 가로막혀 보이지 않았어요. 간절한 마음에 다리 사이로라도 보려고 몸을 숙이는데, 보일 리가 없죠. 저거 어디 병원으로 가는 거냐고 물어도 아무도 대답이 없고…. 내가 여기 있어도 할 수 있는 게 전혀 없다는 무력감에 처참했어요. 울면서 언니 인상착의를 계속 썼어요. 계속 써서 보이는 사람들마다 나눠줬어요.

그러다 문자를 받았어요. 제가 나눠준 포스트잇을 보고 누가 연락을 줬어요. 공무원이라고 하더라고요. "지금 한남동주민센터에서 유가족상황실을 운영 중이라고 하니 그쪽으로 가보시면 될 것 같습니다"라는 내용이었어요. 이태원 근처에 있던 생존자 오빠들에게 연락했어요. 지금 한남동주민센터에 실종자접수처가 생겼다니까 바로 가서 접수해. 나 일단 그리로 갈게. 우리가 세번째로 접수했대요. 되게 빨리 한 거죠. 공무원도 그 정보를 알자마자 문자를 준 거예요.

실종자접수처에 갔더니 접수한 분들은 집에 돌아가서 기다리라는 거예요. 개별적으로 연락해주겠다고. 돌아갈 수 없죠. 돌아가면 연락 안 해줄 게 뻔하잖아요. 지문을 확인하면 신원을 알 수 있으니 신원이 확인된 사람은 명단을 게시해달라고 요청했어요. 개인정보보호 때문에 안 된다고 하더라고요. 이름 가운데 'O' 처리하고 생년월일 정도만 공개해 게시하면 되지 않느냐, 당신들 이제까지 그렇게 해오지 않았느냐고 따져 물었죠. 그렇게 붙여놓으면 우리가 확인할 수 있는데 왜 자꾸 절차를 복잡하게 만드느냐? 그리고 왜 자꾸 가족들더러 집에 가라 하느냐? 그 사람들은 가족이 피곤하실까봐 그런다는데 못 믿죠. 그때부터 피해자들을 뿔뿔이 갈라놓으려고 하는 거구나라는 생각밖에 안 들었어요.

지하 1층에 가족대기실을 마련해놨더라고요. 문은 열려 있고 몇분 안 계셨어요. 생존자 오빠들이랑 오빠 친구들, 저하고 같이 간 제 애인까지 몇몇 사람들이 모여서 기다렸어요. 기다리는 것밖에 할 수 있는 게 없었죠. 그사이 병원 리스트 업데이트된 거 있으면 계속 전화해봤어요. 서울 시내에 있는 병원 영안실에는 빠짐없이 전화한 것 같아요. 그러면서 언니 가족들 연락처를 수소문했어요. 아침 7시쯤 언니 가족과 연락이 닿았어요. 언니가 죽었다고 이야기하기는 상황이 모호했어요. 사고를 겪은 오빠들도 기억이 헷갈리는 거예요. 누군가 언니가 죽은 것 같다고 말을 했다는데, 그 사람이 의사도 구조대원도 아니고 그냥 시민이었다고 해요. 그러니 언니가 살아 있을 수도 있는 거죠. 그래서 언니 가족들께는 언니한테 큰 사고가 난 것 같으니까 빨리 올라오시라고만 연락드렸어요.

생존자 오빠들은 혹시나 언니 소식이 있을까 싶어서 순천향대학교병원에 계속 뛰어갔다 왔어요. 지금 생각하면 말도 안 될 일이죠. 그 오빠들도 현장에 같이 끼여 있던 사람들인데. 언니 행방을 찾고 나서 그 오빠들도 입원했거든요. 너무 막막하니까 그 몸으로도 가만히 앉아서 기다릴 수만은 없었던 거죠.

순천향대학교병원에 갔던 오빠가 어떤 기자한테 전화번호 하나를 얻어 왔어요. 이 번호로 전화하면 신원이 확인된 사람들은 알려준다고. 저희는 "확인된 사람이 없다"는 답을 받았어요. 사망자만 확인이 되니까 언니는 살았나보다 생각했죠. 그렇게 우리가 먼저 전화해보고 그 번호를 다른 사람들에게 불러주기 시작했어요. 그 전화번호도 저희가 손으로 써서 테이프로 벽에도 붙여놓았고요. 휴대폰 사용을 잘 못하시는 어르신들도 전화 거실 수 있게 도와드리고요. 기쁨의 눈물과 슬픔의 눈물이 공존하는 자리였어요. 신원을 확인한 사람들이 나가고 새로운 사람들이 오면 저희가 그분들께 전화번호를 또 안내했어요. 휴대폰 충전기를 비치해달라, 텔레비전을 설치해달라, 늦게 오신 분들은 앉아서 기다리시면 된다… 이런 요구를 다 저희가 응대하고 있었어요.

그곳에 기자들이 많았는데 하나같이 다 무례했어요. 그런 현장에 제일 먼저 나오는 기자들은 진짜 말단 중의 말단이고, 인터뷰하나 따는 게 너무 중요한 사람들이라는 걸 알지만 화가 나더라고요. 모두 간절히 연락을 기다리고 있는데 자기 선배 전화 놓치면 안 되니까 휴대폰 벨소리를 제일 크게 해놓고 있어요. 불쑥불쑥 카메라 들이대고 마이크 들이밀고. 지금 이 상황을 기자들한테 잘 말해서 기사에 내보내는 게 중요한가? 아니면 저 사람이 어떻게 쓸지 모르는 상황에서 가만히 있어야 되는가? 많이 고민하다가 인터뷰를 거절했어요. 실은 걱정도 됐어요. 제가 페미니즘 활동을 하며 기자회견을 한 적이 있었는데, 혹시나 제가 그곳에 있는 것에 다른 의도가 있는 것처럼 프레임을 씌울까봐 신경 쓰였죠.

아침 8~9시쯤 언니 가족들이 오셨어요. 사고가 난 것이냐, 죽은 것이냐 안 죽은 것이냐, 그런 질문에 다 모른다고밖에 말씀드리지 못했죠. 가족분들이 "저 사람들은 왜 우리를 저렇게 찍니?" 이렇게 말씀하실 때에야 비로소 정신이 번쩍 들었어요. 그래서 기자들 다 나가게 해달라고 공무원한테 요청했어요. 그때 처음으로 가족대기실 문이 닫혔어요. 가족과 친구를 찾다 지친 사람들이 그제야 좀 누웠죠.

병원, 왜 그리 먼 곳까지

기자도 못 믿겠고 공무원도 못 믿겠는데 뭘 어떻게 해야 될지도 모르는 상황이었어요. 시간이 상당히 흐르면서 대기실을 채웠던 사람들이 많이 빠져나갔어요. 서울시 정무부시장이 내려왔어요. 사망자는 외국인과 청소년들 빼고는 모두가 신원 확인이 됐다고 하더라고요. 그래서 우리 다 울었어요. 언니가 살아 있구나 싶어서. 부상자는 파악 중이고, 입원한 병원을 안내할 때까지 기다리라고 했어요. 또 시간이 한참 흐르고 난 뒤, 사망자 중 신원이 확인되지 않은 사람은 사진으로 얼굴을 확인시켜주겠다고 하더라고요. 한 가족씩 주민센터 3층에 올라오면 얼굴 사진을 보고 확인하게 해주겠다는 거예요.

그래서 올라가봤더니 노트북으로 직원들이 사망자 명단을 검색할 수 있게 되어 있었어요. 이름이 잘못 입력되어 있을까봐 비슷한 이름들 여러개를 넣어봤는데 없더라고요. 그런데 그때 자리에 있던 정무부시장 손에 종이가 들려 있었거든요. 거기에 언니 이름이 있더라고요. 왜 리스트가 두개냐고 따졌어요. 경기도에서 온 자료라서 통합이 안 되어 있었다는 거예요.

언니가 있는 병원 이름을 듣고 깜짝 놀랐죠. 참사 현장에서 차로 한시간 반은 걸리는 곳이니까. 왜 그 먼 곳까지 보내졌을까 하고요. 나중에 찾아보니까 언니보다 더 먼 데로 간 사람도 많더라고요. 이해가 잘 안 되는 거죠.

거기까지 어떻게 가느냐고 물으니 택시 타고 가래요. 뉴스에는 피해자 가족 지원책이 다 대비되어 있다고 그러더니 뭐가 대비돼 있는 거냐고 따졌어요. 그때는 부시장인지 모르고, 명함을 달라고 말했죠. 가다가 무슨 일 생기면 어떡하느냐, 무슨 일 생기면 연락할 테니 명함 달라고요. 그러니까 옆에 있던 사람들이 갑자기 자기 명함을 줄줄이 꺼내는 거예요. 그때 알았죠, 저 사람이 높은 지위라는 걸.

병원에 도착해 만난 경찰에게 신원 확인이 왜 이렇게 늦었느냐고 물어봤어요. 답을 얼버무리더라고요. 공무원이 오더니 장례비 영수증 잘 챙기라고 얘기하더라고요. 오빠들은 몸이 너무 아프다고 해서 응급실에 가고, 저는 장례식장에 딸린 가족휴게실 같은 곳을 하나 빌려서 언니 가족들이 머무시게 했어요. 그러고는 언니 집으로 가서 언니를 보낼 때 입힐 옷을 챙겨 왔어요. 언니가 좋아하던 티셔츠, 청바지, 양말까지요.

내 상주가 되어줘

언니는 장례식 없이 발인이 됐어요. 가족으로부터 장례식을 안 할 거라는 말을 들었을 때 현실감이 느껴지지 않았어요. 장례를 안 치르면 언니를 사랑한 사람들이 슬퍼할 공간이 없을 텐데⋯. 그럼 내가 그 자리를 마련해야 된다는 생각이 머리에 바로 떠올랐어요.

대학에 다닐 때 친했던 여자 선배가 있어요. 방학식 다음 날 사고로 죽었어요. 시골에서 삼일장으로 장례가 치러졌는데, 집안 어르신들이 유골함을 가져가시면서 선배를 어디에 뿌렸는지 가족들한테도 안 알려준 거예요. 젊을 때 간 사람을 자꾸 찾아가고 그러면 죽은 사람이 좋은 데 못 간다고 그러면서. 그 선배가 어디 뿌려졌는지 몰라 선배를 보고 싶을 때 찾아갈 곳이 없다는 게 저에게는 정말 큰 상처였어요.

저는 어릴 때부터 죽음에 관해 생각을 많이 했어요. 제 장례에 관해서도 구체적으로 고민했어요. 내가 죽으면 누가 상주가 될까? 누가 내 친구들을 맞아줄까? 난 결혼을 안 할 건데. 혈연가족 중심의 장례제도가 저에게는 이상하게 보였어요.

언니가 살아 있을 때 언니에게 제 상주가 되어달라고 부탁한 적이 있어요. 장례는 산 사람들을 위한 절차라고 생각하거든요. 죽은 사람을 기리는 것도 있지만 산 사람이 죽은 사람을 잘 보내주고 다시 살아가기 위한 과정이라고 생각해요. 제가 가고 나서도 잘 살아갔으면 하는 사람들이 제 장례의 상주가 되길 바랐어요.

"혹시 내가 먼저 죽으면 언니가 내 상주가 되어줘. 보통 상주가 하는 일을 똑같이 하면 돼. 돈도 계산하고 손님도 맞아야 하고 밤도 새워야 해. 그리고 제일 중요한 건, 내 가족이 내 의사에 반하는 결정을 내리려고 할 때 그걸 막아주는 역할을 해야 해."

"재수 없는 소리 하네."

언니가 막 웃었어요.

"그래도 네 장례를 해야 되면 내가 상주를 해야지."

언니는 흔쾌히 제 '상주 프러포즈'를 승낙해줬어요. 언니의 장례를 치르지 않는다는 이야기를 들었을 때, 언니와 가까운 관계인 사람들이 너무나 걱정됐어요. 그래서 언니의 가까운 친구들만 초대하는 추도식을 내가 열어봐야겠다고 생각했어요. 이마저 안 하면 안 될 것 같았어요. 언니가 이 세상에 아예 존재하지도 않았던 사람이 될 것 같은 느낌이었어요. 살아 있는 사람들에게 언니가 기억될 수 있는 자리가 필요하다, 언니는 그럴 만한 가치가 있는 사람이다, 좋은 이별을 할 권리가 그 친구들에게 다 있다는 생각이 들었어요.

잘 이별할 권리

추도식은 언니가 가장 사랑했던 공간에서 이틀에 걸쳐 진행했어요. 발인한 다음 날부터 언니 지인들에게 연락을 돌렸어요. 그분들로부터 언니와 함께 찍은 사진과 영상을 받았어요. 한쪽 벽에 그 사진들을 붙이고 아이패드로 영상도 계속 틀어놨어요. 그 사람들도 다 언니의 일부분만 봤을 거잖아요. 언니가 나 아닌 다른 사람들과 함께한 모습도 보길 바랐어요. 그리고 마지막에는 사람들이 동그랗게 모여 앉아 언니와의 기억을 나누는 시간을 가졌어요.

방문객 명부를 받았는데, 모두 50명 정도 온 것 같아요. 그 사람들이 다 서로 아는 사이는 아니잖아요. "누구세요? ○○ 와는 어떻게 아시는 사이세요?"라고 인사를 나눴어요. 저는 동네 이웃이다, 저는 같이 일한 적이 있다…. 저도 누군지 모르는 얼굴들이 정말 많았거든요. 참 신기한 시간이었죠. 보통 장례식에서는 다른 테이블에 앉은 사람들이 죽은 사람과 무슨 관계인지 모르고 지나가잖아요. 언니가 가고 나서 언니라는 한 사람의 전체가 조금 보이기 시작한다는 생각이 들었어요. 언니 가족들도 오셨어요. 가족들도 몰랐던 언니의 새로운 면모를 알게 되었다며 너무 좋아하셨죠.

사실 어떤 방법이 언니를 언니답게 잘 보내주는 걸까에 대한 고민까지는 충분히 하지 못했어요. 추도식장을 꾸미면서 혼자 이런 말을 계속했어요. 벽에 이렇게 사진을 덕지덕지 붙여놓으면 언니가 엄청 싫어할 텐데. 이런 식의 공간 배치도 진짜 싫어할 텐데. 언니가 원하는 방식은 아니었겠지만, 그때 제가 할 수 있는 최선이었어요.

언니의 주변 사람들을 위한다고 말했지만, 저를 위해서이기도 했겠죠. 추도식장에 온 사람들이 언니한테 편지를 쓰는 모습을 보면서 '아, 그래. 언니는 불과 얼마 전까지 살아 있던 사람이었지. 이렇게 지워지는 사람이 아니지'라는 생각이 들었어요. 언니의 장례식을 치렀다면 어땠을까요? 그랬다면 저는 거기서 그냥 울면서 음식을 열심히 나르는 '친구1'이었겠죠. 아마 제가 준비하는 추도식도 없었을지 몰라요.

언니의 사고를 인지한 순간부터 저는 이성만 가득한 사람처럼 살았어요. 어떻게든 닥친 문제를 해결하는 일에만 집중했죠. 생존자 오빠들도 챙겨야 하고 언니 가족도 챙겨야 하고 다른 지인도 챙겨야 하는 사람으로 살았어요. 프리랜서 강사들은 10월부터 12월까지가 제일 바빠요. 언니 장례 끝나고 밀린 강의를 해치우고 참여하던 프로젝트를 마무리하느라 정신없이 보냈어요. 그리고 올해 초 태국에 다녀왔어요. 원래 언니와 함께 가려고 했던 그곳이요. 언니가 여행 다닐 때 자기 몸처럼 들고 다니던 배낭을 메고 갔어요. 언니가 묵었던 숙소에 딱 도착하자마자 사람이 확 무너지더라고요. 그로부터 지금까지는 잘 지내지 못하고 있어요.

우리는 혼자서 살아갈 수 없잖아요

저는 미술치료사이기도 해요. 상담사의 일차적 목표는 내담자를 잘 지원하는 것이지만, 사회적인 위치를 봤을 때 상담사는 사람들이 불안하지 않은 사회를 만들 의무도 있다고 생각했어요. 사람들이 이미 우울해진 다음에 처치만 하는 사람이 아니고, 이들이 우울에 빠지지 않게 만들어주는 사람이 되어야 한다고요. 그러려면 이 사회를 더 좋게 만드는 활동을 해야 해요.

코로나 이후에 여성 청년 자살률이 엄청나게 높아졌다는 기사를 본 적이 있어요. 왜일지 궁금해 2020년에 여성 청년이 불안해

하는 이유를 찾아보려고 했어요. 여성 청년들과 만나서 다양한 방식으로 이야기를 나눴어요. 처음에는 '자기회복'이라는 말을 썼어요. 코로나 때문에 지친 사람을 회복시켜야 한다고 생각했죠. 그런데 이 사람들을 한해 동안 만나고 보니까 이들이 나아지지 않는 거예요. 왜 안 나아졌지? 사회가 변하지 않으니 개인이 나아질 수도 없었다는 결론에 도달했어요. 이 불안을 사회적으로 해석해야 한다는 이야기로 이어졌죠.

회복이 필요한 개인에게 지원하는 것도 중요하지만, 이 개인들이 살아가고 있는 생활공동체 속으로 이 논의가 확장될 수 있게 해야겠다, 회복과 불안에 관심이 있는 공동체에 '돌봄'이라는 키워드를 제공해주면 어떨까 생각하게 됐어요. 처음에는 돌봄이라는 말을 쓰는 것 자체가 좀 불편했어요. 그런데 우리는 혼자서 살아갈 수 없잖아요. 생을 유지한다는 건 끊임없는 자기돌봄과 상호돌봄의 연결과 연속이거든요. 가부장제 사회에서는 그 역할을 여성들에게만 부여했다면, 이제 모두가 서로를 돌볼 수 있는 사람이 되어야 해요. 저와 생활공동체를 이뤘던 언니와도 그런 이야기를 자주 나눴어요. 언니랑 이루고자 했던 상호돌봄은 쉽게 말하자면, 인생에서 혼자 대처하기에는 힘든 일을 같이 하자고 말할 수 있는 관계가 되어보자는 거였어요. 힘들 때 힘들다고 말할 수 있는 관계, 자기가 받아줄 수 있는 한 기꺼이 받아줄 수 있는 관계가 되어보자는 거예요. 그러면서 장례에 관해서도 이야기 나누기 시작했죠.

우리는 서로 다른 만큼 서로 보완해주는 사이였어요. 언니가 하루하루만 보고 살 때 제가 하는 미래에 대한 걱정들이 언니의 균형감을 잡아주기도 했죠. 같이 놀 때는 티키타카가 참 잘 맞았어요. 제가 "아, 오늘 강의도 망했다. 준비 좀 할걸"이라고 후회하면 언니가 옆에서 보보의 「늦은 후회」를 부르는 거예요. 후회해봤자 늦었어 하며 노래 부르는 그 모습을 보고 짜증 내다가 저도 같이 노래를 불러요. 슬픈 일이 있을 때 노래를 듣다가 제가 울면, 언니가 주책이라고 핀잔주다가 자기도 같이 울어요. 서로 우는 얼굴을 보면서 다시 막 웃고 그랬죠.

언니는 제 모든 걸 다 받아주는 사람이었어요. 저의 불안마저 받아주는 사람이었죠. 삶이 너무 힘들 때 저를 편안하게 만들어준 사람이에요. 서울에 살면서 고독사에 대한 불안이 생겼거든요. 내가 아파서 갑자기 죽었는데 누구도 그걸 모르면 어떡하지? 그래서 집 비밀번호를 둘이 똑같이 맞추고 무슨 일이 있으면 서로에게 바로 연락하기로 했던 거죠. 이방인으로 사는 외로움을 서로 채워주는 관계이지 않았나 싶어요.

언니한테 신세를 많이 졌죠. 외부 강의가 언니 집 근처일 때는 꼭 언니 집에 들렀어요. 강의 마치고 나면 힘드니까 근처에 있는 언니 집에 잠깐 들러서 쉬다 가는 거예요. 얼마 전 언니가 살던 동네 근처로 강의하러 갔다가 그 생각이 나면서 눈물이 줄줄 흐르더라고요. 지금은 진짜 힘들어도 꾸역꾸역 제가 사는 동네로 가야 해요.

생활공동체의 일원이 그렇게 하루아침에 사라질 거라는 생각은 한번도 안 해봤어요. 우리가 지향하는 가치에 대해 이 사람과 나눴던 그 많은 대화가 다 무의미해졌어요. 지금 이 상황이 어떻게 해도 해석이 안 되는 거예요. 원래 저는 한 프로젝트를 마치면서 내린 결론에서 새로운 질문을 만드는 사람이었어요. 그 질문에 또 새로운 답을 찾으면서 다음으로 나아갔죠. 이번에는 답을 쓰지 못했어요. 그래서 더이상 질문을 만들 수 없는 상황이 되었어요.

이 싸움은 오래갈 거예요

올여름에도 비가 많이 와서 사고가 또 났잖아요. 기사를 못 보겠더라고요. 참. 사. 그 두 글자에 소름이 확 끼쳐요. 죽은 사람의 숫자가 자꾸 쌓여간다는 게…. 희생자 한 사람 곁에 슬픔에 빠진 수많은 사람들이 있을 거잖아요. 그렇게 치면 우리 사회에 재난과 참사에 관련되지 않은 사람이 과연 있을까라는 생각이 들더라고요. 그런데도 왜 사람들이 이태원 참사에 공감을 하지 못하는 걸까요.

세월호 참사가 일어났을 때 집회에 열심히 나갔어요. 그런 저도 이태원 참사 집회에는 못 나가겠어요. 무력감이 크게 작동하는 것 같아요, 해도 안 바뀔 것 같다는. 왜 이런 무력감을 느낄까 생각해봤어요. 저는 언니의 행방을 찾는 과정에서 재난 대응 현장의 '체계 없음'을 여실히 보았잖아요. 이 문제를 수습해야 할 사람들이 벌써부터 덮어버리고 싶어하는 의지를 너무 생생하게 느꼈어요.

세월호 참사는 바다라는 특수성 때문에 실종자를 찾는 과정이 길었고, 배를 인양하는 과정도 지난했어요. 이태원 참사는 도시의 생활공간에서 일어난 일이잖아요. 그것도 서울 가장 중심부에 있는 공간에서요. 누군가의 삶의 터전이고, 사람들이 여전히 지나다니는 길인 거잖아요. 그 흔적들 빨리 다 체육관에 옮겨놓고 짐 찾아가라는 식이었어요. 서울은 모든 게 너무 빨리빨리 변하잖아요. 재개발이라는 이름으로 쉽게 다 부숴버리고. 문제가 생기면 빨리빨리 '정상적'으로 돌려놔야 된다는 사고방식이 강하게 작동해요. 그게 도시에서 일어난 참사의 특성이기도 한 것 같아요. 그 특성이 이 참사를 더 빨리 잊게 만드는 것 같기도 해요.

세월호 때의 청해진해운이나 유병언처럼, 이 정부도 시민들이 명확히 욕할 수 있는 특정한 대상을 만들고 싶었던 것 같아요. '토끼 머리띠'라든가 최초 신고받은 경찰이라든가 보고서를 조작한 경찰이라든가. 그런데 사람들이 더이상 그들에게만 분노하지 않죠. 사람들도 안다고 생각해요, 시스템의 문제임을요. 이태원 참사는 이것도 이상하고 저것도 이상하고 다 이상하거든요. 진짜 말도 안 되는 시스템으로 돌아가는 국가에 나의 안전을 맡기고 살아가야 한다는 걸 인정해야 되는 일이잖아요. 그걸 누가 인정하고 싶을까요? 전반적인 시스템 자체가 마비된 사회에 살고 있다는 것을 아무도 인정하고 싶지 않을 것 같아요. 그러나 한편으로는 그 인정이 필요한 것도 같아요. 내가 사는 사회가 전혀 안전하지 않고 정의롭지 않은 사회라는 걸 인정해야만 우리가 함께할 수 있을 테니까요.

여기서 더 밝힐 진실이라는 게 뭐가 있느냐고 생존자 오빠가 제게 얘기하더라고요. 그래, 그렇게 생각할 수도 있지. 그리고 그냥 빨리 일상으로 돌아가고 싶을 수도 있지. 그의 일상 회복에 내가 방해되는 존재일 수 있겠다는 생각이 들기도 했어요. 요즘은 그냥 혼자서 시간을 많이 보내요. 누군가와 얘기할 만큼은 한 것 같다는 생각이 들어서요. 이제는 '제 안에 있는 저'와 '제 안에 있는 언니'가 대화를 나눠야 할 시간인 것 같아요.

이 싸움은 오래갈 거예요. 그러니 언니를 위해서 이 싸움을 한다고 하면 안 될 거 같아요. 그러면 제가 희생하는 게 되는 거잖아요. 저는 희생정신이 투철한 사람은 아니거든요. 언니를 위한다는 말은 기만이라는 생각도 들어요. 언니가 죽고 나서야 내가 언니에 대해 모르는 게 많다는 걸 알게 됐어요. 언니를 위한다는 게 뭔지 내가 안다는 건 불가능하지 않을까요? 그러니 저는 저의 의문을 풀기 위해 싸우고 싶어요. 나는 왜 내 친구를 잃어야 했나? 어째서 내 친구는 그렇게 먼 지역으로 이송되어야 했나? 어떤 루트로 그곳에 갔나? 언니야 그 답을 이미 알겠죠. 그러니 우리에게는 산 사람의 질문이 있어야 해요. 그리고 우리 사회가 그 산 사람의 질문에 좋은 공감을 해야 된다고 생각해요.

지금 언니는… 라다크에 있을 것 같아요. 언니는 그곳을 정말 좋아했거든요. 회색빛 산 사이에 있는 푸른 호수를. 저는 라다크에 아직 가보지 못했어요. 올해 우리가 만난 10주년 기념으로 라다크에 둘이 함께 가기로 약속했었어요. 언니 사고 이후에 계속 머릿속에 떠오르던 문장이 하나 있어요. 너의 사진을 묻으러 라다크로 갈게. 인도로 가는 비행기티켓을 끊었어요. 9월 중순에 가서 11월 말에 돌아오는데, 아마 올해 10월 29일 즈음에는 라다크에 있지 않을까 싶어요. 라다크에 갔을 때, 제가 어떨지 저도 잘 모르겠어요. 그래도 한번 가보려고요.

2022년

10월 26일 용산구청·용산경찰서·이태원역장·이태원관광특구연합회 간담회

10월 27일 용산구 부구청장 주재 긴급회의. 코로나 방역과 시설 점검, 거리 청결 대책 등 논의

경찰 '마약 및 불법촬영 등 성범죄 단속 강화' 내용 보도자료 배포

10월 28일 용산구청, 이태원 일대 시설물 점검 목적 '특별 야간근무 실시' 문건 및 '핼러윈데이 대비 가로정비 특별단속 실시 계획' 문건 생산

10월 29일 18:34 첫번째 112 신고. 인원 통제 요청

20:09 두번째 112 신고. 인파 밀집에 따른 부상 속출 신고

20:20 박희영 용산구청장, 이태원 퀴논길 일대 방문

20:33 세번째 112 신고. 인파 밀집 신고 및 통제 요청

20:53 네번째 112 신고. 압사 우려 신고

21:00 다섯번째 112 신고. 대형사고 우려 신고

21:02 여섯번째 112 신고. 인파 밀집에 따른 사고 우려 신고

21:07 일곱번째 112 신고. 압사 우려 신고 및 통제 요청

21:10 여덟번째 112 신고. 압사 우려 신고

21:30 박희영 용산구청장, 이태원 퀴논길 일대 재방문 및 인파 밀집 우려하는 메시지를 권영세 통일부 장관에게 발송

21:38 용산경찰서, 이태원역에 무정차 통과 요청

21:51	아홉번째 112 신고. 위험 상황 신고 및 인원 통제 요청
22:00	열번째 112 신고. 골목 인파 밀집에 대한 통제 요청
22:11	열한번째 112 신고. 압사 호소
22:15	소방 당국, 최초 신고 접수
22:37	용산경찰서 강력6팀 현장 출동
22:38	소방 대응 1단계 발령
22:43	행정안전부에 상황 보고
22:51	박희영 용산구청장, 이태원관광특구연합회 연락으로 상황 인지
22:53	대통령실 국정상황실에 상황 보고
22:59	박희영 용산구청장, 현장 도착
23:01	윤석열 대통령에게 상황 보고
23:05	이임재 당시 용산경찰서장, 이태원파출소 도착
23:08	최성범 용산소방서장, 현장 도착 및 지휘권 발동
23:13	소방 대응 2단계 발령
23:20	오세훈 서울시장에게 상황 보고
23:25	최태영 당시 서울소방재난본부장, 현장 도착
23:31	이상민 행정안전부 장관에게 상황 보고
23:36	김광호 서울경찰청장에게 상황 보고
23:36	윤석열 대통령, 1차 긴급지시
23:37	이데일리, 사건 관련 첫 속보
23:39	112 치안종합상황실에 상황 보고

23:40 SBS, 사상자 발생 첫 속보

23:50 소방 대응 3단계 발령. 서울·인천·경기 소방 총동원령 발령

용산구, 사고긴급대책추진반 구성

23:56 서울시, 첫 재난문자 발송

10월30일

0:00 한덕수 총리, 상황 파악 및 인명피해 최소화 지시

0:14 윤희근 경찰청장에게 상황 보고

0:16 윤석열 대통령, 2차 긴급지시

0:24 행정안전부, 언론에 사상자 100명 이상 잠정 집계 전달

0:25 김광호 서울경찰청장, 현장 도착 및 지휘

0:30 재난상황실 운영 시작

0:41 윤석열 대통령, 긴급상황점검회의 주재

0:45 이상민 행정안전부 장관, 현장 도착

0:57 윤희근 경찰청장, 비상조치 발령 및 수사본부 구성

1:23 윤석열 대통령, 교통통제 등 지시

1:47 소방 당국, 최초 사망자 공식 확인(사망자 2명, 부상자 23명)

2:13 최성범 용산소방서장, 1차 언론 브리핑. 사망자 59명 부상자 100명 이상 공식 확인

2:40 최성범 용산소방서장, 2차 언론 브리핑. 사망자 120명 부상자 100명 이상 공식 확인

2:44 윤석열 대통령, 정부청사에서 중앙재난안전대책본부 회의 주재. 국가애도기간 설정. 사고 명칭을 "이태원 사고"로 통일하고 피해자 등의 용어가 아닌 "사망자" "사상자" 등 '객관적 용어' 사용하라 지시

4:07	최성범 용산소방서장, 3차 언론 브리핑. 사망자 146명 부상자 150명 공식 확인
4:30	서울시, 한남동주민센터 3층에 실종자접수처 설치
5:21	대검찰청, 사고대책본부 구성
6:30	최성범 용산소방서장, 4차 언론 브리핑. 사망자 149명 부상자 78명(중상자 19명) 공식 확인
6:50	순천향대학교병원, 심정지자 70여명 각 병원 영안실로 이송 소방 대응 1단계로 하향
9:45	윤석열 대통령, 대국민담화 발표. 국가애도기간 선포
10:00	윤석열 대통령, 참사 현장 방문. "여기서 그렇게 많이 죽었다고?" 발언
10:15	소방 당국, 사망자 151명 부상자 82명 공식 확인
12:00	중앙재난안전대책본부 긴급회의 결과 발표. 용산구 특별재난지역 선포. 이상민 행정안전부 장관 "특별히 우려할 정도로 많은 인파 모였던 것 아니며 경찰이나 소방 인력을 미리 배치함으로써 해결될 수 있었던 문제는 아니었던 것으로 파악" "서울 시내 곳곳에 여러가지 소요와 시위가 있었기 때문에 경찰 경비 병력이 분산됐던 측면 있다" 발언
16:30	소방 당국, 사망자 153명 부상자 103명 공식 확인
16:37	오세훈 서울시장, 귀국
18:00	중앙재난안전대책본부 브리핑. 사망자 153명 중상자 37명 경상자 96명 집계
20:40	대검찰청 언론 브리핑. 사망자 122명 검시 완료하고 84명을 유족에게 인도했다고 발표
10월 31일	경찰청, '정책 참고자료' 문건 작성. '정부 부담 요인에 관심 필요, 주요 단체 등 반발 분위기, 온라인 특이여론' 등 동향 파악 내용

| 11월 1일 | '토끼 머리띠' 남성 참고인 조사 |

| 11월 5일 | 민주사회를 위한 변호사모임(이하 민변)을 통해 유가족들 상호 첫 만남 |

| 11월 7일 | 용산경찰서장 및 용산구청장 업무상과실치사 혐의 입건 |

'토끼 머리띠' 남성 무혐의로 수사 종결

| 11월 8일 | 국정감사 대통령실 질의. 김대기 비서실장 "국정상황실은 대통령 참모 조직이지 재난 컨트롤타워가 아니다"답변. 김은혜 홍보수석과 강승규 시민사회수석, 야당 의원 질의 중 '웃기고 있네' 필담 |

민변·참여연대, 10·29 이태원 참사 공동 기자간담회

| 11월 9일 | 야 3당, 10·29 이태원 참사 국정조사안 제출 |

해밀톤호텔 압수수색

| 11월 10일 | '각시탈' 의혹 관련자 2명 참고인 조사 |

| 11월 12일 | '이태원 참사, 국가 책임이다. 책임자를 처벌하라' 시민 추모 촛불 |

| 11월 15일 | 유가족 비공개 간담회(1) |

| 11월 17일 | 유가족 비공개 간담회(2) |

| 11월 22일 | 10·29 이태원 참사 유가족 입장 발표 기자회견 |

| 11월 24일 | 10·29 이태원 참사 국정조사 계획서 국회 본회의 안건 채택 및 승인 |

| 12월 3일 | 유가족협의회 발기인총회 |

| 12월 7일 | 10·29 이태원 참사 시민대책회의 발족 |

| 12월 10일 | 10·29 이태원 참사 유가족협의회(이하 '유가족협의회') 창립총회 및 기자회견 |

10·29 이태원 참사 추모와 애도의 행동

| 12월 12일 | 159번째 희생자 발생 |

10·29 이태원 참사 타임라인

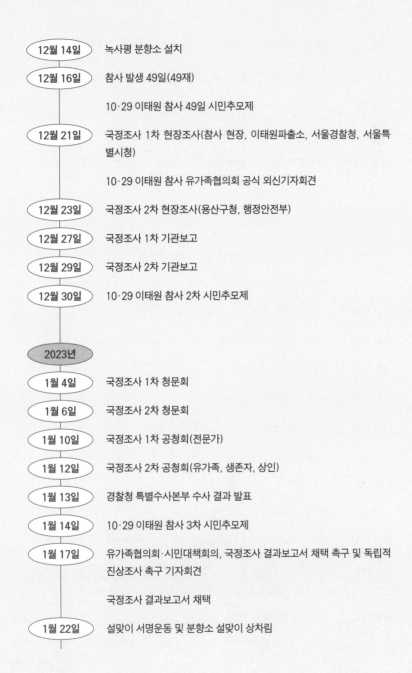

12월 14일 녹사평 분향소 설치

12월 16일 참사 발생 49일(49재)

10·29 이태원 참사 49일 시민추모제

12월 21일 국정조사 1차 현장조사(참사 현장, 이태원파출소, 서울경찰청, 서울특별시청)

10·29 이태원 참사 유가족협의회 공식 외신기자회견

12월 23일 국정조사 2차 현장조사(용산구청, 행정안전부)

12월 27일 국정조사 1차 기관보고

12월 29일 국정조사 2차 기관보고

12월 30일 10·29 이태원 참사 2차 시민추모제

2023년

1월 4일 국정조사 1차 청문회

1월 6일 국정조사 2차 청문회

1월 10일 국정조사 1차 공청회(전문가)

1월 12일 국정조사 2차 공청회(유가족, 생존자, 상인)

1월 13일 경찰청 특별수사본부 수사 결과 발표

1월 14일 10·29 이태원 참사 3차 시민추모제

1월 17일 유가족협의회·시민대책회의, 국정조사 결과보고서 채택 촉구 및 독립적 진상조사 촉구 기자회견

국정조사 결과보고서 채택

1월 22일 설맞이 서명운동 및 분향소 설맞이 상차림

2월 4일	10·29 이태원 참사 100일 시민추모대회 및 시청(서울광장) 분향소 설치
	서울시, 분향소 철거 1차 계고
2월 5일	참사 발생 100일
	10·29 이태원 참사 국회 추모제
2월 6일	서울시, 분향소 철거 2차 계고
	10·29 이태원 참사 분향소에 대한 서울시의 행정대집행 예고 규탄 기자회견
2월 8일	국회, 이상민 행정안전부 장관 탄핵소추안 가결
3월 15일	'2차 가해' 김미나 창원시의원에 대한 손해배상청구소송 제기 기자회견
3월 17일	일본 아카시시 참사 유가족 간담회
3월 21일	159번째 희생자 100일 추모제
	"10·29 이태원 참사를 함께 기억하고 연대해주세요" 텀블벅 프로젝트 개시(~4월 21일, https://tumblbug.com/1029)
3월 23일	'10·29이태원참사 피해자 권리 보장과 진상규명 및 재발 방지를 위한 특별법(안)'(이하 10·29이태원참사 진상규명 특별법) 국민동의청원 제출
3월 27일	10·29 진실버스 전국 순회 시작. 시민들에게 10·29이태원참사 진상규명 특별법 국민동의청원 참여 호소(~4월 5일)
4월 3일	10·29이태원참사 진상규명 특별법 국민동의청원, 열흘간 5만명 동의 완료
4월 5일	10·29 이태원 참사 159일 시민추모대회
4월 20일	10·29이태원참사 진상규명 특별법 공동발의(국회의원 총 183명)
4월 29일	10·29 이태원 참사 발생 6개월 추모촛불문화제
5월 8일	200시간 200곳 집중추모 전국행동 개시(~5월 16일)

10·29 이태원 참사 타임라인

5월 15일	10·29 이태원 참사 인권실태조사 보고회
5월 16일	참사 발생 200일
5월 17일	10·29 이태원 참사 200일 시민추모대회
5월 20일	10·29이태원참사 진상규명 특별법 제정 촉구 유가족 농성 시작(~6월 30일, 농성 일과: 아침 피케팅, 159킬로미터 릴레이 시민행진, 국회의원실 방문, 저녁 피케팅, 국회 촛불문화제 등)
6월 7일	10·29이태원참사 진상규명 특별법 제정 촉구 유가족 단식농성 시작(~6월 30일)
6월 30일	10·29이태원참사 진상규명 특별법 제정안 국회 신속처리안건(패스트트랙) 지정
7월 25일	헌법재판소, 이상민 행정안전부 장관 탄핵심판 청구 기각 결정
	기각 결정에 대한 유가족협의회 입장 발표 기자회견
7월 29일	유가족협의회 2기 운영위원 선출
8월 21일	10·29이태원참사 진상규명 특별법 입법청원 10만 서명 제출
8월 22일	10·29이태원참사 진상규명 특별법 제정 촉구 및 300일 추모 삼보일배 행진(~8월 24일)
8월 24일	참사 발생 300일
	10·29 이태원 참사 300일 시민추모대회
8월 31일	10·29이태원참사 진상규명 특별법, 국회 상임위원회 통과
9월 1일	유가족협의회, 오송 지하차도 참사 49재 참석
9월 19일	법원, 김미나 창원시의원에 명예훼손·모욕 혐의 선고유예
	유가족협의회, 선고유예 판결에 대한 규탄 성명서 발표
9월 29일	추석맞이 합동 상차림

10월 12일	10·29 이태원 참사 1주기 토론회
10월 16일	참사 1주기 집중추모주간 선포 기자회견(집중추모주간 10월 16일~10월 29일)
10월 23일	참사 진상규명 과제 보고회
10월 24일	10·29 이태원 참사 1주기 학술대회(~10월 25일)
10월 25일	10·29 이태원 참사 구술기록집 『우리 지금 이태원이야』 출간
10월 26일	10·29 기억과 안전의 길 설치 및 기자회견
10월 29일	참사 1주기
	10·29 이태원 참사 1주기 시민추모대회

참고자료

10·29 이태원 참사 시민대책회의 홈페이지

https://www.1029act.net/

한국탐사저널리즘센터 뉴스타파 '이태원 참사 부재의 시간' 웹페이지

https://pages.newstapa.org/n2211_timeline/

각각의 자리에서 10·29 이태원 참사를 겪은 한 사람으로서 활동가, 변호사, 작가 들이 모였다. 부채감, 이해할 수 없음, 기묘함, 슬픔, 무기력 등 각자의 마음속에 담긴 감정의 모습도 생각도 다르지만, 재난참사를 지속적으로 겪으며 살아가야 하는 지금의 한국 사회에서 하나의 작은 가능성만이라도 찾고자 하는 심정으로 서로의 곁에서 함께 글을 쓴다.

강곤

기억하기와 기록하기에 관심이 많다. '희망은 인간의 불완전함에 뿌리를 둔다'는 말, 그리고 이야기의 힘을 믿는다. 답보다 질문이 궁금한 삶을 살아가려 애쓰고 있다.

권은비

미술가. 어릴 때부터 말보다는 이미지로 이야기하는 것이 좋았다. 세상의 가장자리에 흩뿌려진 말의 조각을 모아 형상을 만드는 것이 미술가의 역할이라고 생각한다. 여성이주노동자, 국가폭력 피해자, 산재 사망자들의 삶과 이야기를 공공장소에 남기고 새기는 일을 하고 있다.

김혜영

고 이한빛 PD 어머니. 남은 생은 '한빛엄마'로 살며 한빛미디어노동인권센터 언저리에서 작은 용기와 나눔이 쓰일 수 있는 곳을 찾아가

연대하고 부축하는 삶을 살고 싶다. 위로와 힘을 전하는 떳떳한 글을 쓰고자 고민하고 있다.

라이언(이경엽)

다산인권센터 활동가. 사회의 수많은 이슈들 속에서 '당사자'의 목소리가 듣고 싶어 인터뷰와 기록의 세계에 발을 내디뎠다. 스쳐가던 이야기들을 기록으로 남길 수 있게 배워가는 중이다.

박내현

노동·인권 영역에서 활동하면서 잘 듣는 것이 결국 그 존재와 가장 깊게 만나는 일이라 생각하며 기록과 인터뷰를 하고 있다. 학력이나 능력, 나이나 경험처럼 가진 것으로 줄 세워지는 것이 견디기 힘들고, 대체 그 '능력'이란 게 뭔지 이해가 가지 않아서 질문하고 듣고 공부하고 있다.

박희정

인권기록센터 사이 활동가. 스무살에 페미니즘과 만나 삶이 바뀌었다. 마흔이 가까워질 무렵 구술기록의 세계에 접속했다. 누군가를 위하는 일인 줄 알았던 이 활동이 실은 내게 가장 이로운 일임을 깨달은 뒤 놓을 수 없게 됐다. 다른 세계를 알고 싶고 다른 세계를 만들고 싶어 기록한다.

배은희

빨간집 기록 활동가. 부산에서 지역의 이야기를 수집하고 있다. 옛날이야기 듣듯이 기억을 모으고, 관련 기록 속에서 유영하고, 연대의 도구로 기록 방식을 공유한다. 인권 기록에 대해 계속 배우는 중이다.

연혜원

투명가방끈 활동가. 2016년 공업고등학교 학생들과 교사들의 인터뷰를 분석한 사회학 연구로 인터뷰를 처음 시작했으며, 그 계기로 투명가방끈에서 활동하게 되었다. 현재 퀴어예술매거진 『them』을 발행하면서 퀴어페미니스트 예술가들을 꾸준히 인터뷰하고 있다. 정치적인 글을 쓰고 싶은 사람.

유해정

인권기록센터 사이 활동가. 안다고 여기지만 미처 알지 못했던 세상으로 인도하는 인터뷰의 매력에 취해 동료들과 함께 '인권기록활동'이라는 새로운 길을 내어왔다. 저항하는 이들의 목소리가 우리를 보다 인간답게 만들어줄 것이라 믿으며, 동그랗게 모여앉는 세상을 위해 고통과 희망의 뿌리를 삶의 언어로 기록하고 전하고 싶다.

이현경

복잡한 세계에 대해 모른다는 말로 도망치기보다 다가서고 싶은 사람. 청년활동가이자 기록활동가로 활동 중이다. 단일하지 않은 청년의 삶을 들으면서 '인터뷰'라는 세계를 만났다. 기록활동을 통해 사회적 말걸기를 접하면서 보다 나은 사회적 풍경을 구축하는 과정을 배워가고 있다.

정인식

충남인권교육활동가모임 부뜰 활동가. 인권 강의를 하면서 만나는 사람들에게 오히려 배운다고 생각하며 지내왔다. 참사를 마주하면서는 지나간 일에 대한 동정과 연민이 아니라 지금 함께 손잡고 나아가기가 우리의 몫임을 배워가는 중이다.

정지민

(재)화우공익재단 변호사. 소외되는 사람 없는 따뜻한 사회를 만들기 위해 공익변호사가 되었다. 변호사법 제1조 제1항 "변호사는 기본적 인권을 옹호하고 사회정의를 실현함을 사명으로 한다." 변호사의 사명을 다하는 진정한 변호사가 되고 싶다.

홍세미

인권기록센터 사이 활동가. 저항하는 사람의 곁에 서고 싶어 인권기록을 시작했다. 무릎을 맞대고 이야기를 전해들은 시간만큼 내 세계가 부서지고 넓어졌다.

우리 지금 이태원이야

생존자와 유가족이 증언하는 10·29 이태원 참사

초판 1쇄 발행 / 2023년 10월 29일

지은이 / 10·29 이태원 참사 작가기록단
펴낸이 / 염종선
책임편집 / 하빛 최지수 신채용
조판 / 황숙화
지도 / 한승민
사진 / 연합뉴스
펴낸곳 / (주)창비
등록 / 1986년 8월 5일 제85호
주소 / 10881 경기도 파주시 회동길 184
전화 / 031-955-3333
팩시밀리 / 영업 031-955-3399 편집 031-955-3400
홈페이지 / www.changbi.com
전자우편 / human@changbi.com

* 이 책의 구술 및 기록은 인권재단 사람, 4·16 재단,
  국가폭력 피해자 지원단체 민들레의 도움을 받아 진행되었습니다.